사회과학 지식의 담론사

발전과 냉전의 얽힘

이 도서의 국립중앙도서관 출판예정도서목록(CIP)은 서지정보유통지원시스템 홈페이지(http://seoji.nl.go.kr)와 국가자료종합목록 구축시스템(http://kolis-net.nl.go.kr)에서 이용하실 수 있습니다.
(CIP제어번호 : CIP2019036474)

RICH 트랜스내셔널 인문학총서 20

A Discursive History of Social Scientific Knowledge:

Entanglement of Development and the Cold War in Social Sciences

사회과학 지식의 담론사

발전과 냉전의 얽힘

한양대학교 비교역사문화연구소 기획
오경환 엮음

한울
아카데미

차례

머리말

이 책은 궁극적으로 지식과 사회의 관계를 좀 더 유기적으로 살펴보고자 하는 시도이다. 지식, 특히 사회과학적 지식은 그 성격상 자기반영(self-referential)적이다. 인간은 사회과학의 대상이면서 주체이며 이 이중적 성격은 사회과학 지식을 인간의 행위에 깊숙이 배태(胚胎)시키기 때문이다. 따라서 사회과학 지식은 인간 행위에 수반될 수밖에 없는 규범성이나 가치 판단에서 자유로울 수 없다. 그렇다고 지식이 사회의 다른 제도성에 완전히 종속되어 있는 것은 아니다. 이 책이 집합적으로 주장하는 것처럼 지식은 다양한 제도적 매개를 통해 사회 안에서 생산되며 다시 사회로 되먹임이 되어 다양한 "실재"를 생산해 낸다. 따라서 이 책과 같은 연구서에는 저자 개인의 창의와 능력뿐 아니라 사회적 · 제도적인 현실과 그에 대한 대응이 배태되어 있을 수밖에 없다.

그렇기 때문에 모든 연구는 궁극적으로 집단적 연구라고 할 수 있다. 어떤 한 개인의 저작도 교육과 연구, 집필 과정 전체에서 학술 공동체와의 상호작용 없이는 쓰일 수 없기 때문이다. 따라서 어떤 종류의 저작이든 그 머리말은 학술 공동체에 대한 헌사 — 때로는 학술 공동체에 대한 비판을 내포하는 — 로 채워질 수밖에 없다. 또한 학술 공동체의 다양한 지적 · 물적 지원이나 상호작용 없이 이 책은 세상에 나오지 못했을 것이다. 이 책의 출간이 가능할 수 있도록 도움을 준 분 모두의 이름을 명시하는 것은 아마도 불가능한 일이겠지만, 그래도 그 대표적인 몇몇 이름은 거론하지 않을 수 없다.

먼저 이 책의 출간은 한양대학교 비교역사문화연구소 트랜스내셔널 인문학 HK사업단이 없었다면 불가능했을 것이다. 한국연구재단과 사업단, 사업책임자인 임지현 · 박찬승 두 소장님은 이 기획에 물질적 도움을 아끼지 않았을 뿐 아니라 개인적 차원에서든 연구소의 다양한 프로그램을 통한 제도적 차원에서든 끊임없는 지적 자극을 제공해 주었다. 이 책이 비판적으로 접근할 수밖에 없었던 지식 생산의 기제는 이 책의 출간에 필수적인 요소였으며, 이런 의미에서 이 책에 실린 연구 역시 궁극적으로 사회적 제도성의 산물이다.

또한 이 책은 편집자가 속한 두 연구 모임의 집단적 결과물이며 연구를 공유해 준 여러 필자들의 도움으로 가능했다. 김상현 선생님은 편집자와 같이 이 기획을 주도했으며 언제나 구성주의적 문제의식을 바탕으로 연구의 큰 방향을 잡아주었다. 김인수 선생님과 조은주 선생님은 사회학이라는 편집자와는 상이한 전공에도 불구하고 문제의식을 공유하고 지식의 사회적 맥락화라는 큰 주제에 동의하여 귀한 글을 제공해 주었다. 채준형 선생님은 편집자와의 오랜 인연으로 이 기획에 참여하게 되었지만 중국사에 대한 깊은 식견을 바탕으로 한 새로운 문제 제기를 통해 자칫 서구중심주의적 동어 반복에 머물 수 있었던 이 기획에 전 지구적 확장성을 더해 주었다. 김동혁 선생님과 김승우 선생님은 러시아의 경제학과 금융 포트폴리오 이론의 냉전 시기 발전이라는 낯설 수 있는 주제를 통해 냉전의 동시성이라는 이 책의 큰 주제를 형성시켜 주었다. 김민수 선생님은 정치적 현실주의의 탄생이라는 냉전과 직접적으로 연결된 사회과학 지식 생성의 사회적 배태성이 어떻게 냉전을 다시 형성시켰는가를 잘 보여주었다.

이 책에 글이 실리지 않은 제주대학교의 백영경 선생님과 국사편찬위원회의 이상록 선생님은 연구 모임을 지속하면서 원고에 대한 질정을 아끼지 않았다. 비단 두 분뿐 아니라 국경을 넘나드는 학술 공동체의 많은 분들, 시카고 대학교의 잰 골드스틴(Jan Goldstein), 예일 대학교의 데이비드 엥거먼(David Engerman), 캘리포니아 주립대학교 샌디에이고 캠퍼스의 마사 램플랜드(Martha Lampland), 애리조나 주립대학교의 애런 무어(Aaron Moore), 한양대학교 비교역사문화연구소의 윤해동, 성신여자대학교의 홍석률 선생님 등은 직간접적으로 (본인의 인지 여부와는 상관없이) 이 책의 출간이 가능할 수 있게 해주었다. 이 외에도 이 책에 실린 글들이 가능하게 해준 많은 분들께 감사를 표한다. 이 책에 틀림없이 존재할 많은 오류는 일차적으로는 글의 저자, 최종적으로는 편집자인 나의 책임임을 밝힌다.

2019년 9월

오경환

0 지성사, 관념사에서 '사회과학의 담론사'로*

장기 냉전의 사회과학 지식

오경환 · 김상현

과학과 기술은 현대 사회에서 차지하는 핵심적인 역할과 위치에도 불구하고 오래도록 한국의 역사학계와 사회과학계 내에서 주요 연구주제의 하나로 인식되지 못해왔다. 과학사와 기술사, 그리고 의학사, 과학(기술)사회학, 과학(기술)인류학 등 인접 분야의 연구가 축적됨에 따라, 또한 여타의 역사학 및 사회과학 연구 특히 구한말과 일제강점기를 다루는 연구의 범위가 근대적 지식의 전이, 확산과 제도화 등 과학 · 기술과 직간접적으로 연결된 주제들로 확장되면서 그러한 상황이 점차 개선되고 있기는 하다(정준영, 2015: 199~207 및 기타 수록 논문; 황종연 엮음, 2013, 2014, 2015). 그러나 한국의 인문학계 · 사회과학계에 여전히 깊게 뿌리내리고 있는 통념은 과학과 기술을 비사회적이고 비정치적인 독립 영역으로 선험적으로 규정함으로써 이들을 역사적 · 사회과학

* 이 글은 2008년 정부(교육과학기술부)의 재원으로 한국연구재단의 지원을 받아 수행된 연구이다(NRF-2008-361-A00005).

적 분석의 대상에서 제외하도록 추동하고 있다. 그런데 이 같은 문제는 비단 과학과 기술에 관한 예외주의적 관점뿐만 아니라 집합적(collective) 산물로서의 지식의 사회적 배태성(social embeddedness)과 맥락의존성(context-dependence)에 대한 인식 결여에도 상당 부분 기인하고 있는 것으로 보인다. 과학·기술과는 달리 사회적·정치적 맥락과의 연계가 보다 가시적으로 드러나는 사회과학 지식과 실천에 대해서도 심층적인 역사적·사회과학적 연구가 미진한 실정은 이를 잘 보여주고 있다.[1]

물론 적지 않은 기존 연구들이 다양한 사회적 현상에 관한 근대적 지식 주장을 다뤄왔지만, 사상사(history of thought), 관념사(history of ideas) 및 지성사(intellectual history)의 전통적 접근에서 벗어나지는 못해왔다. 이제까지의 국내 연구들은 대개 다음의 세 유형 중 하나에 포함된다고 볼 수 있다.[2] 첫째, 사상가나 지식인의 대표적 텍스트에 드러난 사상과 관념의 의미를 다분히 고정된 것으로 또는 목적론적으로 파악하고, 현재적 시점에서 훈고학적으로 고찰하는 휘그적(Whiggish) 접근. 둘째, 사상과 관념의 의미를 자명한 것으로 전제하지는 않되 주로 그 기원을 지식 생산 외부의 사회적 원천, 즉 사상가와 지식인의 계급적·사회적 지위나 당대의 거시 정치적·경제적·이데올로기적 조건으로부터 읽어내는 데 초점을 두는 접근. 셋째, 사회과학의 각 분야에서도 주요 개념, 이론과 방법의 역사적 변천을 추적하는 분야사(disciplinary history) 작업은 간간이 이루어져 왔지만 첫 번째 접근과 마찬가지로 휘그적 편향을 강하게 띠어왔다. 이 접근들은 상이한 학문적 입장에 기반하고 있지만, 사회과학 지식과 실천이 실제 집합적으로 생산되고, 평가되며, 수행되는 과정을 문제화하기보다는 블랙박스(blackbox)로 취급한다는 공통점이 있다. 최근에 들어 국내 학계에서 많은 주목을 받고 있는 코젤렉(R. Koselleck)의 '개

---

1 주목할 만한 작업으로는 하영선 외(2009); 하영선 외(2012); 진덕규 엮음(2013); 김현주(2013) 등이 있다.

2 사상사, 관념사와 지성사의 차이에 대해서는 McMahon and Moyn(2014) 참조.

념사(begriffsgeschichte)' 접근과 스키너(Q. Skinner), 포콕(J. G. A. Pocock) 등의 '맥락주의(contextualist)' 정치사상사 접근 역시 각기 다른 각도에서 사상과 관념이 맥락의존적임을 강조하고 있기는 해도 그 같은 블랙박스의 해부로까지 나아가지는 못하고 있다(박근갑 외, 2015; 스키너, 2012 등 참조).

북미 · 유럽에서 사회과학 지식과 실천 자체를 역사화, 상대화하여 분석하는 새로운 사회과학의 역사 연구가 본격적으로 시작된 것은 쿤(T. S. Kuhn) 이후의 과학사와 과학사회학 연구들에 힘입은 바 크다(Shapin, 1982: 167~211, 1995; Golinski, 1998). 주지하다시피 이 연구들은 과학 지식과 실천이 자연적 실재와의 일치, 논리적 정합성과 비인격적(impersonal) 방법에 의해 단순히 결정되지 않으며 해당 학문공동체가 공유하는 목표, 가치, 이해관계, 지적 전통, 신뢰와 신망의 관계 등 사회적 요인들을 경유하여 형성됨을 설득력 있게 제시한 바 있다. 이는 종종 오해되어 왔듯이 과학이 비합리적 요인들에 의해 좌우된다는 것이 아니라, 과학을 가능케 하는 합리성이 곧 사회적으로 배태되어 있음을 의미하는 것이었다. 이들은 또한 그 구체적 양상은 상황 의존적(contingent)일지라도 과학 내부의 사회적 요인들과 외부의 거시 사회적 맥락이 상호 연결될 수 있음을 보여줌으로써 쿤 이전의 과학사와 과학사회학이 채택하고 있던 내적(internal)/외적(external) 접근의 이분법에 도전했다. 이처럼 시공간을 초월하여 보편적인 것으로 받아들여져 온, 과학이 그것이 생산된 국지적인(local) 사회적 맥락으로부터 분리되어 이해될 수 없다는 인식 그리고 내적/외적 구분의 기각은 과학사 분야와 독립적으로 진행되고 있던 사회과학의 역사 연구에도 크게 영향을 미쳤다. 휘그적 해석을 거부하는 경우에도 사회과학 지식이 탄생하게 된 외적 조건이나 그의 사회적 전파, 소비와 전유에 집중되었던 역사 분석은 점차 지식이 생산되고, 평가되며, 적용되는 국지적이자 집합적인 과정으로 확대되어 갔다.[3]

3 북미·유럽 사회과학사 연구의 최근 동향에 대해서는 Porter and Ross(2008); Backhouse and

아이러니하게도 정작 과학사 분야는, 적어도 초기에는, 사회과학을 연구 대상으로 수용하는 데 소극적이었다. '자연', '사회', '과학'과 같은 범주의 경계가 고정된 것이 아니라 역사적으로, 사회적으로 구성된다는 점을 드러내는 데 가장 크게 기여한 분야의 하나인 과학사이지만, 물리과학을 위시한 경성(hard) 과학에 특권적 지위를 부여하는 지식의 전통적 위계로부터 자유롭지만은 않았던 것이다(Porter and Ross, 2008). 사회과학은 신뢰할 수 있는 지식이 무엇인가에 관한 높은 수준의 합의를 도출하기 어렵고 세계에 개입하여 새로운 현상을 창조하는 능력을 결여하고 있다는 점에서 과학성(scientificity)을 온전히 갖추지 못한, 부차적인 영역으로 여겨졌다. 그러나 낮은 수준의 합의가 반드시 지식 주장의 신뢰성이 임의로 판단될 수 있음을 뜻하는 것은 아니며, 사회과학의 각 분과 혹은 학파 내에서도 지식의 생산, 평가 및 적용을 규제하는 제도화된 방법과 절차의 시스템이 작동하고 있기 마련이다. 따라서 과학사 분야가 이러한 시스템과 이를 뒷받침하는 인식적(epistemic) 권위를 분석의 대상으로 받아들이는 것은 예견된 것이었다고 할 수 있다. 19세기 이후 각국의 공공정책 수립과 실행 과정에서 사회과학 전문성의 역할이 지속적으로 증대되어 온 것에 대한 재인식은 이를 촉진하는 중요한 계기로 작용했다. 무엇보다 그 과정에서 과학적・공학적 기법이 사회과학자들에 의해 적극적으로 차용되었다는 점은, 사회과학 지식의 개입 효과에 관한 사회적 논란과 함께, 과학사 연구자들이 사회과학에 주목하도록 하는 데 기여했다(Cravens, 1985).

사회과학의 지식과 실천에 관한 맥락적 역사 연구가 활성화되는 데는 푸코(M. Foucault)의 영향도 적지 않았다. 그의 작업은 무엇보다 사회과학의 성장과 제도화가 근대 국가의 형성과 확장에 맞물려 전개되어 온 과정을 이해하는 데 유용하고도 흥미로운 시각을 제시했다. 전통적인 역사 연구들은 이 과정을 후원자-의뢰인 관계로 개념화하거나 사회과학을 국가에 의해 동원되는

Fontaine(2010) 등 참조.

자원 혹은 지배적인 사회적 · 정치적 질서가 일방적으로 반영되는 객체로 접근하는 경향을 보여왔다. 반면, 푸코는 인간과 사회에 관해 진리로 여겨지는 지식의 생산과 보급을 관장하는 인식적 구조, 즉 '진리 체제(regime of truth)'의 수립이 새로운 유형의 주체와 사회적 현상을 창출하는 권력효과를 유발하는 동시에 그렇게 구축된 권력관계에 의해 다시 지탱된다고 역설했다(Foucault, 1980: 109~133). 이어 그는 그러한 진리 체제가 세계를 사유할 수 있고 가독 가능한(legible), 관리할 수 있는 대상으로 만드는 '앎의 장치(apparatus of knowledge)'를 제공함으로써 근대 국가의 '통치 합리성(혹은 통치성, governmentality)'을 구성하는 핵심 요소로 작동한다고 주장했다(Burchell and Miller, 1991). 이 같은 입장은 지식의 사회적 배태성을 강조하는 쿤 이후 과학사와 과학사회학의 인식과 맥을 같이하는 것이었지만, 지식과 권력의 성격이나 이들이 연결되는 구체적 방식에 대해서는 서로 다른 해석이 제기되기도 했다.[4] 그럼에도 푸코의 관점은 사회과학의 역사 연구가 지식과 관련 실천을 문제화하도록 독려하고, 나아가 지식과 근대 국가의 다층적 · 다면적 상호 관계에 관한 보다 포괄적인 논의로 이어지는 데 중요한 역할을 했다.

이러한 푸코의 성취를 바탕으로, 지식을 대상으로 하는 역사학은 학설사나 개별 학제사를 넘어 일종의 담론사(discursive history)로 진화해 왔다. 이 책은 쿤 이후 과학사와 과학사회학의 연구 성과 및 푸코의 통찰을 수용하는 맥락적인 사회과학 담론사 연구가 국내 학계에서도 활발히 전개되어야 한다는 문제의식에서 비롯되었다. 역사학, 정치학, 문학, 문화연구 등 여러 분야에서 사회과학의 역사 특히 한국에서의 사회과학 역사에 대한 관심이 높아지고 있는 것은 반가운 일이다(하영선 외, 2009; 하영선 외, 2012; 진덕규 엮음, 2013; 김현주, 2013). 그러나 대부분의 연구들은 여전히 개별 사상가, 지식인이나 특정

4 예를 들어, 지식과 사회 질서의 상호 관계에 관한 Shapin and Schaffer(1985); Jasanoff(2004) 등의 접근과 비교해 보라.

개념에 초점을 맞추고 있는 것으로 보인다. 이는 물론 한국에서 근대적 사회과학의 제도화가 상당히 늦게 이루어졌다는 점을 반영하는 것이기도 하지만, 사회과학 지식과 실천이 생산, 평가, 활용되는 집합적 과정을 역사화·상대화하는 접근이 아직 자리 잡고 있지 못하기 때문이기도 할 것이다. 이에 문제를 느낀 몇몇 연구자들은 2014년 11월 제57회 전국역사학대회 과학사 분과에서 "사회과학, 근대 국가와 역사 서술"이라는 제목의 패널을 구성했고, 그 과정에서 사회과학과 근대 국가의 상호 관계를 역사적으로 고찰하는 특집 기획의 아이디어가 처음 제시되었다. 한양대학교 비교역사문화연구소 HK 트랜스내셔널인문학 사업단의 후원으로 조직된 이 패널에서는 19세기 프랑스의 경제학(오경환), 20세기 초 영국의 인류학(백영경), 1960년대 주한통계고문단의 조사 활동(조은주)과 1960년대 한국에서의 근대화 이론 수용(김상현)을 주제로 한 발표가 이루어진 바 있다. 또한 별도의 연구팀은 지속적으로 냉전 지식에 관한 연구를 수행하면서 냉전과 지식 체제의 형성을 경험적으로 연구해 왔다. 각각 1950년대 중국의 사회공학(채준형)과 소련의 선형계획법의 발전(김동혁), 국제정치 이론의 발전(김민수), 현대 투자이론의 냉전적 기원(김승우), 프랑스 20세기 경제개발계획의 기원(오경환)을 연구해 왔으며 일부 논문은 2019년 ≪사총≫에 특별 기획으로 출간되었다.[5] 이 책은 이 발표들을 기초로 하고 있는데, 사정상 일부 주제들이 포함되지 못한 대신 식민지 조선의 농가경제조사(김인수)를 주제로 한 새로운 연구가 추가되었다.

첫 번째 글에서 오경환은 20세기 중반 프랑스의 경제개발계획의 기원을 지성사적으로 추적한다. 1947년부터 시작된 일명 모네 계획(Monnet Plan)은 전후 유럽에서 시행된 경제개발계획 중 가장 선구적이며 포괄적인 계획이었다. 기존 연구가 이 계획을 둘러싼 국내·국제 정치적 환경이나 미국의 대(對)유럽

---

5 「[특집] 지식과 담론의 냉전사: 냉전의 인문학적 재구성과 성찰을 위한 시론」, ≪사총≫, 95호(2018), 1~130쪽.

경제정책 등에 집중한 반면 오경환의 글은 프랑스에서의 계획화(planification)를 통시적이고 전 지구적인 맥락에서 복원하며 프랑스 특유의 개입주의 전통을 분석하고자 한다. 프랑스의 계획화는 조직화 운동과 기술관료제의 두 축을 통해 성립했다. 제1차 세계대전 이후 테일러주의를 수용하고 프랑스적으로 변용한 페욜주의(Fayolism)가 등장하고, 이에 기반한 다양한 조직화 운동(organization movement)이 기존 사회운동과의 결합을 통해 번성했다. 이 조직화 운동은 그랑제콜(Grands Écoles)을 중심으로 한 프랑스 특유의 교육제도와 결합하여 전문관료제를 강화하는 효과를 가져왔다. 토마(A. Thomas)와 도트리(R. Dautry)와 같은 전문 관료의 커리어는 전문관료제와 조직화 운동의 결합을 잘 보여준다. 오경환은 이러한 결합의 가장 흥미로운 예로 폴리테크니크(École Polytechnique)를 중심으로 성립한 "미지의 위기(X-crise)" 그룹을 검토한다. 일종의 제3의 길을 추구한 이 그룹은 전문 관료로서 비시 정부로부터 전후 모네 계획에 이르는 중요한 가교를 이루었다.

두 번째 글에서 김동혁은 1950년대 소련 수리경제학의 발전 추이를 검토하고 있다. 소련에서 수리경제학의 발전은 1945년, 즉 제2차 세계대전 이후 진행된 전후 복구와 경제 성장이라는 전반적 조건의 변화에 힘입은 것이었다. 하지만 더 흥미로운 지점은 이러한 조건의 변화를 정확히 인지한 수리경제 연구자들의 신속한 조직적 움직임이었다. 이들은 당시 지도부부터 작업장 수준에 이르기까지 요구되던 경제 관리와 경제이론의 괴리 해결을 실용적으로 뒷받침할 수 있는 이론적 수단을 가지고 있다고 주장했다. 이를 바탕으로 수리경제학자들은 경제 연구조직을 형성 및 확장하고 경제학 교육과정의 변화를 주도하며 주요 경제 매체들에서의 영향력을 강화하면서 이론적 · 조직적 헤게모니를 구축하기 시작했다. 1963년에 일어난 학술원 경제학 분과 독립과 중앙수리경제연구소의 설립은 이런 경향의 징후적 사건이었다. 또한 수많은 경제학 매체들에서 자신들의 이론적 입지를 확장하면서 동시에 수리경제학 전문 잡지들을 새로이 발간함으로써 경제학계에서뿐만 아니라 경제 실무자들에게까지 영향력을 행사하려 시도했다. 이에 더해 그들은 학문 후속세대에 대한 확고한 입지를 확보하고 수리경제학 이론을 확장하기 위해 기존 정치경제학 교육과정에 도전하여 새로운 수리경제학 교육과정의 도입을 성공시켰다.

세 번째 글에서 김인수는 식민지 조선에서 수행된 농가경제조사의 이론적 틀, 분류와 조사방법에 관한 검토를 통해 조사의 정치적 의미를 분석한다. 당시 농가경제조사는 러시아의 '소농경제론'에 기반한 일본의 조사 기법을 수용하여 진행되었는데, 특히 1930년대 초에 행해졌던 조선농회의 조사는 식민지 농업정책에 중요한 영향을 미쳤다. 이 조사는 조선의 농촌에 상당한 규모의 가내 잉여노동력이 존재함을 확인해 주었고, 임금노동을 가족노동으로 대체함으로써 농가경제의 어려움을 해소할 수 있으리라는 농가갱생계획과 자력갱생운동의 '객관적' 근거로 활용되었다. 그런데 조사 원자료의 해석은 잉여노동력을 산출하는 특정한 방식에 입각한 것이었고, 이는 다시 소재노동력과 소요노동력을 어떻게 산출하며 연령 및 성별 농업노동력 환산율을 어떻게 결정하는가에 의존하고 있었다. 물론 조사자들이 의도적으로 총독부 정책에 부합되도록 노동력 산출을 조작한 것인지, 의식적은 아니지만 식민주의 이데올로기가 노동력 산출 과정에 편향적으로 개입된 것인지, 혹은 조사자들이 타당하다고 받아들인 전문적 판단이 식민주의 권력관계로부터 자유롭지 않았던 것인지를 경험적으로 밝혀내는 것은 쉽지 않은 일이다. 그러나 그 배경이 어떠하건, 조사에서 채택된 잉여노동력 산출 방식은 근면과 내핍을 강조하는 정신적 층위에서의 동원을 강화하고 식민지 농업의 구조적 문제를 농가에 전가하는 정책을 정당화하는 데 기여했다. 대안적 조사가 부재한 상황에서 조선농회의 농가경제조사는 식민지 사회의 정신구조와 경제생활을 규정하는 지식권력으로 작동했던 것이다.

네 번째 글은 국제정치 이론의 탄생을 검토하고 있는 김민수의 논문이다. 김민수는 정치적 현실주의의 탄생을 지성사적 입장에서 재검토하면서 19세기까지의 국제관계에 대한 접근이 "힘의 균형"에 대한 교조적 집착에 머물렀다면 이후 등장한 다양한 이론적 접근은 냉전이라는 계기로 인해 많은 민간 재단의 도움을 받아 정치적 현실주의(political realism)로 습합되었음을 밝힌다. 이 과정에서 개별 대학이나 이론가들의 역할보다 기업들이 설립한 민간 집단의 역할이 중요했다는 사실은 중요한 시사점을 지닌다. 특히 국제정치 이론의 성립 과정에는 록펠러 재단의 역할이 핵심적이었다. 1954년 록펠러 재단이 후원한 "이론 컨퍼런스(Conference on Theory)"는 학문적 필요성과 현실적 적용 가능성을 조화시켜 국제정치학을 하나의 학문으로 자리 잡게 했다. 김민수는 이 서술을 통해 현실주의가 학제적 권력으로 자리 잡는 데 냉전의 대결 구도가 중요한 역할을 했다는 점을 지적하면서도 반대로 현실주의가 냉전을 재생산・재규정했다는 점을 강조한다. 이 상호규정성은 길호트(N. Guilhot)로 대표되는 기존 연구(Guilhot, 2011)에서 한걸음 더 나아간 것으로 냉전사 연구의 담론적 전회를 보여주는 사례 연구라고 할 수 있다.

다섯 번째 글에서 채준형은 그 삶 자체가 냉전과 긴밀하게 얽혀 있던 첸쉐썬(錢學森)의 커리어와 사상에 대한 검토를 통해 중국에 등장한 사회공학 지식 체계를 분석하고 있다. 그의 작업은 클라인(R. Kline)이 사이버네틱스의 순간(cybernetics moment)이라고 명명한 냉전 사회과학의 중요한 전기를 중국의 맥락에서 발견했다(Kline, 2015). 채준형의 분석은 첸쉐썬의 작업이 냉전적 사회과학과 공유한 사회공학적 문제의식이 중국의 맥락에서 어떻게 발현되었는지를 밝혀낸다. 냉전 초기 귀환한 첸쉐썬은 기술과학론이라 불리는 자신의 사이버네틱스를 정립하고 이를 통해 사회를 재조직하고 관리하는 구상을 펼친다. 문화대혁명 시기를 거치면서 첸은 과학학을 학제화하면서 인민 관리의 강화를 통해 사회의 조직화를 추구하며 자신의 사유를 "시스템과학"으로 정리했다. 첸은 "사회 노동"에 대한 인민의 효율적 동원과 관리를 위해 엘리트 조직을 만들고 이들이 주도하는 "시스템과학"에 의한 사회 조직화를 꾀한 것이다. 채준형의 글은 사회주의 신생국가에서 어떻게 사회과학적 지식이 상상되고 사회적 유동성을 확보하는가를 보여준다.

여섯 번째 글에서 조은주는 1960년대에 남한에서 공식통계(official statistics)가 제도적으로 확립되는 과정을 주한통계고문단의 활동을 중심으로 추적한다. 미국의 대외원조처(International Cooperation Administration)와 통계자문회사 서베이스앤드리서치사(Surveys & Research Co.)의 계약을 통해 설치된 주한통계고문단은 1958년부터 1963년까지 남한의 국가통계기구와 제도들에 관한 실태조사를 진행했으며, 이들을 평가하고 개선안을 제시하는 여러 편의 보고서들을 생산했다. 통계법의 제정, 통계국 내 전문 표본조사기구와 통계자료처리소의 설립, 농림통계 기구의 확대, 국세조사위원회의 통계위원회로의 개편, 대학 통계학과 신설, 통계공무원 훈련 강화 등을 포함하여 1960년대 남한에서 전개된 통계정책 및 관련 제도 변화는 대부분 주한통계고문단의 자문에 기초한 것이었다. 주한통계고문단의 활동은 한편으로 새롭게 형성되는 냉전 질서 속에서 제3세계를 인식 가능한(knowable) 공간으로 전환시키려는 서구중심적 지식/권력 레짐에 남한이 편입되는 것을 의미했다. 하지만 동시에 탈식민 국가 형성 중에 이루어진 통계지식 생산의 비약적인 확대는 사회를 파악하고 관리할 수 있도록 만드는 앎의 장치를 강화함으로써 남한에서 강한 발전국가가 형성되는 데 핵심적인 역할을 했다. 예를 들어, 통계법 제정 이후 경제기획원 산하의 조사통계국은 통계의 생산만이 아니라 국내의 모든 통계활동을 적극적으로 조정하고 체계화하는 기관으로 거듭나게 된다. 즉, 강한 국가에 의해 통계지식이 동원되었다기보다는 통계지식이 강한 국가를 창출한 것이다.

마지막으로 김승우의 글은 지금도 금융경제학의 토대가 되는 마코위츠(H. Markowitz)의 현대 포트폴리오 이론(MPT: Modern Portfolio Theory)과 효율적 시장 이론에 대한 계보학적 연구를 통해 그 냉전적 기원을 밝히고 있다. 일반적인 인식과 달리 현대 포트폴리오 이론은 신자유주의적 기원을 가진 것이 아니라 합리적 선택 이론에 기반을 둔 전시경제의 운용과학을 그 기원으로 하며 이론의 창시자인 마코위츠는 콜스위원회(Cowles Commission)와 냉전적 사고 과학화의 중심지인 랜드연구소(Rand Corporation)를 거치면서 자신의 이론을 발전시켜 왔다. 다른 한편으로 전쟁과 냉전을 거치면서 국가의 역할이 증대되는 상황에 대한 반응으로 자유시장을 옹호했던 시카고 대학교의 신자유주의자 그룹은 효율적 시장 이론을 구축하면서 금융시장에 대한 이론적 입장을 구축했다. 냉전에 대한 상반된 입장에도 불구하고 금융 지식에 있어서 두 이론은 효율적 자본시장 이론을 통해 그 차이를 극복하고 금융경제학의 핵심 이론으로 등장하게 된 것이다. 김승우의 이 논의는 "효율성(efficiency)"과 "합리적 선택"으로 대표되는 현대 금융경제이론이 냉전적 사고의 산물이라고 지적하면서 이를 계승한 오늘날 금융 체제의 "가치중립적 과학성"에 대한 근원적인 의문을 제기하고 있다.

따라서 이 책에 수록된 일곱 편의 글은 경제학과 사회공학, 정치학, 사회학, 통계학, 금융경제학 등 다양한 주제를 다루면서 맥락적인 '사회과학의 역사' 연구의 방향을 제시한다. 영향력 있는 사상가, 지식인과 대표적 사회과학 개념에 초점을 두고 지식의 사회적 배태성에는 상대적으로 주의를 기울이지 않아온 기존의 사상사, 관념사 및 지성사 연구와 다른 종류의 접근, 즉 지식의 조직화 · 제도화 · 사회화의 다양한 기제들에 초점을 맞춘 접근이 가능함을 보여준다는 점에 의의가 있다 하겠다. 때로 지나치게 추상화되고 일반화된 방식으로 논의되어 온 사회과학과 근대 국가의 상호 관계를 각기 다른 역사적 시기와 공간을 다루는 경험 연구를 통해 살펴봤다는 점도 평가될 수 있을 것이다.

나아가 이 책의 기획을 통해 맥락적이고 담론적인 사회과학사의 향후 주요 연구 영역을 가늠해 볼 수 있을 것이다. 먼저 냉전이 사회과학 지식 체계의 형성에 미친 영향은 이 책에 실린 글 상당수에서 분명하게 나타난다. 베스타(O. A. Westad)는 냉전사의 중요한 연구주제로 기술(technology)을 제시한 바 있다(Westad, 2002: 551~565). 베스타가 언급한 "기술"은 인간의 삶을 개선하기 위한 도구와 기계의 활용이라는 협의가 아니라 인간의 삶 전체에 통합적으로 적용되는 다양한 지식의 집합적 체계 전체를 의미하는 것으로 보아야 할 것이다. 따라서 냉전 시기 "기술"에 접근한다는 것은 단순히 물적 조건의 성립을 의미하는 것이 아니라 특정한 지식이 어떻게 생산되고 어떤 체제 안에서 의미를 획득하며 어떻게 다시 그 지식을 생산한 구조에 영향을 미치는가에 대한 연구를 의미한다. 이런 맥락에서 냉전 지식에 대한 탐구는 담론장의 차원에서, 즉 지식의 생산 "주체와 대상이 동시적으로 구성되며 서로를 구성한다"는 전제에서 이루어져야 하며 냉전 지식이 냉전 자체와의 공생산(co-production) 구조를 이루고 있음에 주목할 필요가 있다(Usher et al., 1997: 181).[6] 기존 냉전 문화사 연구가 냉전의 문화적 효과에 집중했다면 이 책에 실린 냉전의 사회과학 지식 연구는 냉전의 구성적(constitutive) 효과를 환기시킨다. 사회과학 지식이 냉전 시기 개인뿐 아니라 국가로 대표되는 집단의 발전 방향을 제시하고, 욕망을 생산·재생산하며, 냉전적 구조를 유지시켜 왔기 때문이다. 일례로 국제정치 이론에서의 특정한 냉전 이해의 생산은 한편으로 냉전적 사고와 구조의 반영이지만 다른 한편으로 이렇게 생산된 지식이 냉전적 구조를 재생산하고 유지시키는 역할을 해왔다. 이런 동학은 국제정치학과 같이 냉전적 상황과 밀접한 관련을 가진 사회과학에만 국한된 것은 아니었다.

다음으로 이 책에 실린 글에서 자주 발견할 수 있는 주제는 경제개발, 발전주의(developmentalism), 발전국가(developmental state) 등으로 변주되는 발전의 모티브이다. 국내의 많은 역사학·사회과학 연구들이 발전이나 발전주의를 직간접적으로 다뤄왔음에도 정작 지식·담론·실천으로서의 '발전'에 별다른 분석적 관심을 기울이지 않았다. 이러한 연구들이 때로 신고전파 경제학이나 근대화 이론이 전제해 온 주요 가정들에 도전을 제기했다 하더라도 발전, 발전주의, 발전국가 등의 범주를 충분히 문제화하고 맥락적으로 접근해 왔다고 보기는 힘들다. 이 같은 한계는 한편으로 발전과 관련하여 사회과학과 자연과학, 기술, 의료/의학 지식 및 실천의 중요성을 강조하면서도 다른 한편으로 이들의 생산, 활용, 유통 등을 특정한 역사적·사회적 맥락에서 형성된 것으로 맥락화하기보다는 다분히 주어진 것으로 전제하여 사회과학적

6 공생산의 개념을 가장 정교하게 논구한 책으로는 Jasanoff(2004) 참조.

분석의 대상에서 아예 제외하거나 혹은 분석의 범위를 산업기술 학습과 혁신 패턴 등과 같은 이슈로 극히 좁게 한정하는 경향과도 긴밀히 연결된 것으로 보인다. 이 책에 실린 글들은 발전의 문제의식 자체가 사회과학 지식의 생산과 유통, 전유에 의해 구성되어 온 것임을 밝히고 있다. 자본주의 사회의 경제개발계획과 사회주의권의 수리경제학적 선형계획법이나 사회공학적 시도, 일제강점기의 사회조사 활동과 1950년대 통계학의 도입은 모두 발전의 문제의식과 깊은 관련을 맺고 있었으며 발전 담론이 사회과학 지식에 배태되는 양상을 잘 보여준다.

나아가 냉전과 발전이라는 두 테마는 사회과학의 역사가 단순한 지식의 역사를 넘어 담론사로 정의되고 기존의 역사 인식 자체를 수정할 수 있는 가능성을 제시한다. 냉전과 발전이 맺고 있는 동시적 관계는 국제정치적 현상성으로 정의되어 온 냉전 자체에 대한 새로운 인식으로 이어질 수 있기 때문이다. 1920년대부터 시작된 사회과학 지식의 발전 양상이 발전과 냉전이라는 완전히 분리될 수 없는 두 궤적을 따른다는 사실은 냉전을 단순한 국제관계의 우발적 재배치에 의한 현상으로 이해할 수 없게 한다. 냉전을 구축해 온 세계 인식이 장기적인 사회과학 지식 형성 과정, 즉 "합리적"이고 "과학적"인 세계의 자기-인식 발전 과정에서 성립했기 때문이다. 또한 발전 담론이 냉전과 결합하는, 즉 오랜 기간 존속해 온 국민국가와 신생 국민국가 모두에서 냉전적 상황에 대한 돌파구로 유동성을 획득하는 과정은 발전과 냉전이라는 궤적의 습합이 사회과학을 통해 이루어졌음을 증거하고 있다.

이러한 인식은 향후 사회과학의 역사 연구가 기존의 학설사나 분과학문사에서 벗어나 특정한 역사적 분기를 중심으로 한 담론적-비담론적 장(field) 간의 공생산에 주목할 필요가 있음을 의미한다. 특히 사회과학이 사회의 지배적 운영원리(modus operandi)로 등장하게 된 20세기 사회과학 지식의 역사를 추적하는 작업은 궁극적으로 냉전 자체를 훨씬 장기적인 담론 구조 속에 위치시키는 것이고 이러한 위치 지정은 다시 냉전의 성격을 재규정할 수밖에 없기 때문이다. 이 책에 실린 글들은 모두 사회과학 지식의 역사를 장기 냉전의 담론사로 재정립할 수 있는 가능성을 담고 있다. 1930년대 프랑스의 조직화 운동과 비슷한 시기에 있었던 식민지 조선의 농가경제조사, 1960년대 소비에트 연방의 선형계획법과 미국의 현대 포트폴리오 이론의 발전, 1950년대 국제정치 이론의 탄생과 통계학의 발전 등, 다양한 시공간에서 쌍형상화(co-figuration)되어 등장하는 사회과학 지식의 추이는 냉전과 발전의 근대성이 갖는 전 지구적 동시성과 지역적 특수성을 동시에 보여주기 때문이다.

참고문헌

김현주. 2013. 『사회의 발견: 식민지기 사회에 대한 이론과 상상 그리고 실천 1910~1925』. 소명출판.

정준영. 2015. 「기획 서문: 식민지와 과학, 그 형용 모순의 관계를 넘어서기」. ≪한국과학사학회지≫, 37호, 199~207쪽.

진덕규 엮음. 2013. 『한국 사회의 근대적 전환과 서구 사회과학의 수용』. 선인문화사.

하영선 외. 2009. 『근대한국의 사회과학 개념 형성사』. 창비.

하영선 외. 2012. 『근대한국의 사회과학 개념 형성사 2』. 창비.

황종연 엮음. 2013. 『문학과 과학 1: 자연, 문명, 전쟁』. 소명출판.

_____. 2014. 『문학과 과학 2: 인종, 미술, 국가』. 소명출판.

_____. 2015. 『문학과 과학 3: 영혼, 생명, 통치』. 소명출판.

Backhouse, R. and P. Fontaine(eds.). 2010. *The History of the Social Sciences since 1945*. Cambridge: Cambridge University Press.

Burchell, G., C. Gordon and P. Miller(eds.). 1991. *The Foucault Effect: Studies in Governmentality*. Chicago, IL: University of Chicago Press.

Cravens, H. 1985. "History of the Social Sciences." *Osiris*, Vol. 1, pp.183~220.

Foucault, M. 1980. *Power/Knowledge: Selected Interviews and Other Writings, 1972~1977*. New York, NY: Vintage Books.

Golinski, Jan. 1998. *Making Natural Knowledge: Constructivism and the History of Science*. Cambridge: Cambridge University Press.

Guilhot, Nicolas(ed.). 2011. *The Invention of International Relations Theory: Realism, the Rockefeller Foundation, and the 1954 Conference on Theory*. New York: Columbia University Press.

Jasanoff, Sheila(ed.). 2004. *States of Knowledge: The Co-Production of Science and the Social Order*. London: Routledge.

Kline, Ronald. 2015. *The Cybernetics Moment: or Why We Call Our Age the Information Age*. Baltimore: Johns Hopkins University.

McMahon, D. M. and S. Moyn(eds.). 2014. *Rethinking Modern European Intellectual History*. Oxford: Oxford University Press.

Porter, T. M. and D. Ross(eds.). 2008. *The Cambridge History of Science, Vol. 7: The Modern Social Sciences*. Cambridge: Cambridge University Press.

Shapin, S. 1982. "History of Science and Its Sociological Reconstructions." *History of Science*, Vol. 20, pp.167~211.

_____. 1995. "Here and Everywhere: Sociology of Scientific Knowledge." *Annual Review of Sociology*, Vol. 21, pp.289~321.

Shapin, S. and S. Schaffer. 1985. *Leviathan and the Air Pump: Hobbes, Boyle, and the*

Experimental Life. Princeton, NJ: Princeton University Press.

Westad, Odd Arne. 2002. "New International History of the Cold War: Three Possible Paradigms." *Diplomatic History*, Vol. 24, pp.551~565.

Usher, Bryant et al. 1997. *Adult Education and the Postmodern Challenge: Learning beyond the Limits*. London: Routledge.

1 "미지의 위기"

조직화 운동과 기술관료제, 프랑스 경제개발계획의 기원

오경환

1. 경제개발계획을 문제화하기

1946년 1월 3일에 프랑스 임시정부의 수장인 드골(C. de Gaulle)은 모네(J. Monnet)를 수장으로 하는 "계획위원회(Commissariat Général au Plan)"의 창설을 추인했다. "계획위원회"는 1947년 1월 첫 번째 경제개발계획인 "근대화와 산업 시설에 대한 계획(Plan de modernisation et d'équipement)", 일명 "모네 계획(Monnet Plan)"을 내어놓았다. 전전(戰前) 프랑스 산업생산량의 150%를 달성하는 것을 목적으로 한 이 계획은 전후(戰後) 유럽 세계에서 시행된 경제개발계획 중 가장 선구적이고 포괄적이었으며 '성공적'이었다. 모네 계획에 대한 기존의 연구는 당대의 복잡한 정치적 상황(Margairaz, 1991; Mioche, 1987)과 루르 지역의 영유를 둘러싼 안보 관점(Milward, 1984; Bossuat, 1992; Lynch, 1997), 미국의 세계 전략과 냉전적 맥락(Wall, 1991; Hitchcock, 1988) 등의 다양한 지점에서 이루어져 왔다. 이들 논의를 종합하자면 프랑스 경제개발계획은 전후 산업생산력의 복원과 독일에 대한 견제, 유럽 재건과 냉전 질서를 직접적으로 연결시킨 미국의 전략 등 다양한 이해관계 사이에 절충이 이루어진 결과였다.

하지만 이런 견해는 경제개발계획이 전후 세계에 가졌던 복잡한 의미망을 충분히 고려한 결과라고 볼 수 없다. 램플랜드(M. Lampland)가 지적하듯이 1920년대 말 이후 국가 주도의 경제와 계획화는 이미 전 지구적인 현상이었다(Lampland, 2011: 155~157). 대공황이 촉발한 경제적 위기에 대한 미국과 스웨덴, 나치 독일 등의 대응의 유사점이나 일본과 한국, 대만이 보인 개입주의 정책, 1928년 시작된 소련의 제1차 경제개발 5개년 계획은 이러한 전 지구적 성격의 범례들이다(Gourevitch, 1986: 219~240). 프랑스에서의 계획화(planification)를 이러한 통시적 · 전 지구적 맥락에서 복원하려는 시도는 드물다. 더구나 퀴젤(R. Kuisel)의 고전적인 연구를 제외하면 모네 계획의 탄생과 이후 전개된 계획화에 대한 지성사적 탐색은 여전히 공백으로 남아 있다(Kuisel, 1981). 이 공백은 프랑스 제3공화국에 대한 전통적인 견해, 소위 "정체(stagnation) 테제"와 맞물려 경제개발계획을 냉전과 미국 헤게모니의 일방적인 발현으로 이해하게 만들어왔다.

이 장은 모네 계획을 위시한 전후 프랑스의 국가 기능 변화를 간전기 혹은 더 거슬러 올라 19세기 지성사의 맥락에서 추적하고자 한다. 혁명 이후 등장한 프랑스 국민국가, 즉 나폴레옹 국가(Napoleonic state)는 관료제를 기반으로 한 국가였으며 이때부터 프랑스는 관료의 양성과 배치를 위한 체계를 갖추기 시작했다. 생시몽(C. de Saint-Simon)과 콩트(A. Comte)의 초기 사회학은 전문 관료를 중심으로 하는 정치체를 구상했다. 제3공화국 이래 국가의 경제 개입 수준에 대한 프랑스 내부의 논쟁은 다양한 형태로 전개되어 왔다. 특히 19세기 말 인구 감소(dépopulation)라는 거시경제적 위기에서 출발한 복지국가 형성 과정은 국가가 어느 정도로 사생활과 사인(私人) 간의 거래를 규제할 수 있는가의 문제를 둘러싸고 벌어졌다(Dutton, 2004 참조). 또한 사회주의의 대두를 통해 입체화된 정치적 스펙트럼은 자유주의 시장경제의 한계를 노정하고 국가의 적극적인 개입을 이론적으로 뒷받침했다.

이렇게 형성된 개입주의적 성향은 특히 테일러주의(Taylorism)에 영향받은 조직화 운동(organization movement)으로 구체화되었다. 특유의 관료제 전통과 결합한 조직화 운동은 프랑스만의 계획화 전통과 이를 뒷받침하는 기술관료제(technocracy)를 구성했다. 물론 이론적인 층위에서 일반적인 관료제와 기술관료제를 구분하는 것은 대단히 어려운 작업이다. 베버(M. Weber)의 지적처럼 관료제에 의한 지배 자체가 근대 사회의 가장 중요하고 눈에 띄는 특성이기 때문이다. 따라서 이 장에서는 기술관료제를, 새로운 기술적 혹은 사회과학적 지식 체제를 바탕으로 한 변별되는 엘리트 집단의 "기술적 프로세스의 조직"을 통한 사회 전반에 대한 개입으로 정의한다(Sarfatti-Larson, 1970). 이 정의에서 도출되는 "엘리트 집단"과 "지식 체제", "기술적 프로세스의 조직" 등의 개념은 각각 전후 프랑스의 계획화를 설명하는 데 필수적인 부분이라고 할 수 있다.

이런 맥락에서 기술관료제와 조직화 운동을 중심으로 한 지성사적 맥락을 통해 프랑스 계획화 운동의 추이를 살피기 위해 이 장은 세 부분으로 구성되어 있다. 제2절은 프랑스에서 테일러주의의 수용 과정을 검토하여 조직화 운동의 추이를 기술한다. 제3절은 기술관료제가 어떻게 형성되었는가를 살펴 그 보편성과 특수성을 밝히려 한다. 제4절은 이 두 흐름을 동시에 체현한 소위 "미지의 위기(X-crise)" 그룹을 비롯한 계획화 운동을 집중적으로 다루며 이를 통해 프랑스 계획화의 지성사적 기원을 획정해 보고자 한다.

2. 테일러주의의 프랑스적 변용으로서의 조직화 운동

테일러주의는 과학을 경영에 적용하려 시도하는 일련의 지적 흐름, 즉 포드주의(Fordism)와 시간과 동작 연구(time and motion study; chronométrage), 효율성 운동(efficiency movement)을 통칭한다. 초기 자동차용 철판 제조회사인 미드베일 철강회사(Midvale Steel Company)의 수석 기술자 프레더릭 윈즐로 테일러(Frederick Winslow Taylor)는 생산 과정에 대한 과학적 연구에 기초하여 노동자와 생산기계를 효율적으로 배치하고 표준화된 생산 과정을 정립하는 것을 핵심으로 하는 과학적 경영(scientific management)을 주장했다. 1911년에 그가 출간한 『과학적 경영의 원리(Principles of Scientific Management)』는 곧 여러 언어로 번역되어 전 세계에 경영 합리화 운동을 전파했다. 일례로 독일의 경우 이미 1907년 테일러주의가 독일 기술자 연맹(VDI: Verein Deutscher Ingenieur)을 통해 널리 알려졌고 1913년 테일러주의와 관련한 대규모 컨퍼런스가 열릴 정도로 관심이 집중되었다(Nolan, 1994: 43).

프랑스에서 테일러주의의 수용은 1904년경부터 저명한 화학자로서 철강 생산에 필요한 화학공업 업계와 긴밀하게 연계하고 있던 르샤틀리에(H. L. Le Chatelier)가 주도했다(Le Chatelier, 1904: 1~10 참조). 1912년 르노(Renault) 공장에 도입된 초시계를 사용하여 "시간과 동작 연구"를 도입한 시도는 프랑스에서 테일러주의 도입의 중요한 선례를 이루었다(Fridenson, 1987: 1031~1060). 제1차 세계대전 기간에 산업 생산 증대의 요구는 과학적 경영에 대한 관심을 고취했고 앙리 페욜(Henri Fayol)에 의해 정리되었다. 국립 광산학교(École des Mines) 출신의 유능한 광산 기술자인 페욜은 생시몽주의자이며 정치인인 모니(S. Mony)가 사장으로 있던 무연탄 및 철강 원료 제조회사 코망트리(Société de Commentry, Fourchambault et Decazeville)에 입사하여 근무하게 된다. 모니의 후원 아래 빠른 승진을 거듭한 페욜은 1888년에는 광산 전체를 관리하는 경영책임자의 위치에 오르며 1918년 그가 은퇴할 때까지 코망트리를 유럽에서 손꼽히는 탄광 및 주형 업체로 성장시켰다(Wood and Wood, 2002: 48~57).[1] 이런 성공을 바탕으로 그는 이후 페욜주의(Fayolisme)라고 불리는 프랑스적인 테일러주의 모델을 1916년 『산업과 일반 행정(Administration Industrielle et Générale)』으로 정리해 내어놓았다. 전쟁 이후 테일러주의와 페욜주의를 대

1 페욜과 생시몽주의의 관계에 대해서는 Peaucelle(2003: 68~83) 참조.

변하는 세 개의 조직이 등장하고, 이는 곧 "프랑스 조직화 운동 전국위원회(Comité National d'Organisation Française: 이하 CNOF)"의 등장으로 이어졌다.[2]

페욜주의는 테일러주의와 변별되는 몇 가지 특징을 보인다. 페욜주의는 주로 거대 조직을 관리하기 위한 행정 프로세스와 리더십에 집중했다. 테일러가 생산 과정 자체의 표준화를 통한 생산성의 증대에 집중했다면 페욜이 도출해 낸 행정의 다섯 가지 원칙, 즉 "계획(prévoir), 조직(organizer), 리더십(commander), 조정(coordonner), 관리(contrôler)"는 대부분의 조직에 적용 가능한 일반 원칙에 더 가까웠다(Fayol, 1979[1918]: 5). 이 특수성을 "미국화(Americanization)"에 대한 문화적 반발로만 이해할 수는 없다. 페욜주의의 원칙은 다음 절에서 자세하게 서술할 프랑스 관료제가 유지해 온 중앙집권적이고 위계적인 조직화 경향을 반영하고 있었기 때문이다. 또한 페욜의 일반 원칙은, 최소한 암묵적으로는, 프랑스 제3공화국이 직면한 정치적 위기에 대한 대응, 즉 프랑스의 오랜 정치적 교착에 대한 기술관료제적 대응으로 읽을 수 있다. 클라크(J. Clark)가 지적하듯이 "조직주의(organicism)는 근대 정치와 사회사상에서 놀라운 변용 가능성을 보여왔으며 그 자체로 특정한 이데올로기적 조류에 종속되지 않았"기 때문이다(Clarke, 2011: 29). 특히 프랑스의 맥락에서는 페욜주의의 시기는 시장에 대한 국가 개입을 긍정적으로 강조하는 연대주의(Solidarism)의 시기와 겹치고 연대주의 역시 이데올로기적 절충주의의 성향을 강력하게 띠었다. 테일러주의와는 달리 일반 원칙으로서의 페욜주의는 자본주의적 생산의 효율성이라는 층위보다 프랑스 특유의 사회 개혁(réform sociale)에 대한 열망과 전문가주의(expertism)가 결합한 형태였던 것이다.[3]

---

2 세 조직은 미슐랭 위원회(Comité Michelin), 행정 연구 센터(Centre d'Études Administratives), 프랑스 조직화 회의(Conférence Française de l'Organisation)이다. 미슐랭 위원회에 대해서는 Tesi(2009) 참조.

3 아마도 이러한 사회 개혁과 전문가주의의 결합을 가장 잘 보여주는 예는 생시몽주의자들이 주도한 사회 박물관(Musée Social)이었을 것이다. Horne(2002) 참조.

이러한 조직화 운동의 정치적 성격은 운동의 전개 과정에서 더욱 두드러지게 나타난다. 페욜 이후 조직화 운동은 CNOF 위주로 전개되면서도 메르시에(E. Mercier)가 주도한 프랑스 부흥운동(Redressement Française)이나 베르네주(P. Bernège)가 주도한 가정 조직화 운동 연맹(Ligue d'Organisation Ménagère), 마지막 절에서 길게 논의할 계획주의 운동 등으로 분화했다. 이 중에서 가장 영향력이 컸던 프랑스 부흥운동은 비정치적 조직임을 표방했지만 명백히 가톨릭 사회주의의 전통을 잇는 사회적 우파로서 사회심리학적 방법론을 차용하여 사용자와 노동자 간의 연대를 북돋고 "사회적 평화(la paix sociale)"를 성취하는 것을 목적으로 했다. 일례로 뒤브뢸(H. Dubreuil)이 주도한 프랑스 노동 총연맹(Confédération Générale du Travail)과 같은 기존 노조를 비판하면서 기술이 가지는 해방적 효과를 강조하고 기술의 담지자로서의 노동자의 주체적인 역할을 강조했다. 그는 기존의 회사를 기술적 단위로서의 노동자 팀으로 나누어 이들에게 상당한 수준의 자율권을 주는 것을 핵심으로 하는 조직화를 주장했다(Dubreuil, 1935: 211, 248~253).[4] 페욜의 문제의식과 비슷한 맥락에서 뒤브뢸은 비슷한 직능의 팀 운영이 노동생산성을 유지하면서 사용자와 노동자 간의 연대를 길러낼 수 있다고 본 것이다.

물론 이러한 개혁이 가지고 있는 한계는 명확하다. 당대의 많은 현장 노동운동가들이 이미 지적했듯이 이런 개혁은, 그 의도의 순수성을 다 믿는다 하더라도, 부르주아 사회의 생산성을 유지시키는 방편임을 부정하기는 어려웠다. 좋은 예로, 뒤브릴의 그룹 조직화를 심화한 라기에(H. Laugier)와 툴루즈(E. Toulouse) 등의 생물유형학(biotypologie)은 노동자의 성향과 성격을 더 면

4 이는 이미 뒤르켕(Émile Durkheim)이나 지드(Charles Gide)가 주장한 유기적 연대성(organic solidarity)을 가진 "중간(intermediate)" 규모의 제도성을 상기시킨다. 뒤르켕은 『노동 분업론(La Division du Travail)』에서 근대 사회의 기술적 진보에 기반한 연대성은 비슷한 기능을 하는 그룹이 공유하는 "작은 인지(small consciousness)"에 의해서만 가능하다고 보았다. 지드는 소비와 생산을 아우르는 협동조합을 이러한 연대의 담지체로 보았다(Durkheim, 1984: 242~244; Gide, 1900: 229~231).

밀히 분석하여 범주화하고 이를 작업 분할에 적용하려는 좀 더 명백한 조직화의 목적을 가지고 있었다(Laugier, Toulouse and Weinberg, 1932: 27~30). 또한 프레이더(L. Frader)가 지적하듯이 이들의 개혁이 어디까지나 숙련 남성 기능공을 중심으로 한 개혁안이었다는 사실 역시 명백하다(Frader, 2008: 120~121). 더 중요한 지점은 프랑스에서 테일러주의의 수용은 단순한 경영혁신의 방법론이 아니라 더 광범위하고 사회적인 대안의 지위를 별다른 검증 없이 획득했다는 사실이다. 1930년대에 이르러 조직화 운동은 스스로를 "합리화(rationalisation)", 심지어는 "근대화(modernisation)"로 정의한다.[5] 이러한 지정이 가능했던 이유는 프랑스 정치의 '무능'이 이미 사회 전반에서 사실로 인식되고 있었고 정치적인 타협과 합의 도출에 의한 변화가 아닌 '과학적 기준'에 의한 기술관료적 해결책에 대한 열망이 만연해 있었던 사정과 연관이 있을 것이다. 더구나 프랑스라는 맥락에서는 프랑스적 변용을 거친 테일러주의적 조직화를 수행할 거대한 관료제 조직이 있었기 때문에 조직화 운동의 사회적 확산 속도는 빠를 수밖에 없었다. 따라서 조직화 운동이라는 지식 체제의 성과를 평가하는 작업에서는 이 지식 체제가 어떤 종류의 엘리트 집단과 결합하게 되는지를 살펴야 한다.

3. 프랑스의 기술관료제와 계획화의 역사

> 프랑스의 [교육] 시스템은 행정과 기술 양 측면에서 대단히 전문적인 엘리트를 생산하고 있으며 그들의 전문성은 엄격하고 근대적인 교육을 받은 새로운 인재들에 의해 유지되고 재생산되고 있다. 이들은 선별되었으며 …… 이들의 전문성에는 의심의 여지가 없다. 더구나 이 교육 시스템은 대단히 매력적인 커리어

5 물론 "합리화" 운동이라는 명명은 앞서 설명했듯이 테일러주의의 독일적 변용의 형태와 관련이 있다.

에 대한 기회를 제공하며 정부 조직은 교육 시스템의 가장 양질의 생산물 중에서 관료를 고를 수 있다.[6]

이 묘사는 1965년 영국 관료의 상태를 점검하기 위해 설립된 풀턴위원회(Fulton Commission)가 엘리트 국가교육이 관료를 양성하는 프랑스 특유의 시스템에 대해 내린 평가이다. 이 전문성의 신화는 관료제를 다루고 있는 많은 연구서에서 공통적으로 발견할 수 있다. 프랑스의 관료제는 그랑제콜이라고 불리는 특유의 선별적 교육시스템을 기반으로 하여 발전해 왔다. 뮤셀랭(C. Musselin)은 나폴레옹(B. Napoléon)이 확정한 이 프랑스 대학체제와 교육시스템의 특징을 "중앙집권화와 표준화, 국가주의"로 정리한 바 있다. 특히 국가와 국가대학위원회(Conseil National des Universités)에 의한 이중적 중앙집권화는 향후 프랑스 고등교육과 관료제의 발전에 지속적으로 영향력을 미쳤다(Musselin, 2001: 11~12). 이미 혁명 이전 설립된 국립 토목학교(École des ponts et Chaussées, 1774년 설립)와 국립 광산학교(École des Mines, 1783년 설립)나 혁명기에 설립된 폴리테크니크(1794년 설립)와 국립 고등사범학교(École Normale Supérieur, 1795년 설립) 등은 나폴레옹 체제하에서 기술관료 양성의 국가 주도를 공식화했다. 신(T. Shinn)의 표현을 빌자면 이 과정은 "국가와 고등과학, 사회적 엘리트 사이의 연결을 공고히" 했다(Shinn, 1992: 544). 즉, 전문가 양성 기관으로서의 고등교육 및 대학교육의 모델이 확립되면서 이들이 자연스럽게 국가 공무원으로 편입되는 순환이 완성된 것이다. 물론 1840년대의 쿠쟁(V. Cousin)이나 1860년대의 뒤뤼(V. Duruy)와 같은 의욕적인 교육부 장관에 의한 산발적인 개혁 시도가 없었던 것은 아니지만 나폴레옹 고등교육 체제는 큰 변화 없이 제3공화국 시기까지 유지되었다(Mayeur, 1985).

보불전쟁 패배의 충격과 제3공화국의 시작과 더불어 일련의 새로운 국립

---

6 "The Fulton Report," *The Civil Service Today*, 1(1968), p.137.

고등교육기관이 창설되었다. 특히 보불전쟁 패배의 원인을 프랑스 교육의 후진성에서 찾은 리아르(L. Liard)나 고블레(R. Goblet)와 같은 교육관료들은 독일 모델, 즉 훔볼트 개혁과 연결되어 있는 대학 모델을 주장했다(Fox, 2012: 253). 하지만 교육 개혁의 결과로 탄생한 국립 자유정치대학(École Libre des Sciences Politiques, 후일 Science Po, 1872년 설립)과 국립 고등상과대학(École des Haute Études Commerciales, 1881년 설립)과 같이 사회과학의 새로운 흐름에 맞춘 시도나 기술적 요구에 대응하는 국립 전기학교(École d'Électricité, 1894년 설립)와 국립 고등항공학교(École Supérieur d'Aéronautique, 1909년 설립) 등은 고등교육 안에서 전문 지식을 대단히 좁게 정의하는 효과를 지녔다. 즉, 제3공화국의 대학 역시 독일의 자율적 연구 중심 대학이라기보다는 사회적 수요, 더 정확히는 국가의 수요에 대응할 수 있는 기술관료의 양성에 방점이 찍혀 있었다.[7]

프랑스 관료제는 이렇게 양성된 관료를 정부 행정 각부가 주재하는 공채(councours)를 거쳐 특정한 전문관료군(grands corps)으로 구성함으로써 완성된다. 특화된 전문관료군은 행정 각부에서 행정업무를 담당할 뿐만 아니라 민간 영역과 공공 영역을 넘나들며 해당 산업 전반에서 영향력을 구축한다. 예를 들어, 국립 토목학교 출신 졸업생은 공채를 거쳐 전문관료군에 발탁되고 정부 부처에 근무하기도 하고 관련 사기업으로 진출하기도 하며 다시 정부 요직으로 복귀하기도 한다. 전문관료군에 속한 인재들에게 공공 영역과 민간 영역의 구분은 무의미했기 때문이다. 이런 특성 때문에 그랑제콜 출신의 전문관료군에 속한 이들을 고전적인 의미에서 기술관료(technocrats)로 볼 수 있느냐에 대해서는 의문이 있을 수 있다. 이들은 사회적 특권 엘리트, 부르디외(P. Bourdieu)의 표현대로 국가귀족(noblesse d'Etat)이라 부를 만한 특권계층에 더 가까웠기 때문이다(Bourdieu, 1989: 539~548). 즉, 나폴레옹 국가에

7 종전 직후 설립된 국립 행정학교(ENA: École Normal d'Administration, 1945년 설립)는 엘리트 교육과 관료제 결합의 가장 중요한 예이지만 이 글이 다루고 있는 시기를 넘어선다.

서의 관료제가 진정한 의미에서 기술관료제의 성격을 띠었는가, 혹은 전문 관료들이 높은 수준의 전문성을 담보했는가에 대해서는 논쟁의 여지가 남아 있다.

이런 의미에서 제1차 세계대전의 경험은 프랑스 관료제의 전문성과 영향력을 강화시키는 결정적인 계기가 되었다. 일차적으로 총력전으로서의 전쟁 경험은 관료제의 규모와 업무 범위를 극적으로 확대했다. 기존 정부 조직을 보완하기 위한 많은 위원회와 자문기관이 설립되었으며 경제적 영역에 대한 국가 통제 역시 강화되어 많은 생산시설의 반(半)국유화가 진행되었다. 이러한 관료 수요는 프랑스 공무원의 규모를 전전의 20만여 명에서 전후의 90만여 명으로 확대시켰다. 이런 규모의 확대는 공무원 수준의 전반적인 하락과 조직화의 문제를 야기했다. 따라서 전후 프랑스의 관료제는 비대해진 조직을 합리화하고 전문성을 확보하는 과제를 떠안게 되었다(Renouvin, 1925).[8]

이러한 예는 제1차 세계대전 종전 이후 프랑스 산업 전반에서 발견할 수 있다. 먼저 라울 도트리(Rauol Dautry)가 주도한 철도 개혁은 전문 관료 개입의 중요한 국면이었다. 폴리테크니크를 졸업하고 프랑스 북부 철도(Chemin de Fer du Nord)에 입사해 근무하던 도트리는 전쟁 중 병력 수송을 위해 보베에서 전선에 이르는 새로운 철도 건설을 주도했다. 그는 공공사업 전문학교(École Spéciale des Travaux Publics)에서 20년 동안 철도 관련 강의를 할 정도로 전문성을 지닌 철도 관료로서 1928년부터 1937년까지 국립 철도(Chemins de fer de l'Etat)의 책임자로 근무하게 된다. 비슷한 기간 그는 앞 절에서 논의한 프랑스 부흥운동에 주도적인 위치에서 참여하기도 했다.[9] 도트리가 이 기간에 실시한 다양한 개혁은 당시 용어로 "합리화(rationalization)"로 널리 알려

---

8 물론 프랑스의 관료제가 팽창한 중요한 다른 요인은 식민지 관리의 문제였다(Thomas, 2009: 989~1016).

9 그는 "어떤 정치적·경제적 부흥도 사회적 삶의 조직화 없이는 불가능하다"라고 주장한 바 있다(Dautry, 1927: 24).

졌다. 그는 디젤 엔진과 같은 새로운 기술의 도입과 식당차와 같은 고비용 구조의 개혁, 노동자 숙소(cités) 건설과 같은 복지정책 등을 통해 광범위한 경영합리화 정책을 추구했다. 특히 그가 추구한 기차와 도로 네트워크의 연계를 위한 노선 조정은 합리화 정책의 가장 성공적이고 적극적인 시도였다 (Sherwood, 1980: 443~474 참조). 조직화 운동의 다양한 성과를 흡수하고 전쟁의 경험을 바탕으로 한 도트리의 개혁은 단순히 생산의 비용을 낮추는 경영합리화가 아니라 노사 공존과 복지정책을 동반한 전반적인 사회 개혁을 합리화와 연결시켰다는 측면에서 프랑스 기술관료제 성립의 중요한 징후였다.

또 다른 예로 알베르 토마(Albert Thomas)의 커리어는 전쟁 기간과 이후 관료제의 확대와 전문화가 어떤 논리적 맥락에서 이루어졌는지를 잘 보여준다. 토마는 국립 고등사범학교 출신의 정치인이자 ≪위마니테(Humanité)≫를 비롯한 중요한 저널에 기고를 해온 사회주의자였다. 1914년 탄약 담당 차관으로 근무하면서 75mm 구경 야포(Soixante-Quinze)의 탄약을 보급하는 업무를 주로 담당했다. 그는 탄약 생산 과정에 자동차 생산 방식을 도입하고 중앙집권적이며 합리적인 노동 분업 체계를 구축하고, 공장과 정부, 군을 긴밀하게 연결하는 등의 개혁을 단행한다.[10] 이런 개혁의 성과로 그는 군비 담당 장관으로 임명되어 전쟁 기간 산업 생산 전체를 통괄하는 위치에 이른다. 한편으로 이 개혁은 프랑스에서 자본주의적 합리성을 구현하는 테일러주의를 이식하려는 시도였다. 하지만 다른 한편으로 이 개혁은 프랑스 관료제의 영향력이 어떻게 확대되고 있었는지를 보여주기도 한다. 토마가 구상한 구체적인 생산 과정에 대한 관료적인 통제는 단순히 생산성 향상을 목표로 한 것이 아니었다. 노동 감시관(surintendantes d'usine)이나 노사위원회를 비롯한 사회주의적 동기에서 출발한 노사개혁이 경제에 대한 정부의 개입을 공식화했을 뿐

---

10 토마는 르노 자동차의 설립자 중 한 명인 르노(L. Renault)의 절친한 친구였으며 그를 통해 자동차 생산 방식의 합리화에 대한 아이디어를 흡수했다. Letter Thomas to Mario Fossati, 24 Juin 1926, *Archives Nationales, Les Albert Thomas Papiers*(94 AP).

아니라 전쟁 중 산업 생산 과정 자체에 대한 관료적 통제의 성공은 기술관료제의 가능성을 노정했기 때문이다(Fine, 1977: 558~560). 기술관료제에 대한 이러한 믿음과 대공황이라는 위기를 맞아 토마는 계획경제를 주장하기에 이른다. 그는 "자연적인 힘의 균형은 더 이상 공황이 불러온 경제적 위기를 타파할 수 없으며" 국내적으로나 국제적으로나 경제에 대한 직접적인 통제가 필요하다고 주장했다(Thomas, 1932: 7, 15~16). 토마는 기술관료제를 바탕으로 한 계획화를 프랑스의 오랜 정치적 · 경제적 위기에 대한 해결책으로 제시한 것이다(Biard, 1985: 50~52).

도트리와 토마의 예, 또 에어레(P. Ailleret)가 주도한 국립 전력공사(Électricité de France) 개혁은 프랑스의 기존 관료제가 전쟁을 겪으면서 전문적인 지식에 기초한 기술관료제로 전환하는 과정을 잘 보여준다. 이 서사의 배경을 이루는 것은 프랑스 제3공화국 전반의 정치적 상황이었다. 많은 연구자들이 지적했듯이 제3공화국은 좌우 대립으로 정치적 교착상태에 빠져 있었다(Hofffman, 1963; Crozier, 1964).[11] 정파의 난립과 이합집산, 정당의 취약성, 이에 따른 지나치게 잦은 정권 교체 등은 제3공화국이 정치적으로 얼마나 취약했는가를 증거한다. 하지만 이 전통적인 서사는 거꾸로 프랑스 관료제의 중요성을 증명한다. 극한의 이데올로기적 대립 속에서 관료제적 합리성의 중요성은 증대될 수밖에 없었기 때문이다. 하지만 이 전환에는 명백한 한계가 존재했다. 관료제의 중요성에도 불구하고 대부분의 정책 결정은 정치적 층위에서 이루어질 수밖에 없었고 기술관료적인 개혁은 많은 경우 정치적 반대에 직면할 수밖에 없었다. 또한 프랑스의 열악한 재정 상황은 광범위한 기술관료제적인 개혁에 장애물로 기능했다. 따라서 기술관료제 개혁은 제한된 범위에서 조직화 운동의 성과를 반영하는 데 그치고 프랑스 사회 전반의 계획화에 이르는 구체적인 방안을 제시하지는 못했다.

---

11 이 전통적인 견해에 대한 수정으로는 Nord(1995) 참조.

4. "미지의 위기" 그룹과 계획화 운동

1931년 8월 25일 폴리테크니크가 발행하는 뉴스레터인 ≪익스엥포마숑(X-Information)≫에는 졸업생인 바데(G. Bardet)의 「현재 세계에 대한 성찰(Réflexions sur le monde présent)」이라는 짧은 논문이 실렸다. 논문에서 바데는 1929년의 대공황이 가져온 경제적 · 사회적 위기를 극복하기 위해서는 근원적인 성찰이 필요하다고 주장하며 특히 폴리테크니크의 졸업생들은 국가의 기술 엘리트로서 위기에 대비한 광범위한 계획을 세워야 한다고 주장한다.[12] 바데는 자신의 주장에 공명한 루아질롱(A. Loizillon)과 니콜레티(J. Nicolétis)와 함께 "미지의 위기(X-crise)"라는 학술 연구 모임을 설립한다.[13] 1933년 CNOF의 활동가인 쿠트로(J. Coutrot)와 알스톰(Alsthom)의 창립자인 드퇴프(A. Detoeuf)의 재정적인 도움으로 "미지의 위기"는 폴리테크니크 경제학 연구센터(Centre Polytechnicien d'Étude Economique)로 진화하며 ≪미지의 위기≫라는 동명의 잡지를 출간하게 된다.

연구센터를 중심으로 모인 젊은 경제학자와 기술 전문가의 정치적 성향은 대단히 다양했다. 뢰프(J. Rueff)와 콜송(C. Colson)과 같은 자유주의자에서 니콜레티와 역사가 블로흐(M. Bloch), 발롱(L. Vallon), 모슈(J. Moch), 아베요(R. Abeillo)와 같은 사회주의자, 사회적 우파이며 프랑스 부흥운동의 지도자인 메르시에와 도트리, 프랑스 노동 총연맹의 발루아(G. Vallois), 중도파인 바데와 드퇴프 등 프랑스의 모든 정파가 "미지의 위기" 안에 공존했다고 해도 과언이 아니다. 이러한 정치적 다양성이 가능했던 이유는 이들이 정치적 견해 차이에도 불구하고 프랑스의 위기라는 인식을 공유하고 있었기 때문이다. 하지만 연구센터의 활동이 활발해지고 사회적 영향력을 획득할수록 연구센터

---

12 이 논문의 일부는 Dard(1999: 66~72)에 실려 있다.

13 X-crise는 폴리테크니크의 애칭이었던 x에 위기를 뜻하는 crise를 붙인 명칭이지만 x가 갖는 미지수로서의 전통적인 의미 역시 내포되어 있다.

가 지향하는 가치는 분명해졌다. 연구센터의 재정적 후원자이면서 중도파를 대표하는 드퇴프의 1936년 논문 제목 "자유주의의 종말(La Fin du Libéralisme)"은 연구센터의 지향을 잘 표현하고 있다. "자유주의를 되살리려는 시도는 의미가 없다. 우리는 새로운 현실에 적응해야 한다. 자유주의가 나름의 장점과 유익한 부분을 가지고 있기 때문에 자유주의에서 살릴 것은 살려야 할지 모른다. 하지만 자유주의 전체를 살릴 수는 없기 때문에 무엇을 희생할지 결정해야 한다."[14] 이 희생은 주로 경제적 차원에서의 시장중심주의를 의미했다. 즉, "미지의 위기" 그룹은 자유주의적 체제를 유지하면서 대공황과 같은 위기를 극복할 수 없다고 보았다.

물론 "미지의 위기" 그룹은 당대에 존재하는 다양한 계획화 그룹과의 인적·지적 교류 속에서 형성된 것이었다. 벨기에 노동당의 리더였던 드만(H. de Man)의 사회주의적 계획경제를 추종하는 프랑스 사회당(SFIO)의 데아(M. Déat)는 1934년에 계획위원회(Comité de Plan)를 창립하고 계획화 운동을 전개했으며 비슷한 시기에 유명한 소설가이며 철학자인 로맹(J. Romains)과 브랑제(J. Branger)는 소위 "7월 9일 계획(Plan du 9 Juillet)"을 통해 정치적 스펙트럼을 넘는 기술관료적 계획화 운동을 주창했다.[15] 브랑제는 "미지의 위기" 그룹과 긴밀하게 연계하고 있었으며 연구센터에서 한 강의에서 "자본가의 고전적 역할을 기술자의 그것으로 대체하며 …… 새로운 사회주의"로의 전환이 다가왔다고 역설한다(Dard, 1999: 83). 하지만 "미지의 위기" 그룹은 단순한 정치적 절충주의나 사회주의의 수정판은 아니었다. 이들은 스스로를 과학적·기술적 전문성에 기초한 기술자로 정의하면서 "이윤(rentabilité)이 아닌 생산성(productivité)" 증대를 목적으로 했다.[16] 이를 위해서 "미지의 위기" 그룹은 일

---

14 Detoeuf, "La Fin du Libéralisme," *X-Crise 31-2*(mai-juin-juillet-aout 1936).

15 이 운동에 관한 가장 중요한 기록을 집필한 것은 바로 프랑스 테일러주의의 선구자인 르샤틀리에였다(Le Chatelier, 1934 참조).

16 "Conférence de M. Jean Ullmo(Séance du 12 février 1937)," in Guy Desaunay, "X-crise:

련의 경제 전문가들을 그룹에 포함시켰다. 경제학자이며 경제 모델링 전문가인 울모(J. Ullmo)와 통계와 인구 전문가인 소비(A. Sauvy), 경제계획에 핵심적인 선형계획(linear programming)의 전문가인 마세(P. Massé)는 모두 "미지의 위기" 그룹에 참여하여 계획화의 경제학적 · 수학적 논리를 구축해 나갔다.

1936년에 등장한 인민전선(Front Populaire) 정부는 "미지의 위기"를 비롯한 계획화 운동 그룹과 복잡한 관계를 가졌다. 먼저 데아와 마졸랭(R. Marjolin)을 필두로 한 다양한 계획화 운동가들이 참여한 인민전선 정부는 계획화 운동이 주장해 온 개혁을 일부 실행에 옮겼다. 특히 "미지의 위기" 초기 멤버인 스피나스(C. Spinasse)가 초대 장관을 역임한 국가 경제부(Ministère de l'Économie Nationale)는 많은 "미지의 위기" 멤버들을 발탁하여 가격통제나 군수 산업의 국유화, 수요촉진정책 등을 진행하면서 프랑스 통계청(Statistique Générale de France)을 설립하여 포괄적인 경제 계획을 세우기 위한 기초를 닦기도 했다. 하지만 다른 한편으로 인민전선 정부의 개혁은 대부분 예산상의 이유로 실패하거나 큰 정치적 동의를 얻지 못했다. 인민전선 정부의 가장 중요한 두 후원자인 급진 공화당과 공산당은 모두 계획화에 부정적이었기 때문이다. 하지만 불과 2년 후 등장한 달라디에(E. Daladier)의 "미지의 위기" 그룹이 본격적으로 국가 경제계획에 중추로 나서는 계기가 되었다. 노드(P. Nord)의 지적처럼 "프랑스가 어느 정도로 제2차 세계대전을 준비했는가에 대해서는 많은 논쟁이 있을 수 있지만" 달라디에 내각에서 군비 장관에 임명된 도트리는 전쟁 준비와 계획화를 연결하는 데 뛰어난 역량을 보였다(Nord, 2010: 44~47). "미지의 위기" 그룹 멤버인 비셀론(J. Bichelonne)과 라코스트(R. Lacoste), 레이두(F. Lehideux) 등도 군비부에 참여하여 기술관료적 계획화를 추진해 갔다. 암잘랙(N. Amzalak)이 지적하듯이 이는 "조용한 혁명"이었으며 1940년 비시 정

Contribution à l'Étude des Idéologies Économiques d'un Groupe de Polytechniciens durant la Grand Crise Économique, 1931~1939"(Thèse de 3e Cycle, Université de Paris, n. d. p.130).

부가 성립되던 시점에는 정부 요직 대부분에 "미지의 위기"를 비롯한 계획화 운동 세력이 포진하는 결과를 가져왔다(Amzalak, 2011: 129).

이런 맥락 때문에 많은 연구자들은 비시 정부가 계획화를 열성적으로 추진했다고 본다. 분명 비시 정부 초기, 즉 1941~1942년은 일반적으로 "기술관료제의 시대(le Vichy Technocratique)"라 불린다. 1941년 비시 정부는 계획화를 담당할 국가 기간시설 대표단(DGEN: Délégation Générale à l'Equipement National)을 설립하고 DGEN은 1942년 산업적 · 기술적 재건(rattrapage)을 위한 경제개발 10개년 계획을 발표했다. 다른 한편으로 이러한 계획화의 열기에도 불구하고 이 계획의 실제적인 적용은 미미했으며 기술관료제나 계획화에 대한 반발 역시 강력했다. 특히 비시 정부 자체의 부역자 정권으로서의 성격과 사회적 우파로서의 당파성, 일부 데아와 같은 계획화 주창자들의 파시스트 성향은 계획화에 대한 사회적 동의를 어렵게 했다. 즉, 비시 정권에서 계획화를 둘러싼 논쟁은 풍부했으나 이를 실제로 진행할 수 있는 정치적 동력은 부재했다.

이런 상황을 잘 보여주는 사건이 일반적으로 시나키 음모(complot synarchie)로 알려진 사건이다. 1941년 3월, CNOF와 "미지의 위기"의 지도자 중 한 명인 쿠트로의 갑작스러운 자살과 함께 발견된 것으로 알려진 "프랑스 제국의 시나키 혁명 협정(Pacte Synarchiste Révolutionnaire pour l'Empire Française)"은 시나키라고 불리는 비밀 조직이 정부 내에 암약하고 있으며 이들이 정권을 탈취하여 기술관료와 금융권이 결합하는 금권 국가를 완성시킨다는 음모를 담고 있었다. 대부분의 연구자들은 이 음모의 존재를 부정하고 있으며 당시 국가수반인 페탱(H. P. Pétain)의 정적으로 음모론을 설파했던 데아조차도 이 음모가 아마도 사실이 아닐 것이라고 생각하고 있었다(Amzalak, 2011: 151; Margairaz and Rousso, 1992: 341~342). 하지만 이 음모론이 널리 퍼지고 대중의 반응을 얻은 데에는 분명 기술관료제에 기초한 계획화 운동에 대한 상당한 수준의 거부감이 깔려 있었다.

그런데 이 거부감이 다분히 정치적이었다는 해석도 가능하다. 모든 계획화 운동이나 "미지의 위기" 그룹 멤버가 비시 정권에서 부역을 택한 것은 아니었으며 상당수의 지도급 인사들, 도트리와 발롱, 모슈 등은 침묵을 택하거나 레지스탕스 활동에 참여했다. 이들의 참여는 개인적 · 정치적 선택의 차원도 있었지만 전후 프랑스의 재건 과정에서 계획화가 반드시 필요할 것이라는 동기에서 출발한 것이기도 했다. 레지스탕스 전국위원회(CNR: Conseil National de la Résistance)는 "미지의 위기"의 초기 지도자 중 한 명인 콜송의 제자 쿠트랭(R. Coutrin)의 주도하에 「전후 정치경제 보고서(Rapport sur la Politique Économique d'Après-Guerre)」를 작성한다. 레지스탕스와 드골 임시정부가 승인한 이 계획은 광범위한 국유화와 복지를 담고 있었으며 많은 측면에서 비시 정부가 추진한 10년 계획의 거울 이미지였다.[17] 물론 이 유사성을 강조하는 것은 과도한 일반화일 수 있다. 다만 비시 정부와 결합한 계획화에 대한 반감이 레지스탕스의 그것에 동일하게 적용되지 않았던 것은 분명하다. DGEN과 CNR가 비슷한 계획을 공유했다는 사실은 오히려 기술관료적 계획화가 얼마나 강력하게 프랑스의 정치경제적 상상 속에 자리했는가를 보여주는 지표일 것이다.

전후 수립된 모네 계획은 이러한 광범위한 합의 위에서 가능했다. 물론 모네 계획 자체가 계획화 운동의 연장선상에 있는가에 대해서는 논쟁의 여지가 있다. 광범위한 국유화나 국가 주도의 에너지 생산계획 등이 조직화/계획화 운동의 연장선상에 있다면 이 전통과는 상대적으로 거리가 먼 모네와 허쉬(E. Hirsch)를 비롯한 입안자들은 시장 기능의 회복에 중점을 두었다. 하지만 이러한 차이는 "경제적 번영을 확보하면서 사회구조를 최대한 변화시키지 않고 계획화를 실현"하려는 시도로 볼 수 있기 때문이다(Cazes and Mioche, 1990: 118~119).

모네 계획을 입안한 계획위원회에는 마졸랭과 마세, 소비가 참여했으며 모

17 물론 자유주의자인 쿠트랭은 "미지의 위기" 그룹의 주류라고는 할 수 없었다. 하지만 쿠트랭 보고서는 당시 레지스탕스의 좌우 합작을 가능케 하기 위해 다양한 사회주의적 요구를 수용했다 (Andrieu, 1984, passim; Kuisel, 1981: 288~295).

슈와 도트리, 발롱 등은 연관 부처의 장관이나 내각의 일원으로 계획화를 지원했다(Brunet, 2018: 23~41). 또한 도트리와 메르시에는 원자력 에너지에 관심을 기울여 프랑스 원자력위원회(Commissariat à l'Énergie Atomique)의 창설과 운영에 깊게 관여하면서 국가 주도의 에너지망 건설과 핵에너지 무기화의 기초를 닦았고, 소비는 국립 인구연구소(Institut National d'Étude Démographique)를 설립하여 이후 경제 계획의 핵심이 되는 통계를 생산해 냈다. 이런 인적 연관을 제외하고도 기술관료적 계획화 운동의 그림자는 짙게 드리워져 있었다. 1945년 설립된, 전문 행정관료를 양성하는 국립 행정학교(École Nationale d'Administration)는 짧은 시간에 프랑스에서 가장 특권적인 관료 양성기관이 되었으며 국립 과학연구센터(Centre National de Recherche Scientifique)는 지식 생산과 통제에서 국가 주도를 공고히 하는 계기가 되었다.

이러한 영향력에도 불구하고 분명 1930년대 계획화 운동이 지녔던 제3의 길(non-conformism)로서의 성격은 모네 계획에 이르러 희미해졌다. 조직화 운동에서 계획화 운동에 이르는 간전기의 모색은 분명 자유주의와 사회주의라는 길항에 대한 "과학적"이며 기술관료적인 대안으로서의 성격을 지니고 있었다. 하지만 국가에 완전히 포섭된 전후의 계획화는 새로운 정치경제적 모색으로서의 성격보다 시장 자체의 유지와 조정이라는 보다 낮은 수준의 목표를 설정했다. 이 변화는 전후 냉전이라는 새로운 상황과 맞물려 전후 프랑스의 성격을 규정짓는 데 결정적인 역할을 했다.

5. 근대화냐 쇠퇴냐

파리 보게(Vogüe) 호텔에 위치한 계획위원회 최초의 사무실에는 "근대화가 아니라면 쇠퇴(Modernisation ou Décadence)"라는 표어가 걸려 있었다고 전해진다. 이 급박한 표어는 계획위원회가 느낀 어떤 위기감을 반영한다. 조직화 운동에서 계획화 운동에 이르는 일련의 흐름(nonconformism)은 "미지의 위기"

라는 명명이 보여주듯이 보불전쟁 이후 계속되는 위기에 대한 집착에 근거하고 있었다. 두 차례의 전쟁을 제외하더라도 인구 감소와 퇴보(Dégénérescence), 알코올 중독, 매춘, 공산주의 혁명, 보나파르트주의의 귀환, 러시아와 독일의 부상, 유태인의 "음모" 등 프랑스는 열강으로서의 지위를 누리면서도 끊임없는 불안 속에 존재하고 있었다. 이 "위기"들이 실재하는 종류의 것이었는지 여부는 당연히 논쟁의 영역이다. 하지만 이 "위기"들에 대한 대응이, 긍정적이든 부정적이든, 다양한 사회 변화의 계기를 만들어낸 것 역시 사실이다. 인구 감소에 대응한 가족주의적 복지국가의 형성과 생물학적 · 문화적 퇴보에 대응하는 우생학적 정책의 등장, 공산주의 세력의 강화에 대응하는 자본가들의 자기 수정 노력 등 프랑스 사회의 변화는 분명 "위기"들에 대한 사회적 대응의 결과였기 때문이다. 하지만 "위기"의 담론이 가지고 있는 위험성 역시 지적할 필요가 있다. 위기는 필연적으로 적대화를 거친 사회 안팎의 타자를 상정하며 위기의 극복은 이들에 대한 교정 혹은 멸살을 의미하기 때문이다. 위기의 연쇄와 정상상태화는 이 시기 프랑스 사회정책의 가장 큰 특징을 이루고 있었다.

또한 이런 연속적인 위기는 이에 대한 전문적이고 조직화된 대응을 요구했으며 이미 전통적으로 강력한 관료제를 전문화시키는 방향을 창출해 냈다. 더구나 사회과학 지식과 과학기술의 발전은 전문성을 가진 기술관료제를 뒷받침했다. 전후 출간된 기술관료제에 대한 가장 중요한 저작 중 하나에서 메노(J. Meynaud)는 기술관료제가 결국 "상당히 폐쇄적인 집단에 의한 정치의 독점", 나아가서는 정치 자체의 무화에 이를 것이라고 주장한다(Meynaud, 1964: 282). 이 주장은 전후 계획화의 확산과 이에 따른 기술관료제에 대한 공포를 집약하고 있다. 또한 간전기와 비시 정부에 이르는 기간에 대한 역사적 혹은 정치적 평가가 완성되면서 이 시기 기술관료가 가졌던 정치적 무관심과 파시즘에의 접근, 실제적인 부역은 분명 정치적 혐오의 대상이 될 수밖에 없었다. 하지만 이 혐오나 공포가 기술관료제의 확산을 막은 것은 아니다. 오히려 기술관료제에 대한 대중적인 공포는 기술관료적 통제와 지식을 더 은밀하고 구조적인 층위에서 기능케 하는 계기가 되었다.

참고문헌

1차 자료

Archives Nationales, *Les Albert Thomas Papiers*(94 AP).

X-crise.

Dautry, Raoul. 1927. "L'Organisation de la Vie Sociale." *Cahiers du Redressement Française 10*.

Dubreuil, Hyacunthe. 1935. *A Chacun Sa Chance*. Paris: Gasset.

Fayol, Henri. 1979[1918]. *Administration Industrielle et Générale*. Paris: Bordas.

Gide, Charles. 1900. *La Coopération: Conférence de Propagande*. Paris: Librairie de la Société du Recueil Général des Lois et des Arrêts.

Laugier, Henri and Edouard Toulouse. 1932. "La Biotypologie et l'Orientation Professionnelle." *Biotypologie*, Vol. 1, pp.215~241.

Le Chatelier, Henri Louis. 1904. "La Rôle de la Science dans les Industries." *La Revue de Métallurgie*, Vol. 1, pp.11~10.

______. 1934. *Le Plan du 9 Juillet*. Paris: Gallimard.

Mayeur, François. 1985. "L'Evolution des Corps Universitaries, 1877~1968." in Chrisophe Charle and Réginé Ferré(ed.). *Le Personnel de l'Enseignement Supérieur en France au XIXe et XXe Siècle*. Paris: Edition du CNRS.

Renouvin, Pierre. 1925. *Les Formes du Gouvernement de Guerre*. Paris: PUF.

Thomas, Albert. 1931. "Progrès Social et Crise Économique: Discours à la IVe Assemblée pour le Progrès Social, 19 October 1931." Paris: N. P.

2차 자료

Amzalak, Nimrod. 2011. *Fascists and Honourable Men: Contingency and Choice in French Politics, 1918~1945*. London: Palgrave.

Andrieu, Claire. 1984. *Le Programme Commun de la Résistance, des Idées dans la Guerre*. Paris: Les éditions de érudit.

Biard, Jean-Fraçois. 1985. *Le Socialisme Devant Ses Choix: La Naissance de l'Idée de Plan*. Paris: Léon Hamon.

Bossuat, Gérard. 1992. *L'Europe Occidentale à l'heure Américaine, 1944~1952*. Brussels: Complese.

Bourdieu, Pierre. 1989. *La Noblesse d'Etat: Grands Écoles et Esprit de Corps*. Paris: Editions de Minuit.

Brunet, Luc-Andre. 2018. "The Creation of the Monnet Plan, 1945~1946: A Critical Re-evaluation." *Contemporary European History*, Vol. 27, pp.23~41.

Cazes, Bernard and Philippe Mioche. 1990. *Modernisation ou Décadence: Études, Témoignages et Documents sur la Planification Française*. Marseille: Presses Universitaire de Provence.

Clarke, Jackie. 2011. *France in the Age of Organization: Factory, Home and Nation from 1920s to Vichy*. London: Berghahn.

Crozier, Michel. 1964. *La Société Bloquée*. Paris: Fayard.

Dard, Olivier. 1999. *Jean Coutrot: De Ingénieur au Prophète*. Paris: PU franc-comtoises.

Durkheim, Émile. 1984. *The Division of Labor in Society*. New York: Free Press.

Dutton, Paul. 2004. *Origins of the French Welfare State: The Struggle for Social Reform in France, 1914~1947*. Cambridge: Cambridge University Press.

Fine, Martin. 1977. "Albert Thomas: A Reformer's Vision of Modernization, 1914~1932." *Journal of Contemporary History*, Vol. 12, pp.545~564.

Fox, Robert. 2012. *The Savant and the State: Science and Cultural Politics in Nineteenth-Century France*. Baltimore: Johns Hopkins University Press.

Frader, Laura. 2008. *Breadwinners and Citizens: Gender and Making of the French Social Model*. Durham: Duke University Press.

Fridenson, Patrick. 1987. "Un Tournant Taylorien de la Société Française(1904~1918)." *Annales ESC 42*.

Gourevitch, Peter. 1986. *Politics in Hard Times: Comparative Responses to International Economic Crises*. Ithaca: Cornell University Press.

Habermas, Jürgen. 1970. *Toward a Rational Society*. Boston: Beacon Press.

Hecht, Gabrielle. 2000. "Planning a Technological Nation: Systems Thinking and the Politics of National Identity in Postwar France." in Agatha C. Hughes and Thomas P. Hughes(eds.). *Systems, Experts, and Computers: The Systems Approach in Management and Engineering, World War II and After*. Cambridge: MIT Press.

Hitchcock, William. 1988. *France Restored: Cold War Diplomacy and the Quest for Leadership in Europe, 1944~1954*. Chapel Hill: University of North Carolina Press.

Hofffman, Stanley(ed.). 1963. *In Search of France*. Cambridge: Harvard University Press.

Horne, Jarnet. 2002. *A Social Laboratory for Modern France: The Musée Social and the Rise of the Welfare State*. Durham: Duke University Press.

Kuisel, Richard. 1981. *Capitalism and the State in Modern France: Renovation and Economic Management in the Twentieth Century*. Cambridge: University of Cambridge Press.

Lampland, Martha. 2011. "The Techno-political Lineage of State Planning in Hungary, 1930~1956." in Gabrielle Hecht(ed.). *Entangled Geographies: Empire and Technopolitics in the Global Cold War*. Cambridge: MIT Press.

Lynch, Frances. 1997. *France and the International Economy: From Vichy to the Treaty of Rome*. London: Routledge.

Maier, Charles S. 1970. "Between Taylorism and Technocracy: European Ideologies and the

Vision of Industrial Productivity in the 1920s." *Journal of Contemporary History*, Vol. 5, pp.27~61.

Margairaz, Michael. 1991. *L'Etat, les Finances, et l'Économie: Histoire d'une Conversion, 1932~1952*. Paris: CHEFF.

Margairaz, Michel and Henri Rousso. 1992. "Vichy, la Guerre et les Enterprises." *Histoire, Économie et Société*, Vol. 11, pp.337~361.

Meynaud, Jean. 1964. *La Technocratie: Mythe ou Réalité*. Paris: Payot.

Milward, Alan. 1984. *The Reconstruction of Western Europe, 1945~51*. London: Routledge.

Mioche, Philippe. 1987. *Le Plan Monnet: Genèse et élaboration, 1946~1947*. Paris: Publications de la Sorbonne.

Musselin, Christine. 2001. *La Longue Marché des Universités Française*. Paris: PUF.

Nolan, Mary. 1994. *Visions of Modernity: American Business and the Modernization of Germany*. Oxford: Oxford University Press.

Nord, Phillip. 1995. *Republican Moment: Struggles for Democracy in Nineteenth-Century France*. Cambridge: Harvard University Press.

______. 2010. *France's New Deal: From the Thirties to the Postwar Era*. Princeton: Princeton University Press.

Peaucelle, Jean-Louis. 2003. "Saint-Simon, aux Origins de la Pensée de Henri Fayol." *Enterprises et Histoire*, Vol. 34, pp.69~83.

Sarfatti-Larson, Magali. 1972. "Notes on Technocracy." *Berkeley Journal of Sociology*, Vol. 17, pp.1~34.

Sherwood, John. 1980. "Rationalization and Railway Workers in France: Raoul Dautry and Les Chemins de Fer de l'Etat, 1928~1937." *Journal of Contemporary History*, Vol. 15, pp.443~474.

Shinn, Terry. 1992. "Science, Tocqueville, and the State: The Organization of Knowledge in Modern France." *Social Research*, Vol. 59, pp.533~566.

Tesi, Francesca. 2009. "The Application of Taylorism in France: The Role of the Michelin Family in the Rationalization of French Work." *Business and Economic History*, Vol. 7, pp.1~22.

Thomas, Martin. 2009. "French Empire Elites and the Politics of Economic Obligation in the Interwar Years." *The Historical Journal*, Vol. 42, pp.989~1016.

Wall, Irwin. 1991. *The United States and the Making of Postwar France 1945~1954*. Cambridge: Cambridge University Press.

Wood, John and Michael Wood. 2002. *Henri Fayol: Critical Assessment in Business and Management Vol 1*. London: Routledge.

2 1950년대 후반 이후 소련 수리경제학파의 성장과 그 영향

김동혁

1. 수리경제학의 시대

제2차 세계대전 이후 발생한 전 세계적 변화들을 살펴보면 매우 흥미로운 점을 발견할 수 있다. 국제정치적으로는 동서 냉전이 본격화되는 가운데 경제적으로는 양 진영 모두 전후 복구를 통한 사회적 · 경제적 부흥을 이뤄냈다. 특히 경제 관리와 운용 방식에서 소련과 서방에 여러 가지 차이점이 있었지만, 경제 주요 부문의 공적 통제와 완전고용이라는 이상에서만큼은 양자가 상당 부분 유사한 측면을 보이고 있었다.

이러한 영광의 30년 동안의 경제적 번영은 1960년대에 들어서 서서히 정체를 맞게 되었다. 1960년대 말부터 서방의 선진 자본주의 국가들은 경제 전반에 구조적 위기를 겪게 되었고, 이를 기점으로 제1세계 국가들을 중심으로 강력한 신자유주의 개혁 의제가 등장하기 시작했다. 같은 시기에 소련과 동구 사회주의권 국가들도 경제적 정체와 다양한 사회적 변혁을 겪으면서 수차례 개혁을 시도했다. 소련과 동구 사회주의권 국가들이 겪은 위기의 원인이 서방 국가들과 동일하다고는 볼 수 없지만 전후 경제의 침체와 사회적 변화라는 중요한 공통점이 있다.

소련에서 이러한 변화와 경제이론은 서로 매우 복잡한 관련성이 있었고 항상 중요한 정치적 쟁점이 되었으며 정치경제적 변화를 추동하는 힘이었다. 내전기 전시 공산주의 이론이 그랬고 1920년대 신경제정책과 집산화를 둘러싼 대논쟁의 경우도 마찬가지였다. 물론 그동안의 연구들은 대부분 1920년대를 지나 1930년대 스탈린(I. V. Stalin) 시기에 접어들면 논쟁의 범위와 폭이 줄어들고 영향력도 제한된다는 입장에 있다. 하지만 1950년대 중반 이후 소련의 사회적 · 경제적 변화와 경제이론의 관계 또한 이러한 관련성을 부정할 수 없는 예라고 할 수 있다.

1930년대 이후로도 소련 경제학계 내에는 주류 마르크스 · 레닌주의 정치경제학 전통 이외의 다른 흐름들이 여전히 존재했으며, 이들이 소련 경제학계뿐만 아니라 경제 관리에 영향을 주기도 했다. 여기에 스탈린의 죽음 이후 권력 지형의 변화와 소련을 포함한 사회주의권 내의 구조적 전환 등 복합적인 원인으로 1950년대 중반 이후 소련은 다시 한 번 커다란 변화의 흐름으로 빠져들었다. 그리고 이 변화의 가장 큰 추동력이 된 것이 바로 소련 경제학계 내 경제이론의 변형 과정이다. 여기에서 가장 중요한 변화가 소련 내에 수리경제학파라고 하는 새로운 집단이 등장하고 이들의 영향력이 공고화된 것이다.

이 시기 소련 경제학계의 변화를 특징지을 수 있는 표현이 바로 "소련 경제학의 수학적 혁명의 시대"[1]이다. 소련 경제학계 내 독자적인 수리경제학적 흐름은 이미 1940년대부터 나타났고, 1950년대 초부터 점차 확장되기 시작했다. 넴치노프(В. С. Немчинов), 칸토로비치(Л. В. Канторович), 노보질로프(В. В. Новожилов)와 같은 소련의 초기 수리경제학 연구자들의 이론은 기존

1 이는 소련의 수리경제학에 대한 대표적 연구자인 자우버만(A. Zauberman)이 주장했고, 수텔라(P. Sutela), 엘만(M. Ellman) 등 소련 1960~1970년대 경제학에 대한 저명한 연구자들의 연구들을 통해 널리 알려지게 되었다(Zauberman, 1975; Ellman, 1971; Sutela, 1991).

소련의 정통 마르크스 · 레닌주의 정치경제학 전통과 근본적으로 이질적인 부분이 있었다. 즉, 이들은 보통 경제학에서 신고전파적(neoclassical)이라고 불리는 가정들을 상당 부분 수용하고 있었다.[2]

수리경제학파는 단순히 경제 연구에 수학을 적용한다는 의미를 넘어서 소련의 정치경제학계에 근본적인 변화를 주는 여러 이론적 개념을 도입하고 개발했다. 따라서 이들의 사상을 둘러싼 논쟁과 그 논쟁을 돌파해 가는 과정은 단순히 학계 내의 이론적 논쟁의 문제를 넘어서서 사회주의 사회의 전반적인 관리체계 개혁을 둘러싼 정치적 논쟁의 의미가 있기 때문에, 1950년대 이후 소련의 정치경제적 변화를 연구하는 데 있어 반드시 밝혀져야 하는 부분이다. 또한 이는 동서 냉전의 전개 과정에서 양 체제의 이질성을 넘어선 동질성 및 인식론적 유사성을 보여주는 중요한 사례로서 20세기에 대한 통합적 이해를 위한 냉전사 연구에서 빼놓을 수 없다.

2. 소련 수리경제학의 기원

소련에서는 1920년대 후반 점진주의 및 소비재 중심의 경제정책이 취해지고 상대적으로 다양한 경제학적 조류들이 학계와 경제 관리 분야에서 경쟁하던 시기가 종식되었다. 뒤이은 1930~1940년대에 펠드만(Г. А. Фельдман)의 2부문 모델에 기초한 급속한 중공업 중심의 산업화가 강조되면서 경제학계도 프레오브라젠스키(Е. А. Преображенский), 스트루밀린(С. Г. Струмилин), 오스트로비챠노프(В. О. Островитянов) 등 초고속 산업화론자들이 주도하게 되었고 다른 여러 이질적 입장들은 억압되었다. 그러나 이런 분위기에도 불구하고 1930~1940년대 소련 경제학계에는 정통 마르크스주의 정치경제학과

2 이들 이론의 신고전파적 특징에 대해서는 Канторович(1959); Nemchinov(1964) 등 참조.

는 다른 경향의 넴치노프, 칸토로비치, 노보질로프와 같은 수리경제학 연구자들이 여전히 활동하고 있었다.

가장 대표적인 인물 중 한 명이 바실리 세르게예비치 넴치노프(Василий Сергеевич Немчинов, 1894-1964)이다. 그는 1950년대 후반 소련 경제학계에 수리경제학적 조류가 자리 잡는 데 결정적인 역할을 했다. 넴치노프는 원래 통계전문가로서 경력을 시작하면서 1926년『농촌의 계급 분화에 대한 통계학적 연구에 대하여(О статистическом изучении классового расслоения деревни)』와 1928년『농민 경제의 분류(Опыт классификации крестьянских хозяйств)』와 같은 주요 저작을 남겼다. 그는 이 연구들에서 집단농장화 이전 농촌에서의 생산관계 연구를 통해 농민 경제를 계급 유형에 따라 분류 가능하도록 하는 생산관계 구성요소들의 표준 구조를 제시했다. 그는 농촌에서의 생산관계를 농업 경제에서 노동력의 판매와 고용에 대한 자료뿐만 아니라 토지의 임대와 거래에 대한 자료, 농업 기계 및 역축에 대한 자료, 그리고 거래활동과 부업에 대한 자료를 모두 고려해서 연구했다. 이러한 자료에 따라 넴치노프는 집산화 이전 농촌 계급을 부농(кулаки), 중농(середняки), 농촌 프롤레타리아로 구분했고, 그의 이런 통계학적 작업은 당시 소련 학계에서 새로운 방법으로 주목받았다(Лившиц, 1967a: 45~46).

넴치노프는 1930년대에 소련 국가계획위원회 농업분과와 중앙국민경제회계부에서 일하면서 모스크바 국민경제회계대학 및 모스크바 재정경제대학에서 강의했다. 그는 1933년에 소련 최초로 집단농장과 국영농장 회계에 대한 교과서인『농업 기업의 회계와 통계(Учет и статистика сельскохозяйственных предприятий)』라는 책을 썼다. 1930년대 후반부터 그는 농업인민위원부 종자품종 감정에 대한 국가위원회 부위원장직을 수행하면서 복잡한 수리통계 방식을 적용하기 시작했다. 이때부터 넴치노프는 학계에서 사회적 경제 및 수리 통계학의 독창적 이론가로 알려지게 되었다. 그는「경제학 고등교육기관에서 통계학 강의에 대하여(О преподавании статистики в экономических вузах)」라는 1940년 논문에서 통계학의 '큰수의 법칙'에 대해 설명하는 과정에서 이 법칙의 수학적 측면을 강조했고, 체비셰프(П. Л. Чебышев), 마르코프(А. А. Марков), 랴푸노프(А. А. Ляпунов), 베른시테인(С. Н. Бернштейн)과 같은 러시아 수학자들의 업적을 높게 평가했다(Лившиц, 1967a: 178). 그는 이때부터 이미 경제학에 현대 수학 방식을 적용하는 것이 필수적이라는 생각을 하고 있었다.

1940년대에 들어서 넴치노프는 모스크바 К. А. 티미랴제프 농업대학 학장으로 있으면서 국민경제 회계의 단일 체계 이론을 구성하려고 했다. 그는 통계학이 단순한 하위 보조 분과가 아닌 독자적 학문임을 주장했고, 수리통계학적 방법의 중요성을 강조했다. 1940년대 후반부터 그는 관심 영역을 통계학에서 경제통계학으로 점차 넓혀갔으며, 이 분야에 고도의 수학적 방법을 적용하는 문제에 힘을 쏟았다(Лившиц, 1967a: 350~351). 넴치노프는 통계적 인식 과정을 분석하면서 현상에 대한 전체적인 통계적 평가의 인식적 신빙성을 확신했고, 통계 요인들에 대한 개념을 발전시켰다. 그는 큰수의 법칙의 본질과 사회 현상들이 구성될 때 그것이 하는 역할에 관심을 기울였다. 통계적 요인과 함께 그는 사회적 현상, 특히 경제적 현상에 놓인 통계적 법칙성을 연구 대상으로 전면에 내세웠다. 넴치노프는 과학으로서 통계학의 주요 임무 중 하나를 이러한 법칙성의 연구와 정확한 양적 표현으로 보았다. 그는 끊임없이 사회경제적 통계학 방법을 추구하고 개선하는 과정에서 균형대차대조표에 특히 관심을 쏟았고, 이를 바탕으로 표준 통계학적 사고와 방법을 발전시켰다. 이러한 1940년대 그의 경력은 1950년대에 그가 레온티예프(W. Leontief)적인 투입-산출표와 랑게(O. Lange)의 연구를 소련에 다시 소개하고 수리경제학 연구의 기반을 형성하도록 했다.

이미 1940년대 후반부터 넴치노프는 통계학과 경제학 분야에서 여러 가지 수리적 문제들을 제기했다. 넴치노프는 1950년대 초까지도 경제학적인 내용보다는 주로 통계학 분야 내지 경제통계학 분야의 연구를 계속하면서 당대의 소련 주류 학계를 비판했다. 바야르스키(А. Я. Боярский), 스타롭스키(В. Н. Старовский), 야스트렘스키(Б. С. Ястремский) 등 주류 경제학자 및 통계학자 중 상당수는 수리통계학 분야를 통계학 일반에서 분리해서 통계학 하위의 도구적 분야로 생각했고, 이에 대해 넴치노프가 이론적으로 강하게 비판했다(Лившиц, 1967a: 360~361).

하지만 그는 1940년대 후반에 당으로부터 강력한 비판을 받게 된다. 가장 대표적인 사건은 당시 모스크바 재정경제대학의 경제통계학자이자 사회학자였던 마슬로프(П. Маслов)를 둘러싼 논쟁이다. 마슬로프는 서방의 선진 계량경제학과 통계학을 소련에 도입해야 한다고 주장했고, 오스트로비챠노프 등 당시 소련의 주류 학자들은 그를 강하게 비난했다. 그러나 넴치노프는 공개적으로 마슬로프를 방어했을 뿐만 아니라 오히려 소련에 계량경제학의 도입이 필요하다고 주장했다. 이에 대해서 오스트로비챠노프는 계량경제학이 부르주아 수리통계학이어서 소련에서 받아들일 수 없는 것이라고 주장했다(Островитянов, 1948: 86~91). 이후 넴치노프는 리센코주의가 농업경제학에 침투하는 것을 비판했고, 결국 1948년에 재직하던 농업대학에서 해고되었다(Sutela, 1991: 34). 그러나 이 당시에 소련의 통계학계에서 넴치노프의 학문적 지위는 스탈린에게도 공식적으로 인정받을 정도로 공고했기 때문에 대학에서 물러난 뒤에 곧바로 소련학술원 산하 생산력연구회의(СОПС АН СССР: Совет по изучению производительных сил)로 자리를 옮겨서 활동을 지속할 수 있었다.[3]

넴치노프와 함께 1940년대 이후에 소련 내 수리경제학 경향에 가장 큰 영향을 미친 인물은 레오니트 비탈리에비치 칸토로비치(Леонид Витальевич Канторович, 1912-1986)이다. 그는 소련 수리경제학파의 형성 과정에서 이론적으로 가장 중요한 역할을 했으나 동시에 1950년대 후반 이후 소련 경제학

---

3 1948~1950년 사이 그의 학술원 발표를 보면 통계학에서 스탈린의 기여에 대한 공개적인 찬양들이 자주 등장한다. 이는 정치적인 이유 때문이기도 하겠지만, 그가 학계에서 스탈린의 기여를 공식적으로 발표할 수 있는 지위를 갖춘 인물이라는 사실을 증명하는 것이기도 하다(АРАН ф. 1590, оп. 1, д. 41, д. 42).

계 내 논쟁에서 가장 문제가 되기도 했다. 특히 칸토로비치는 1975년에 자원의 최적배분에 대한 이론으로 미국의 쿠프먼스(T. Koopmans)와 노벨상을 공동 수상했다(Канторович, Кутателадже и Фет, 2002a: 497~498).

칸토로비치는 1926년 16세의 나이로 레닌그라드 대학교 수학과에 입학해서 1930년에 졸업한 이후 1932년부터 레닌그라드 산업건설기술대학 교수 겸 레닌그라드 대학교 강사로 재직했다(Канторович, Кутателадже и Фет, 2002a: 3). 1934년 레닌그라드 대학교 교수로 옮길 때 그는 이미 레닌그라드 지역의 수학자 및 경제학자들과 밀접한 학문적 교류를 하고 있었다. 1939년에 선형계획법에 대한 이론적 업적들과 그것을 산업에 적용하는 문제를 발표하면서 그의 작업은 소련 산업경제학 부분에서 매우 유명해졌고, 1940년 학술원 산하 수학연구소 레닌그라드 지부(ЛОМИ) 창설에 많은 영향력을 행사했다. 설립 당시 레닌그라드 수학연구소의 핵심 과제로 지정된 것은 (1) 연산자 대수와 조합적 위상기하학의 알고리즘 문제, (2) 함수해석학, (3) 함수 이론, (4) 미분 방정식, (5) 확률이론 및 수리통계학, (6) 분석문제 해결의 근사적 · 실험적 방식, (7) 현대 물리학의 수학적 문제, (8) 산업에서 발생하는 수학적 문제들, 특히 생산 조직과 계획 문제에서 수학적 방법들이었다. 여기에서 칸토로비치는 당대 최고의 수학자들이었던 콜모고로프(А. Н. Колмогоров), 베른시테인, 소볼레프(С. Л. Соболев), 무스헬리시빌리(Н. И. Мусхелишвили), 갈료르킨(Б. Г. Галергин) 등과 같이 일하면서 현대적인 수학적 방법론을 더욱 면밀히 연구할 수 있게 되었다(Канторович, Кутателадже и Фет, 2002a: 55~56). 콜모고로프는 사이버네틱스 이론의 원천을 제공한 세계적인 수학자로서 1930년대부터 칸토로비치와 이론적으로 깊은 연관을 맺어왔다. 칸토로비치와 콜모고로프의 이론적 교류는 1930년대에 둘 사이에 오간 수많은 서신들을 통해서 확인할 수 있다(Канторович, Кутателадже и Фет, 2002b: 434~455). 그리고 베른시테인은 우크라이나 하리코프 출신의 수학자로서 1933년에 레닌그라드 대학교 수학과 교수로 부임한 이후 근사법과 함수해석학 분야를 강의하면서 칸토로비치에게 커다란 영향을 준 인물이다.

또한 이 시기에 칸토로비치는 노보질로프를 처음 만났고, 자본투자 효율성에 관한 노보질로프의 작업들에 대해서도 접하게 되었다. 그는 당시 레닌그라드 이공대학 경제학부에서 노보질로프와 그의 젊은 동료들과 공동 세미나를 하게 되었고, 여기에서 사회주의 경제의 구체적인 과업들에 대해 진지한 토론을 나눴으며 그들의 작업을 매우 높게 평가했다(Канторович, Кутателадже и Фет, 2002a: 58).

1943년부터 칸토로비치는 수학적 문제에 계산기와 프로그래밍을 도입하는 것에 관심을 가지게 되었다. 당시 최초로 기초적 계산기를 만들기 시작한 사람들이 레닌그라드 천문학연구소에 있던 얀줄(И. Н. Янжул)이었는데, 칸토로비치는 한 세미나에서 그와 만나 당시 미국의 초기 컴퓨터인 마크(Mark) I, II에 대한 이야기를 나눈 이후 계산기 기술에 깊은 관심을 가지게 되었다고 회고했다(Канторович, Кутателадже и Фет, 2002a: 62). 이후 그는 레닌그라드 수학연구소에서 여러 수학적 문제들에 대한 다수의 구체적인 계산 문제를 해결하는 연구를 진행했고, 동료인 가부린(М. К. Габурин)과 함께 새로운 계산기 활용을 위한 몇 가지 새로운 이론 개요를 작성했다. 이러한 노력은 결국 1946년에 결실을 맺어서 소련 최초의 전자계산기(Электронная вычислительная техника)인 스트렐라(Стрела)와 BESM(БЭСМ: Большая Электронно-Счётная Машина)가 만들어졌다(Канторович, Кутателадже и Фет, 2002a: 62~63).

그러나 레닌그라드 수학연구소에서의 그의 이런 노력은 1950년대 초까지도 경제학계 중심부에 확산되지 않았고, 그의 이론적 작업들은 1940년대 후반부터 소련 학계 중심부와 더 나아가서 당 중앙에서 강한 비판을 받았다(Канторович, Кутателадже и Фет, 2002a: 60). 경제 실무에 계산기를 도입하는 것도 1950년대 초까지 여러 기술적 난점과 논의의 비활성화 때문에 매우 더디게 진행되었다. 그러나 1940년대에 그를 중심으로 레닌그라드에 조직된 이러한 학술 조직들은 1950년대 중반 이후 칸토로비치가 자신의 수리경제학적 문제 설정을 소련 전체 경제학계에 확산시키는 활동을 할 수 있는 기반이 되었다.

그의 경제학 이론은 바로 이러한 1930~1940년대 수학자로서의 경험과 밀접하게 연관이 있다. 그는 학부 시기 실함수론과 집합론에 주로 관심을 두었고 대학원에서 여러 응용과학들을 접하게 되었다고 회고했다. 그는 당시 레닌그라드 대학교의 유명한 수학자인 스미르노프(В. И. Смирнов)와의 특별 세미나를 통해서 기술공학, 그리고 그것을 통해서 구체적인 실제 문제들에 간접 응용된 수학적 문제, 특히 근사적 해법에 관심을 갖게 되었고, 이를 바탕으로 레닌그라드 대학교의 동료였던 수리물리학자 크릴로프(В. И. Крылов)와 함께 『편도함수에서의 근사해법(Методы приближенного решения уравнений в частных производных)』이라는 저서를 발간했다(Канторович, Кутателадже и Фет, 2002a: 15). 그 외에도 그는 1930년대에 크릴로프, 콜모고로프 등과 근사법에 대한 여러 저서를 발간했다(Канторович, Кутателадже и Фет, 2002a: 35~43). 칸토로비치는 또한 함수해석학 연구에서도 두각을 나타냈는데, 이 문제에 대해 1930년대에 그와 같이 작업한 수학자로는 균테르(Н. М. Гюнтер), 쿠지민(Р. О. Кузьмин), 미흘린(С. Г. Михлин) 등이 있었다(Канторович, Кутателадже и Фет, 2002a: 44).

그러나 칸토로비치가 경제학에서 두각을 나타낸 것은 1939년 처음으로 적용한 선형계획법(linear programing)에서다. 선형계획법은 단일 목표를 달성하기 위해 제한된 자원을 합리적으로 배분하는 문제를 해결하는 데 활용되는 수리적 의사결정기법이다. 여기에서 단일 목표란 이익의 최대화, 비용의 최소화, 투자수익률의 극대화 또는 시장점유율이나 시간의 최적배분 등이 된다. 보통 선형계획법 이론의 시초는 1947년 미국의 댄치그(G. B. Dantzig)가 제시한 심플렉스(simplex) 해법이라고 알려져 있다. 이 선형계획법은 현재 경영학 원론 수준에서 배우는 아주 기초적인 수학적 해법이지만, 여전히 미시경제학, 경영학 및 네트워크 경로 최적화 등 많은 분야에서 최적화 문제 해결을 위한 해법의 기본이 되고 있다(이규헌 · 서남수, 2000: 51).

칸토로비치는 수학에서 경제학으로 전공분야를 변경한 이유로 '레닌그라드 사건'으로 유명한 니콜라이 보즈네센스키(Н. А. Вознесенский)의 동생 알렉산드르 보즈네센스키(A. A. Вознесенский)와의 개인적 친분으로 마르크스(K. Marx)의 정치경제학에 관심을 가진 것과, 1937년 반순서공간(半順序空間; semi-ordered space)에 대한 이론 작업을 하고 난 이후 수학에 몰두하는 데 회의를 느꼈고 더구나 당시 소련이 파시즘으로부터 위협받고 있는 상황에서 실질적인 문제 해결에 도움이 되어야 한다는 생각 때문이었다고 회고했다.[4] 바로 이러한 실제 경제 문제 해결을 위해 그가 고안한 것이 선형계획법이었다.

1937년 레닌그라드의 한 합판 트러스트에서 합판 산출을 저해하는 실질적인 문제 해결을 그에게 의뢰했고, 그는 이를 해결하기 위해 라그랑주 승수법[5]을 수정 적용한 선형계획법을 도입했다(Campbell, 1961: 406~407). 그에게 제시된 문제는 다음과 같았다. 트러스트는 합판 재료인 통나무를 가공하는 여러 종류의 기계를 가지고 있고, 그 기계들은 다루는 통나무의 크기나 종류에 따라 생산성이 각각 달랐다. 기계에 들어가는 여러 종류의 통나무들 사이의 비율이 정해져 있다면, 단위 시간당 처리량을 극대화하기 위해 여러 종류의 기계들 사이에 여러 종류의 통나무를 할당하는 것이 문제였다. 즉, 기계의 생산성을 극대화하는 문제의 해결이 그에게 의뢰된 것이었다(Campbell, 1961: 406~407). 그는 이 문제 해결을 위해서 제한 조건에서 극대·극소를 찾는 전통적인 수학적 해법, 즉 라그랑주 승수법을 수정하여 적용했다. 승수들은 반복적 과정으로 도출될 수 있었고, 도출되면 그것들은 문제의 해법으로 적용될 수 있었다(Campbell, 1961: 406~407). 이 합판 공장 문제에 대한 칸토로

---

4 그는 여기에서 1930년대까지 마르크스의 『자본』에 대한 지식이 없다가 정치경제학을 강의하고 있던 보즈네센스키와의 교류를 통해서 『자본』의 내용을 접하게 되었고, 특히 『자본』 제3권의 내용에 관심을 갖게 되었다고 밝혔다(Канторович, Кутателадже и Фет, 2002a: 15).

5 현대 주류 경제학에서 현실적으로 기업의 최적생산결정이나 소비자의 최적소비결정에는 비용이나 자원의 제약, 소득의 제약 등이 존재한다는 가정하에서 극값(극대·극소) 문제를 해결하기 위해 적용하는 수학적 해법이 바로 라그랑주 승수법(Lagrange multiplier)이다. 라그랑주 승수법이란 제약조건에 승수를 곱하여 목적함수에 더해줌으로써 제약조건이 있는 최적화 문제를 제약조건이 없는 함수의 극값 문제로 변환시켜 문제의 구조를 단순화시키는 방법이다(표용수, 2007: 245).

비치의 해법이 1938년에 엄청난 성취를 이루면서, 그는 이후 최적자원 사용을 포함한 실질적인 경제 문제들에 더욱 직접적으로 관심을 갖기 시작했다(Katsenelinboigen, 1978: 133). 그는 이때 만든 선형계획 해법이 서방에서 댄치그, 포드(L. R. Ford), 펄커슨(D. R. Fulkerson)이 한참 뒤인 1950~1960년대에 제시한 이론과 유사하다고 밝혔다(Канторович, Кутателадже и Фет, 2002a: 54). 그는 이 해법에 대해 레닌그라드 대학교에서 발표를 했고, 그 자리에 레닌그라드 내 여러 산업 대표자들이 참석했다. 그는 이 발표를 기본으로 해서 『생산계획과 조직의 수학적 방법(Математические методы организации и планирования производства)』(1939)이라는 책자를 발간했다(Канторович, Кутателадже и Фет, 2002a: 54).

그가 해법으로 제시한 승수들은 서방의 가치이론에서 가격과 같은 의미를 가지고 있으며, 그 승수를 찾는 시행착오 과정은 시장경제에서 가격 결정 과정과 유비가 가능한 것이었다. 다만, 당시에 그는 이 승수들을 그가 관심을 가진 산출 극대화를 위해 기계들에 일정 형태의 통나무들을 할당하는 변수 집합을 찾는 과정의 중간 단계로만 생각했다(Campbell, 1961: 407). 이 선형계획법에서 그가 전개한 사고가 앞서 언급했던 신고전파적 일반균형의 사고와 유사성이 있었고, 1950년대 후반부터 전개한 그의 최적자원 사용과 가격이론의 기초가 되었다.

하지만 1950년대 초까지도 칸토로비치는 직접적으로 가격이론을 제시할 수가 없었다. 물론, 그는 1942년에 『최적자원 이용을 위한 경제적 계산(Экономический расчет наилучшего использования ресурсов)』을 발간하려고 계획했었고, 여기에 1959년에 제기하는 '객관적 조정 평가(оптимальная обусловленная оценка)'의 기초가 되는 내용을 포함시키려 했다. 그러나 이에 대해 오스트로비챠노프 등 당시 주류 마르크스 · 레닌주의 정치경제학자들이 반대했고, 특히 당 지도부가 1940년대 초까지도 가격책정을 경제적 원칙에 의거해야 한다는 생각에 강한 거부감을 가지고 있었기 때문에, 칸토로비치는 이 시기에 적극적으로 가격책정 문제를 제기할 수 없었다(Канторович,

Кутателадже и Фет, 2002b: 173).

마지막으로는 빅토르 발렌티노비치 노보질로프(Виктор Валентинович Новожилов, 1892-1970) 또한 넴치노프, 칸토로비치와 함께 소련 수리경제학파의 형성에 크게 기여한 인물이다. 특히 그는 가격책정과 자본투자 효율성에 대한 이론에서 1950~1960년대 논쟁의 중심에 서 있게 된다.

그는 1911년 키예프 대학교 법학부에 입학해서 정치경제학과 통계학을 배웠고 졸업 후 1922년에 레닌그라드로 이주했다. 이후 레닌그라드 М. И. 칼리닌 공대에서 강의를 시작하면서 1920년대에 저명한 여러 경제학자들과 교류했다. 특히 1926년에 알게 된 샤포슈니코프(Н. Н. Шапошников)는 드미트리예프(В. К. Дмитриев)의 『자유경쟁과 상품 가격(Свободная конкуренция и цена товаров)』을 그에게 처음 소개했던 학자로서, 그를 통해서 노보질로프는 균형가격(equilibrium price) 개념에 대해 이해하게 되었다(Петраков и Козерская, 1995: 86). 1920년대에 그의 주요 작업은 주로 재정과 화폐 유통 문제에 집중되어 있었다. 1924년 『인플레이션의 한계(Пределы инфляции)』에서 그는 상품-화폐 경제의 인플레이션 위기 이론을 발전시켰다(Петраков и Козерская, 1995: 95). 또한 1926년 논문 「상품 희소성(Недостаток товаров)」에서 당시의 이행기 경제를 분석하면서 가격정책의 관점에서 구매력과 상품 공급 사이의 불균형 문제를 분석했다(Петраков и Козерская, 1995: 5). 이 논문에서 그는 상품 공급과 구매력 사이의 기본적인 균형이 반드시 필요하다고 서술했다. 왜냐하면 그러한 경우에만 경제의 균형적 발전이 가능하기 때문이다. 따라서 그는 모든 성장이 선(善)일 수는 없다는 의미에서 주민의 구매력이 너무 급속하게 성장하는 것에 반대했다(Петраков и Козерская, 1995: 101). 이는 일정 정도 신경제 정책의 노선에 있는 입장이었고, 균형가격을 사고한다는 의미에서 신고전파 경제학적 사고와 밀접한 관련이 있다고 볼 수 있다. 그러나 1920년대 말의 변화는 그가 더 이상 가격에 대한 관심과 연구를 지속시킬 수 없도록 했다. 이때부터 그는 중심 연구주제를 국민경제의 경제적 효율성 계산 방식의 문제로 옮겼다. 특히, 당시에 가장 문제가 되었던 자본투자와 신기술 도입의 경제적 효율성에 대한 논쟁에서 가장 중심에 있던 인물이 바로 그였다.

자본투자와 신기술 적용의 효율성이라는 경제적 문제는 이미 1920년대 대논쟁 시기에 많은 주장들이 제기되었다. 당시 제기되었던 입장들을 살펴보면, "주요한" 경제 부문의 발전에만 관계된 것이기는 하지만, 수익성과 자본수익률의 규범적 역할을 신뢰해야 한다는 입장에서부터 자본 투하와 현재 비용의 "비교가능성(commensurability)" 자체를 부정하고 경제적 결정은 계획가의 자의적이고 절충적인 판단에 맡겨야 한다는 입장까지 매우 다양한 주장들이 제기되고 있었다.[6] 이 시기에 많은 경제학자들에게 생산물에 대한 자본집약도(капиталоемкость)가 자본투자 효율성의 척도로서 많은 관심을 받았고, 극히 소수이기는 하지만 상당히 정교하고 세련된 방식을 적용한 이론들이 등장했다.[7] 그러나 1930년대 경제이론가들에 대한 대대적인 숙청작업 이후 자본투자 효율성에 대한 논쟁도 경제학 이론의 장에서 사라지게 되었다.

소련에서 자본투자와 신기술 도입의 경제적 효율성 문제에 대한 논의는 제2차 세계대전 이후 경제 논쟁의 장에 다시 등장한다. 1940년대 후반에 이 문제를 제기했던 주요 인물들은 주로 운송, 설비, 건설 및 발전 등 대규모의 자본투자가 필요한 사회간접자본 분야의 전문가들이었다.[8] 이들이 자본투자 효율성 문제에 일찍부터 관심을 갖게 된 이유는 자신들이 담당하고 있는 경제 부문이 대규모의 설비투자가 필요한 부문이고 그에 따른 산출량의 계산과 효율성 계산이 중요한 문제였기 때문이었다. 따라서 당시 제기되었던 주장들 대부분은 매우 특화된 개별 분야의 자본투자 효율성에 대한 기술적 문제들에 맞춰져 있었다. 또한 혁신적 주장들 대부분이 중앙 차원의 경제학 잡지에 게

6 전자의 입장에 있는 경제학자로 샤포슈니코프, 세갈(А. И. Сегаль), 긴즈부르크(А. М. Гинзбург) 등이 있었고, 후자의 입장에는 바룬(М. Барун)이 있었다(Grossman, 1953: 315~316).

7 골드베르크(Р. Гольдберг)는 콥-더글러스 생산함수를 사용해서 자본투자 효율성을 측정하려 했다(Гольдберг, 1929).

8 발전 분야 전문가인 아이바지안(В. Г. Аывазиан), 베데네예프(Б. Е. Беденеев), 철도운송 분야 전문가인 하차투로프 등이 대표적인 이론가들이다.

재된 것이 아니라 개별 산업의 기술 분야 매체에 실렸고, 그마저도 대부분 지역을 기반으로 하는 잡지들이 많았다. 이후 개별적인 특수 부문의 효율성에서 사회주의 경제 전체의 자본투자 효율성에 대한 논의로 범위를 확장시킨 이들은 노보질로프, 루리요, 하차투로프(T. C. Хачатуров), 스트루밀린 등이었다.

특히 새로운 주장을 편 사람들은 오를로프(И. А. Орлов), 파보로젠코(В. В. Повороженко), 베데네예프 등 발전 및 철도운송 분야 전문가들과 노보질로프, 루리요와 같은 수리경제학자들이었다. 그중 루리요(А. Л. Лурье)는 대표적인 수리경제학 연구자로서 노보질로프와 함께 자본투자 효율성 이론을 연구했으며, 운송 분야에 칸토로비치의 선형계획법을 적용해서 산출을 극대화하는 방법을 연구했다(Ellman, 1973: xvi). 그는 미래 운용비용을 대신하기 위해 계획 작성 단계에서 자본의 증식 능력에 대해 자본 부담금을 부여할 필요가 있다고 보았다. 이는 이자율의 사용(процентирование)을 의미하는 것이었다. 그리고 그는 자본의 증가분 대비 미래의 연간 절약 비율을 "자본투자의 상대적 효율성"이라고 불렀다. 그는 고정된 상품 출하 목록과 경제에 대한 명확한 투자 기금을 상정하면서 서방 경제학자들과 유사한 근거를 바탕으로 자본의 상대적인 한계 효율성을 균등화하는 생산 라인들 사이에 자본이 분배되어야 한다고 주장했다. 루리요에 따르면, 결과적인 균형비율, 즉 "상대적 효율성 기준"은 모든 계획 작성자에게 파라미터로 할당되어야만 하고 개별 계획에 대한 자본 집약도의 기준으로 기능해야만 한다. 생산 목표치와 투자 기금의 크기가 주어져 있는 상황에서, 이러한 방식으로 경제 전체에 대한 미래의 생산 비용이 최소화될 것이었다(Grossman, 1953: 321).

노보질로프도 루리요와 비슷한 입장에서 이에 대한 연구를 진행했는데, 앞서 보았듯이 그는 이미 1929년부터 사회주의 경제에서 투입의 경제적 효율성 결정 방법에 대해 연구를 시작했다(Петраков и Козерская, 1995: 113). 이 시기에 노보질로프는 레닌그라드 기술대학에서 경제의 수학적 분석에 대해 강의하면서 동시에 국가계획연구소에서 공장건설 계획들에 대한 조언자로 일했다. 하지만 얼마 후 대학 교수평의회는 정치경제학에 수학적 방식을 적용하는 것이 위험하고 부르주아적인 편향이라고 주장하면서 전체 교과과정에서 이 과정을 제외시켰다. 다행히 노보질로프는 몰로토프(В. М. Молотов)와의 개인적인 친분으로 대학에 남아 '화폐와 화폐유통' 과목을 강의할 수 있게 되었다(Петраков и Козерская, 1995: 112~113).

수년 뒤인 1939년 노보질로프는 한 논문에서 라그랑주 승수의 경제학적 해석이라고 하는 사고를 전개했는데, 이는 라그랑주 승수를 통해서 효율성의 경제적 지표들을 해석하는 것이었다. 물론 이 저작은 외부에는 크게 알려지지 않았지만 이후 노보질로프의 경제적 사고의 기반이 되는 것이었다(Новожилов, 1939). 학계에서 그의 권위가 조금 더 높아진 것은 1941년 「사회주의 경제에서 경제적 효율성 계산 방법(Методология расчетов экономической эффективности в социалистическом хозяйстве)」으로 박사논문을 발표한 후였다. 그는 이와 관련된 논문들을 지속적으로 발표하다가 1947년에 「사회주의 경제에서 자본투자의 최대 효과 추구 방식(Способы нахождения максимума эффекта капиталовложений в социалистическом хозяйстве)」(1947)이라는 논문으로 당시 경제학계의 주목을 받았다(Петраков и Козерская, 1995: 120). 이 글에서 노보질로프는 정해진 기간에 고정된 최종 상품 출하 목록과 고정된 투자량을 상정하면서, 그 기간에 총노동투입을 최소화하기 위해 사용 가능한 '생산수단'의 분배 원칙을 결정하려고 했다. 여기에서 척도재(numeraire)는 노동 시간이고 투하 기금은 같은 단위로 표현된다. 그의 해법은 왈라스(L. Walas), 배런(S. L. Barron), 카셀(K. G. Cassel) 및 다른 서방 경제학자들의 일반균형체계와 매우 유사하다. 그는 중간재에 대한 균형가격, 희소 지대, 자본에 대한 이자율 등 소비에트 질서에서 자본주의적이라고 판단했던 그런 분배 장치들에 사실상 의존하고 있는 것이었다(Grossman, 1953: 328).

한편, 하차투로프는 이 시기에 "기금 이자가 기금의 가격이고 그것은 기업가가 은행가에게 지불하는 이윤의 크기를 반영하며, 상대적 효율성 계수가 바로 자본투자를 이용된 지출과 비교할 수 있는 형태로 환원하기 위해 필수적이고 해당 자본투자에서 절약한 것을 반영하는 계산 영수증이다"라고 주장했다(Мстиславский, 1948: 39). 앞선 두 입장과 비교해 보면 하차투로프는 자본투자 선택에 대한 기회비용적 이론을 주장한 것은 아니지만, 이자를 기금 사용에 대한 요금으로 여긴다는 점에서 노보질로프와 루리요의 주장과 일맥상통하는 것이었다. 하차투로프는 원래 철도운송 분야 전문가로서 1950년대 자본투자 효율성 문제에 대한 유명한 이론가였다. 그는 수리경제학 형성 과정에도 밀접하게 연관이 되어 있는 인물이었다. 그는 기본적으로 넴치노프, 노보질로프, 칸토로비치와 같은 소련 수리경제학자들의 입장에 호의적이었고, 자본투자와 신기술의 경제적 효율성 문제에 대한 전 연방 학술대회를 통해서 수리경제학적 관점을 인정받게 한 중요한 인물이다(Katsenelinboigen, 1980: 62).

이러한 주장들에 대해 당시 경제연구소의 신진 연구자인 므스치슬라프스키(П. Мстиславский)와 모스크바 경제재정대학 교수이자 학술원 경제연구소 연구원 체르노모르디크(Д. Черномордик) 등 정통 마르크스주의 경제이론가들은 강력하게 비판했다. 므스치슬라프스키는 1948년 「레닌그라드 재정경제연구소 논문집에 대하여(О Трудах ленинградского финансово-экономического института)」라는 서평에서 노보질로프의 제안에 대해서 "천박한 현대 부르주아 경제학 이론가들 ― 마셜(A. Marshall), 케인스(J. M. Keynes) 등 ― 의 '자본의 한계 효율성 개념'을 실질적으로 재생산하는 것이다. 그는 부르주아적인 '주관주의적 가치'의 주창자들이 어떤 상품의 '희소성'에 근거하고 있는 것처럼 노보질로프가 '축적의 희소성', '생산수단의 희소성'에 근거하고 있다"고 비판했다(Мстиславский, 1948a: 132). 그는 소비에트 경제에서 자본투자 효율성을 그것이 축적 기금에 주는 영향에 한정시키는 것에 반대했다. 므스치슬라프스키에 따르면, 모든 투자에 대해 투자의 표준적인 경제적 효율성의 한계 최소 허용치를 찾는 것은 오류이다. 그는 소비에트 경제 발전은 이윤 보장에 있는 것이 아니라 정치경제적 과업의 계획적 결정, 노동자들의 물질적·문화적 수준(후생 수준)의 향상에 달려 있다고 보았다(Мстиславский, 1948a: 132). 므스치슬라프스키는 이러한 비판과 더불어 노보질로프가 자신의 이론적 가설을 증명하기 위해 불필요한 수학적 기법을 사용하고 있고, 노보질로프의 공식에서는 생산품의 가치가 아니라 잉여가치, 해당 생산품의 전체 가치와 같은 일종의 '총체적' 크기 및 다른 생산품 가치의 일부분을 더한 것이 드러나며 이는 마르크스주의 정치경제학에 없는 자본주의 주류경제학적 범주라고 비판했다(Мстиславский, 1948a: 133). 하차투로프의 입장에 대해서도 므스치슬라프스키는 마르크스가 당대 부르주아 경제학자들의 구성가치론(adding-up theory), 즉 이윤이 자본가들의 자본 비용에 대한 대가라는 주장을 비판한 것을 근거로 부르주아 경제학적 오류를 범하고 있다고 주장했다(Мстиславский, 1948b: 39).

체르노모르디크 또한 루리요, 노보질로프의 단일 자본투자 효율성 계수에 대한 주장을 강하게 비판했다. 그는 "몇몇 계획가들은 오직 수학적 방법만이 실천에 도움을 줄 수 있다고 생각하면서 전체적인 투자 효율성 분석을 비웃고 있다. 그러한 시각은 완전히 거부되어야 한다"라고 주장하면서, "소련에서 자본 형성의 문제는 결코 계수들의 도움이 아니라 일방향적이고 협소한 경제적 원인에 대항한 원칙적인 정치적 · 계급적 · 국민경제적 고려를 통해서 해결되었고 해결된다는 것이 자명하다. 한때 우리나라에서 사회주의의 적들이 자신들의 복고주의적 자본주의 정책을 위해 상업적이고 협소한 경제적 요소들을 사용하려고 했다"라고 비판했다(Черномордик, 1949: 80~81).

이러한 비판들 중 학계에서 가장 치명적으로 작용했던 것은 스트루밀린의 비판이었다(Петраков и Козерская, 1995: 117). 그는 마르크스와 엥겔스를 인용하여 "계획의 기본적인 임무는 사회적 노동을 다양한 수요에 맞는 일정한 비례로 분배하는 것"이라고 썼다. 그는 자본주의 사회에서 가치법칙이 모든 상품의 평균이윤율을 균등화하도록 하면서 이러한 임무를 수행하는 반면, 사회주의 사회에서는 계획이 사회적 필요에 따라 이러한 분배 임무를 수행한다고 생각했다. 그리고 그는 이미 다양한 경제 분야에서의 노동 투입 대비 노동의 산출 효과를 측정하는 임무가 계획 실무에서 이미 잘 진행되고 있으며, 노동 효율성은 생산성으로 측정된다고 보았다. 또한 그는 모든 곳에서 노동생산성 수준을 직접적으로 비교할 수는 없을지라도, 또 다른 어떤 생산성 지표 체계를 사용하면 된다고 주장했다(Петраков и Козерская, 1995: 117). 스트루밀린은 노보질로프가 제시한 수익성 기준, 즉 "투자 효율성 기준"과 "회수 기간"이 자본주의적인 자본에 대한 이자와 외적으로 유사하다고 비판했다(Петраков и Козерская, 1995: 119). 그는 "회수 기간" 및 자본에 대한 이자의 대체 개념들을 사용한 노보질로프의 모든 작업은 이미 생애를 마친 과거 세계[자본주의 세계]의 범주와 표현들을 가지고 새로운 계획 방식을 구성하려는 잘못된 시도라고 평가했다(Петраков и Козерская, 1995: 119).

이처럼 1945년 이후에 소련 경제학계에서는 자본투자 효율성을 두고 노보질로프, 루리요, 하차투로프 등 새로운 입장의 경제학자들과 정통파 경제학자들 간의 논쟁이 재개되었다. 이 논쟁은 1950년대 초반까지 진행되었는데, 1948~1949년 사이 므스치슬라프스키, 스트루밀린 등의 비판이 상당히 커다란 영향을 미쳤던 것으로 보인다. 루리요의 경우 이후 수년 동안 경제학계에서 활동 없이 수학적 작업에만 전념했고(Katsenelinboigen, 1980: 36), 노보질로프도 자본투자 효율성에 대한 논의를 더 이상 진행시키지 않았다.[9]

---

9 노보질로프에 대해서 수텔라는 이 논쟁으로 노보질로프가 레닌그라드 기술대학에서 해고되었고 이론적으로 궁지에 몰렸던 것으로 기술하고 있다(Sutela, 1991: 33). 그러나 이 시기 레닌그라드에서 노보질로프의 행적을 보면 이런 해석에 문제가 있음을 알 수 있다. 1940년대 후반 노보질로프는 레닌그라드 기술대학뿐만 아니라 다른 여러 산업연구소에서 공동 연구원으로 활약하고 있었고, 이 공로로 1949년 레닌그라드 기술대학 50주년 기념 표창장을 받았으며 1952년에는 자신의 탄생 60주년을 맞아서 그간의 공로를 인정받아 대학에서 기념 연설을 했다(Петраков и Козерская, 1995: 138). 이런 예들을 통해 노보질로프가 이 시기 이론적 공격에도 불구하고 레닌그라드 내에서 확고한 위치를 유지하고 있었고, 다만 논쟁이 되는 자신의 이론적 입장을 주요 학술지에 개진하는 것을 유보하고 있었다고 추측해 볼 수 있다.

3. 제2차 세계대전 이후 소련 수리경제학의 성장 과정

1950년대 소련 경제학계는 우선 양적으로 급성장했다. 이러한 경제학 전문가들의 양적 증가는 당시의 현실적 요구가 반영된 것이라고 볼 수 있다. 무엇보다도 각 경제 부문의 경제 실무자 수가 절대적으로 부족했고, 경제 연구와 분석 수준에 대한 문제도 여러 측면에서 지속적으로 제기되고 있었다(РГАЭ ф. 99, оп. 1, д. 1, лл. 17~18; РГАНИ, ф. 5, оп. 30, д. 180, л. 78). 원론적으로 제기되었던 문제는 당시 소비에트 경제학이 실생활로부터 동떨어져 있고 공산주의로 가기 위한 경제 건설에 직접적인 도움을 주지 못한다는 것이었고, 좀 더 구체적으로는 당시 소련 경제에서 가장 첨예하게 제기되고 있던 가치와 가격 문제, 자본투자 효율성 문제에 대해서 소비에트 경제학이 답을 주지 못하고 있다는 것이었다(Канторович, Кутателадже и Фет, 2002b: 96~98).

이처럼 소련 내 경제학의 위상이 점차 높아지는 동시에 당과 경제학계 내에서 경제학 발전 정도를 놓고 자체적인 비판 역시 증대하고 있었다. 또한 그 과정에서 경제학 전체 발전 방향과 수리경제학적 주제들에 대한 논쟁도 심화되기 시작했다.

1) 수리경제학 연구조직의 강화

소련에서 경제학의 위상 변화와 함께 경제연구조직과 경제연구 방향이 본격적으로 변화하기 시작했다. 국가계획위원회 산하 과학적경제조사연구소(НИЭИ: Научно-исследовательский экономический институт)가 설립되었고, 각종 경제연구소들이 생겨나기 시작했다(РГАЭ ф. 99, оп. 1, д. 1, л. 1). 그중에서도 특히 수리경제학과 관련한 다양한 연구조직들이 생겨나기 시작했다. 이 과정에서 가장 핵심적인 역할을 했던 인물은 넴치노프였다.

농업 부문의 경제통계학자로서 경력을 시작한 넴치노프는 이미 1940년대 후반부터 1950년대 초에 농업경제학을 넘어서 순수경제이론에서부터 경제계획이론까지 그 학문 영역을 확장하고 있었고, 특히 통계학과 경제학에서 수리적 방식을 도입하고 현대화하는 문제를 집중적으로 고민하고 있었다(김동혁, 2015: 159~162). 또한 그는 1953년부터 1962년까지 학술원 간부회 회원, 1954년부터 1958년까지 학술원 경제학 · 철학 · 법학 분과 학술서기 등을 역임하면서 소련 경제학계의 이론뿐만 아니라 실무까지 주도하는 위치에 있었다. 이 시기에 그는 경제학에 수리적 방식을 도입하기 위한 경제학 조직을 구상하기 시작했는데, 그 첫 결실이 1950년대 중반에 비공식적으로 결성된 수리경제학 연구모임이었다(Канторович, Кутателадже и Фет, 2002a: 28~29). 이를 통해 그는 레닌그라드에서 수리경제학 연구를 주도하던 칸토로비치, 노보질로프와 연관을 맺게 되었다(Петраков и Козерская, 1995: 162; Канторович, Кутателадже и Фет, 2002b: 453~454).

이후 1957년부터 1959년까지 넴치노프와 동료들의 활동과 노력으로 1960년 4월에 소련학술원, 과학적경제조사연구소, 생산력연구위원회, 국가신기술위원회(Гостехника), 각 연방공화국 학술원들 및 연방공화국 국가계획위원회 소속 연구소 등의 연구자와 실무자 600여 명이 참여하는 경제연구에 수학적 방식을 도입하는 문제에 대한 학술대회가 개최되었다. 이 대회에 스타롭스키, 하차투로프, 플로트니코프(К. Н. Плотников), 칸토로비치, 노보질로프, 랴푸노프, 그녜덴코(А. Н. Гнеденко) 및 브루크(И. С. Брук) 등 당대 소련의 주요 경제학자, 통계학자 및 수학자 대부분이 참여했다(АРАН ф. 499, оп. 1, д. 590, лл. 65~67). 이 대회는 당시 진행되고 있던 수리경제학 연구방법에 대한 소련 경제학자들의 높은 관심도를 보여주었다는 점에서도 매우 중요하지만, 무엇보다도 계획기관과 기업 소속의 계획 실무자들이 대거 참여해서 이 방식에 대한 관심을 보였다는 점에서 매우 획기적인 것이었다.

한편, 넴치노프와 함께 소련 수리경제학 발전에 가장 큰 공헌을 한 칸토로비치와 노보질로프도 1950년대 후반 이후 더욱 조직적인 활동을 했다. 칸토로비치는 1930~1940년대에 이미 레닌그라드 대학 경제학과와 수학연구소들을 중심으로 자신의 학문적 입지를 넓혀가고 있었다(김동혁, 2015). 그는 이러한 조직적 힘을 바탕으로 1956년부터 그동안 이룬 자신의 작업들의 핵심 주장을 소련 경제학계의 중심부에서 다시 적극적으로 펼치기 시작했다. 이 이후부터 1960년대 초까지 칸토로비치는 레닌그라드에서뿐만 아니라 모스크바에서도 현대적인 수학적 방식을 경제학에 도입하는 문제에 대해 가장 적극적인 활동을 펼쳤다(Канторович, Кутателадже и Фет, 2002a: 133~134). 일례로 그는 1956년 11월 말 예레반에서 열린 아르메니아 소비에트 연방공화국 학술원 회의에 참가해서 아제르바이잔 학술원장 암바르추만(В. А. Амбарцумян)과 소볼레프에게 자신의 경제학 작업들에 대해 설명한 이후, 최적계획에 대한 작업들에 관심을 끌기 위해서 소련학술원장 네스메야노프(А. Н. Несмеянов)와 공산당 학술분과장 키릴린(В. А. Кириллин)에게 서신을 보내줄 것을 요청했다(Канторович, Кутателадже и Фет, 2002a: 470, 494~496). 여기에서 칸토로비치와 그의 동료들이 주창한 수리경제학 방법이 매우 효과적이며 현실 경제에 충분히 적용 가능하다는 점을 네스메야노프와 암바르추만 같은 당시 학계의 중심인물들이 인정하고 지지했다는 것은 소련 경제사상의 변화에서 시사하는 바가 크다. 칸토로비치는 여기에서 멈추지 않고 소련 중앙 당국에 자신의 학문적 업적과 수리경제학을 알리고 보급하기 위해 지속적으로 활동했다(Канторович, Кутателадже и Фет, 2002a: 414~418).

한편, 칸토로비치와 함께 레닌그라드를 중심으로 수리경제학 방법론 연구와 전파에 가장 크게 기여한 노보질로프 또한 1950년대 중반부터 이러한 조직적 활동에 동참했다. 그는 1929년부터 국민경제 효율성 계산 방식 문제 연구를 시작했고, 1941년 자신의 박사논문 「사회주의 경제에서 경제적 효율성 계산 방법」을 통해 학계에 알려지기 시작했으며(Петраков и Козерская, 1995: 119~120), 1947~1949년 자본투자 효율성에 관한 므스치슬라프스키, 체르노모르디크와의 논쟁으로 유명해졌다(김동혁, 2015: 174~177). 1944년에 레닌그라드로 돌아온 그는 레닌그라드 이공대에서 강의하면서 동시에 국가계획위원회, 학술원 에너지연구소, 전연방과학적조사연구 수력공학연구소(Гидротехника), 철강공장 계획에 대한 국립연방연구소 경제분과(Гипромеза), 생산력연구위원회(СОПС), 재정인민위원부(Народный комиссариат финансов) 등에서 자문으로 일했다(Петраков и Козерская, 1995: 135~136). 이 활동들로 레닌그라드 경제학계에서 그 업적을 점차 인정받아 가던 노보질로프는 1953년 레닌그라드 고리키학술원(ЛДУ)에 새로이 개설된 경제학 및 통계학 분과장으로 임명되었다. 이 분과 설립의 목적은 대학의 경제학 연구자들과 기업의 계획 실무자들이 서로 경험을 교류하고, 수시로 논쟁 및 토론 등을 열어서 협력을 강화하는 것이었다. 당시 그곳에는 레닌그라드 내 주요 대학 산업 및 경제 관련 학과 연구자들과 주요 산업 시설의 계획 담당 간부들이 배속되었고, 그 중 노보질로프와 가장 밀접한 연관을 맺었던 연구자들은 로마노프스키(В. М. Романовский), 쉬쇼프(А. Н. Шишов), 콘손(А. С. Консон), 보로틸로프(В. А. Воротилов), 타체보소프(К. Г. Татевосов) 등이었다(Петраков и Козерская, 1995: 150~151). 여기에서 그는 동료들 및 제자들에게 새로운 수리경제학적 분석 방법을 전파하는 데 힘썼고, 경제 실무에 이 이론을 구체적으로 어떻게 적용할 것인지를 연구 및 지도했다.

이러한 조직적 노력들은 1957~1958년 수리경제연구실 설립과 관련된 일련의 활동들 이후 더욱 활발해지고 학술원 차원에서의 논의가 더욱 활성화된다. 1957년 이후 칸토로비치와 그의 동료들이 학술원 시베리아 지부로 수리경제연구단위를 만들기 위해 이주하면서, 레닌그라드에서 수리경제학적 흐름은 노보질로프와 그의 동료들이 활동하고 있던 레닌그라드 기술경제대학(ЛИЭИ: Ленинградский инженерно-экономический институт)이 이끌게 되었다. 또한 칸토로비치가 주도하던 레닌그라드 대학교 경제수학방법연구소(ЛЭММ: Лаборатория экономико-математических методов)도 노보질로프가 주도하게 되었다(Петраков и Козерская, 1995: 153).

이렇게 진행되고 있던 수리경제학 연구의 활성화와 수리경제학연구소 설립에 대한 논의가 1959년에는 더욱 심도 있게 펼쳐지는데, 특히 이 시기가 되면 넴치노프, 노보질로프, 칸토로비치 등의 주요 수리경제학자들이 상호 협력하에 조직적으로 수리경제학 보급을 위해 노력하게 된다(АРАН ф. 499, оп.

1, д. 590, лл. 65~78). 1959년 10월에 소련학술원 경제학, 철학 및 법학 분과 부서국 회의에서 발표된 "경제 연구에 수학적 방식 적용을 위한 분과 학술회의 준비 결과"라는 넴치노프의 보고를 보면, 경제학에 수학적 방식을 적용하기 위한 특별회의 조직위원회가 결성되고 그 안에서 수차례 논의가 진행되고 보고서들이 제출되는데, 이 위원회 준비과정에서 칸토로비치, 노보질로프 등의 수리경제학자들이 수학, 통계학과 관련한 보고서를 준비했음을 알 수 있다(АРАН ф. 499, оп. 1, д. 590, лл. 65).

경제연구조직들의 전반적인 성장과 새 연구조직들의 형성 과정은 1950년대 말을 지나 1960년대 초가 되면서 커다란 전기를 맞이한다. 1950년대 후반부터 지속적으로 제기되어 온 경제학의 과학적 · 실천적 성격의 강화라는 요구는 경제학 분과의 성장과 함께 수리경제학 연구를 강화하는 방향의 연구조직 변화를 가져온다. 그것이 바로 1959~1963년 사이 학술원 경제학 분과의 독립과 주요 수리경제연구소들의 설립이다.

1959년 2월 제21차 당 대회의 예에서 볼 수 있듯이 소련 경제학의 현대화 문제는 1950년대 후반 학계와 당의 가장 큰 화두 중 하나였다. 소련 경제학의 지체와 관련한 논의는 이미 그 이전인 1956~1957년에 공론화되고 있었다. 지속적으로 제기된 경제학 지체 문제를 해결하기 위해 제시된 것은 바로 경제학 연구조직의 확대였고, 학술원 수준에서 제기된 것은 경제학 분과를 독립시키자는 안이었다. 1959년 학술원 연례회의 내용을 보면 당시 학술원 전체 수준에서 이 문제가 이미 일찍부터 논의되고 있었음을 알 수 있다(АРАН ф. 499, оп. 1, д. 585, лл. 19~20, 27~28).

경제학 분과의 분리 독립과 관련한 논의는 그 후 학술원 산하 경제학 · 철학 · 법학 분과 월례 및 연례 정기회의, 학술원 간부회(Президиум)에서 지속적으로 논의되었고, 1962년 학술원 간부회 결의를 통해 경제학 분과의 분리 · 독립이 결정된다(АРАН ф. 2, оп. 6а, д. 198, лл. 147~152). 결의 사안 중 중요한 내용은 경제학 분과 독립으로 분과 산하의 연구소들의 재편이 이뤄져서 경제연구소, 세계사회주의경제연구소, 세계경제세계정치연구소, 라틴아메리

카연구소, 아프리카연구소, 수리경제학방법연구실 및 소비에트경제연구기관 협의회의 7개 기관이 분과 산하로 재편되었다는 것이다(АРАН ф. 2, оп. 6а, д. 198, л. 152). 즉, 경제학 분과의 독립과 함께 수리경제학방법연구실이 독립 연구기관으로 추가된 것이다. 또한 학술원 경제학 분과로 5명의 학술원 정회원과 13명의 준회원이 배정되었다. 이 중 경제학 분과 부서국에 배정될 인물들의 학문적 기준은 그들이 자본투자 효율성, 가격책정, 독립채산 및 물적 자극, 경제학에 수학을 적용하는 문제 및 두 체제의 경제적 경쟁과 자본주의 경제학 문제 및 개별 부문 경제 문제에 대한 전문가여야 한다는 것이었다(АРАН ф. 1849, оп. 1, д. 1, лл. 13~14). 이 기준에 따라서 선정된 간부들 중 분과 학술 부서기에 디야첸코(В. П. Дьяченко), 페도렌코(Н. П. Федоренко)가 임명되었고, 부서국 구성원으로 넴치노프, 가토프스키(Л. М. Гатовский), 파시코프(А. И. Пашков), 플로트니코프, 소로킨(Г. М. Сорокин), 하차투로프가 임명되었다(АРАН ф. 2, оп. 6а, д. 199, л. 48). 넴치노프는 이미 보았듯이 소련 수리경제학의 형성과 발전에 중심 역할을 하고 있던 인물이고, 페도렌코는 넴치노프 이후 소련 수리경제학 연구조직에서 가장 중요한 인물이다.

경제학 분과 분리 독립 결의에는 과학적 연구기관들과 국민경제 계획의 실천에서 수학적 방식 및 현대적인 계산기의 연구와 도입 임무 수행에 관심을 기울여야 한다는 내용이 명시되었다(АРАН ф. 2, оп. 6а, д. 198, л. 151). 또한 분리 독립 직후에 분과 산하 연구소 이외에 국민 경제에 대한 중점 연구 지침을 수행하기 위한 개별 위원회들이 조직되는데, (1) 가격책정의 과학적 기반(위원장 디야첸코), (2) 고정 기금(고정 자본), 자본투자 및 신기술의 경제적 효율성(위원장 하차투로프), (3) 물적 자극과 생산의 수익성(위원장 가토프스키), (4) 경제 조사와 계획에 수학과 계산 기술의 도입(위원장 넴치노프), 이상 네 가지 문제에 대한 위원회들이었다(АРАН ф. 1849, оп. 1, д. 1, лл. 15~16). 이 문제들은 모두 수리경제적 방식들과 관계가 있었고 이후 보게 될 경제 논쟁들과도 밀접한 연관이 있는 것들이다. 특히 수리경제학 연구가 경제학 분과 연구의 핵심 과제로 상정되었음을 알 수 있다.

소련학술원 경제학 분과 독립과 함께 소련 경제학과 수리경제학 발전과 관련해서 중요한 것이 바로 1958년부터 시작된 수리경제연구소들의 설립이다. 이 연구소들의 설립은 앞서 살펴보았던 넴치노프, 칸토로비치, 노보질로프를 중심으로 한 노력의 결실이었다. 앞서 살펴봤듯이 모스크바의 넴치노프 그룹과 레닌그라드의 칸토로비치와 노보질로프 그룹이 1950년대 중반부터 수리경제 연구방법론의 도입과 확산을 위해 대학과 연구기관들을 중심으로 다양한 활동들을 했다. 그리고 이 과정에서 많은 비판과 반대에 부딪혔고, 그 논쟁 과정 속에서 이들은 공동의 입장을 취했으며, 더 적극적인 활동, 즉 새로운 연구소 설립을 추진했다.

이 연구소들의 설립 과정을 구체적으로 살펴보려면, 우선 노보시비르스크에 세워진 과학연구도시 아카뎀고로도크에서의 진전을 보아야 한다. 소련학술원 간부회는 1957년에 노보시비르스크 과학 센터에 경제학·통계학 연구소를 설립하자는 조직위원회의 제안을 받아들여서 우랄 동쪽에 경제조사연구소를 세웠고, 1958년에 이 연구소를 '소련학술원 시베리아 지부 경제·산업생산조직연구소(ИЭиОПП: Институт экономики и организации промышленного производства СО АН СССР)'로 개칭했다. 이와 동시에 넴치노프와 칸토로비치를 경제학에 통계학적이고 수학적인 방식을 도입할 독립적인 연구소 조직을 위한 준비위원으로 임명했다(Шеметов, 1978: 8). 1970년대 이후 소련 경제학계를 주도하는 다다얀(В. С. Дадаян), 체르냐크(Ю. И. Черняк), 모딘(А. А. Модин), 미할렙스키(Б. Н. Михалевский), 볼콘스키(В. А. Волконский), 코소프(В. В. Коссов) 등의 젊은 수리경제학자들이 바로 이 노보시비르스크 아카뎀고로도크로 옮겨서 칸토로비치와 공동으로 작업하면서 그들의 학문적 영향을 받게 된다(Sutela, 1984: 84).

1959년에는 칸토로비치의 주도하에 소련학술원 시베리아 지부 수학연구소 수리경제학 분과(Математик-экономический отдел Института математики СО АН СССР)가 설립되었다. 이 연구소 설립의 주된 목적은 경제적 과정과 현상들의 수학적 모델화를 위한 기본적인 문제들을 연구하고, 무엇보다도 새로운 경제 조사방법을 탐구하기 위한 이론적이고 실험적인 기반을 마련하는 것에 있었다(Шеметов, 1978: 25). 1961년이 되면 시베리아 경제 · 산업생산조직연구소의 부속 기구로서 아간베갼(А. Г. Аганбегян)을 연구실장으로 한 수리경제조사연구실이 업무를 시작한다. 시베리아 경제 · 산업생산조직연구소는 이 연구실을 통해서 직접적으로 소련학술원 시베리아 지부 수학연구실과 계산센터 및 수리경제 연구를 주도하는 다른 기관 및 연구소들과의 관계를 매우 강화시켰다(Шеметов, 1978: 9~10). 1963년 초부터는 새로운 기술을 갖춘 학술원 시베리아 지부 계산센터(Вычислительный центр СО АН СССР)가 자체 업무를 시작하면서, 전자계산기를 통한 계산 업무와 자체 계산센터 조직과 관련한 여러 연구소들의 업무를 크게 돕게 된다. 또한 이 센터는 시베리아 지부 경제연구소 및 시베리아 경제 · 산업생산조직연구소와 협력하면서 광범위한 이론적 조사들, 특히 자동관리체계에 대한 이론적 연구들을 수행했다(Шеметов, 1978: 25).

이러한 시베리아 지부 수리경제 연구 조직들의 설립과 함께 모스크바에도 학술원 체계 내에 수리경제연구실을 조직할 필요성들이 제기되고 있었다. 이러한 논의는 적어도 1959년이면 시작이 된 것으로 추측되며, 구체적인 안이 제시된 것은 1960년 하반기이다. 당시 넴치노프가 시베리아 지부와는 별도로 모스크바학술원 내에 경제학에 통계 및 수학적 방식을 적용하기 위한 연구실 설립을 강하게 주장했고, 경제학 · 철학 · 법학 분과 부서국 검토를 거쳐 학술원 간부회 명의로 실험실 설치를 의결했다(АРАН ф. 1959, оп. 1, д. 1, лл. 1~3). 또한 모스크바주 노긴(Ногин)구에 실험실 부속으로 새로운 전자계산기 м-20을 갖춘 전자계산소 설립이 요청되었고, 1960년 하반기에 설치되었다(АРАН ф. 1959, оп. 1, д. 1, лл. 6~9). 이렇게 설치된 별도의 모스크바 수리경제연구실에 대한 지원 확대 요구를 넴치노프가 제기했다(АРАН ф. 1849, оп. 1, д. 9, л. 99). 이 문제는 결국 수리경제학 연구 조직 전반의 확장 필요성으로 이어졌다(АРАН ф. 1959, оп. 1, д. 21, л. 29). 이런 논의가 진행 중인 가운데 아간베갼 등 수리경제연구실 설립의 주요 추진자들은 수리경제학 연구소들에 대한 연구지원 문제와 관련해서 좀 더 힘을 결집시켜서 더 큰 조직을 만들 것을 제안했다(АРАН ф. 1849, оп. 1, д. 9, л. 138). 1960년부터 시작된 모스크바 수리경제연구실 조직과 관련한 논의는 최종적으로 1963년 5월에 몇 개의 연구소들과 국가계획위원회 연구기관들을 모아서 중앙수리경제연구소를 설립하는 것으로 결론지어졌다. 처음에는 각각 기초자료처리연구실을 갖춘 모스크바 본부와 레닌그라드 지부로 설립되었고 이후 경제 연구실과 수학 및 컴퓨터 연구실로 이루어진 에스토니아 탈린 지부가 만들어졌다(Kassel, 1972: 87). 결국 중앙수리경제연구소는 5개의 학술분과(산하 26개의 중점 연구실), 정보방법론 분과 및 계산센터로 구성되었다. 그리고 다양한 임무를 해결하기 위해 연구소 내에 다양한 경력을 가진 전문가들로 구성된 복합 연구팀을 꾸릴 수 있도록 조직이 구성되었다(Раппопорт, 1964: 158).

이로써 학술원 시베리아 지부 수리경제연구소들과 중앙수리경제연구소가 소련 수리경제학 연구의 양대 축을 이루게 되었다. 특히 중앙수리경제연구소는 1963년 이후에 자체 학술 잡지인 ≪경제학과 수학적 방식(Экономика и математические методы)≫을 발간하고 지속적인 수리경제학 컨퍼런스를 개최하면서 수리경제학의 학문적 저변을 확산시키는 데 가장 큰 역할을 하는 조직이 된다.

2) 경제학 교육의 변화

경제학 연구조직의 변화와 함께 대학의 경제학 교육에서도 변화가 생긴다. 우선 **표 2-1**에서 확인할 수 있듯이 경제학의 위상 강화에 발맞춰 고등교육기관에서 경제학 교육을 받는 학생 수가 눈에 띄게 증가했다.

경제학 교육의 양적 증가는 1945년 이후 전후 복구와 1950년대 경제 성장 기간에 계획기관과 단위 기업들에서 계획 실무자와 경제 실무자의 수요가 폭증했기 때문이었다(Kronsjö, 1964: 7). 이는 결국 기존의 정통 마르크스·레닌주의 정치경제학 이론 부분을 전공하는 학자들보다는 경제 실무와 관련한 전

표 2-1 전공에 따른 고등교육 학생 수(교육 시작 연도 기준)

연도	전체	농업 및 임업	경제학	법학	예술
1950/51	1247.4	107.7	72.6	45.4	14.4
1952/53	1441.5	134.7	91.7	47.7	14
1955/56	1867	191.8	131.5	38.8	13.9
1958/59	2178.9	242.2	188.4	36.2	15.4
1959/60	2267	254.2	198.4	38.8	17.2
1960/61	2396.1	236	217.7	40.3	19.9
1961/62	2639.9	253.3	248.9	43.4	23
1962/63	2943.7	273.7	277.3	46.6	27
1963/64	3260.7	292.6	316.8	50.2	28.4
1964/65	3608.4	318.4	355.6	56.3	30

자료: Народное хозяйство СССР в 1956-1965 гг(Статистический сборник и ежегодник).

공자들이 점차 더 필요해진 것을 의미한다.

이러한 상황은 경제학 교육 내용의 변화에 영향을 주었다. 앞서 언급했던 학계와 당의 경제학 지체와 현대화에 대한 비판과 발언은 경제학 교육 내용을 변화시키는 중요한 자극이 되었다. 우선, 1955~1958년까지 소련 주요 대학 경제학과의 커리큘럼을 살펴보면, 단일 과목으로 전체 커리큘럼 중에서 가장 중요한 것은 5년간 총 400시간을 수업하는 정치경제학 분야였고, 그 외에 개별 경제 실무와 관련한 교육들의 총합이 788시간으로 매우 중요했다. 반면 5년 4128시간 중에 회계학, 통계학 및 수학 관련 교육 시간은 총 696시간이었는데, 이 중 대부분은 기초적인 경제 회계와 관련한 기초 통계학 및 회계학 시간이고 고등수학 과목은 170시간 이하였다(Meek, 1959: 340~341).

그런데 기존 교육내용과 차별적인 과정의 개설이 1959년 레닌그라드 대학교 경제학부에서 제기되었다. 바로 '6년차 교육과정'으로 알려진 강의가 편성되면서, 이전과는 다른 칸토로비치, 노보질로프 등의 수리경제학적 사고가 많은 학생들과 학자들에게 퍼져나갈 수 있는 계기가 마련된 것이었다. 이 강의는 칸토로비치와 그의 동료들의 요구로 만들어진 특별 교육과정으로 원래

5년의 교육을 받는 경제학 학부생들에게 6년차에 '특별한' 경제학 교육을 시켜 더욱 개선된 경제 실무를 훈련시키자는 취지였다(Канторович, Кутателадже и Фет, 2002b: 83~90). 칸토로비치는 1940년대 레닌그라드 대학교와 레닌그라드 수학연구소를 중심으로 형성된 새로운 수리경제학적 연구 방법의 성과가 경제 문제 해결에 적용될 수 있는 가능성이 높아졌고 이를 뒷받침할 만한 기술적 발전이 이뤄지고 있다고 주장했다. 하지만 그는 이러한 새로운 방식을 적용하기 위해서는 그에 맞는 새로운 학술 연구자 및 실무자 집단이 양성되어야 하고, 이를 위해서는 기존의 소련 정치경제학 교육 체계에 존재하지 않았던 새로운 이론 교육이 필요하다고 강조했다(Канторович, Кутателадже и Фет, 2002b: 83~84). 그는 이를 위해서 당시 경제학부 학장이었던 알렉산드로프(А. Д. Александров)를 통해서 교육부에 수리경제학 전문과정을 요청했다(Канторович, Кутателадже и Фет, 2002b: 84~85).

이 내용을 보면 기존의 소련 경제학계에서 볼 수 없었던 경제학 교육과정이 도입됨을 알 수 있다. 앞서 보았듯이 이전에도 경제 회계 및 통계학 교육은 기본 경제학과 교육과정에 포함되어 있었다. 그러나 전문적인 수학적 기법을 요하는 선형계획법, 오퍼레이션 리서치 및 게임이론 등의 과정은 경제학과에서는 정규로 채택된 적이 없는 과목들이었다. 아직은 레닌그라드 대학교 경제학부로 한정되어 있었고 한 해 20~25명으로 과정 인원수도 적었지만, 최초의 대학 교육과정으로서 수리경제학 심화 과정이 요청되고 채택되었다는 것이 매우 중요하다. 또한 1970년대 이후의 저명한 소련 경제학자 대부분은 그 과정에서 칸토로비치에게 배웠거나 그와 교류를 했던 이들이라고 해도 과언이 아니었다. 이 과정을 이수한 대표적인 학자로는 안치시킨(А. И. Анчишкин), 샤탈린(С. С. Шаталин), 카체넬린보이겐(A. Katsenelinboigen) 등이 있고, 그와 교류하면서 친분을 유지했던 학자로는 아간베갼 등을 들 수 있다. 안치시킨은 1970년대 이후 대표적인 수리경제학 연구자이고, 아간베갼은 1960년대 학술원 시베리아 지부 수리경제연구실 설립을 주도했으며, 카체넬린보이겐은 1960년대 후반부터 1970년대 초반까지 수리경제학에서 파생되어 나온 최적기능체계 연구와 그 적용의 대표자였다. 또한 샤탈린은 1985년 고르바초프(M. C. Горбачёв)의 경제 자문으로서 페레스트로이카의 사상적 배경이 된 인물이다.

1959년 6년차 교육과정 편성 이후 레닌그라드 대학교 경제학부에서는 수리경제학적 훈련을 기존 경제학자들과 신규 경제학과 학생들을 대상으로 지속적으로 실행하게 되었다. 또한 수리경제학 교육과정을 이수한 학자들과 학술원 시베리아 지부 수리경제연구소를 통해 칸토로비치의 이론적 체계를 접한 많은 연구자들이 기존 정치경제학 교육과정에 새로운 정규 교과과정을 도입하기에 이른다. 이렇게 해서 1960년에는 소련 최초로 레닌그라드 대학교 경제학부에 알렉산드로프가 주축이 되어 경제학 내 세부 전공으로 경제 사이버네틱스 학과를 설립했고, 1961년이 되면 레닌그라드, 모스크바, 노보시비르스크에 있는 대학들의 경제학과에서 수리경제학 특화 과정이 개설된다(Kronsjö, 1964: 8~11). 이 교육과정을 살펴보면, 모스크바와 레닌그라드에 신설된 수리경제학과는 기존의 정치경제학과에 비해 앞서 보았던 칸토로비치가 개설했던 '경제학 제6년차' 과정에 훨씬 가까운 교과과정을 도입하고 있다. 이는 기존 소련 경제학 교육과정에서 상당한 변화가 이루어진 것으로서 레닌그라드 수리경제학 교육과정의 경우 5년 동안 경제사나 마르크스의 『자본』 관련 과목 시수가 0시간인 데 반해 수리경제학 관련 교과 시수는 1516시간일 정도로 교육 방향 자체가 수리 중심, 실용 중심으로 변하고 있었음을 알 수 있다.

4. 나가며

1950년대 중반 이후 소련 경제학계는 일대 전환기에 접어들었다. 이미 이전부터 개별적으로 진행되어 오던 수리경제학 연구의 흐름이 하나의 집단적 움직임으로 나타나기 시작한 것이다. 1957년부터 1963년까지 벌어진 수리경제학과 관련한 일련의 사건들은 이를 명확히 뒷받침한다.

이러한 변화가 발생할 수 있었던 것은 우선 1945년, 즉 제2차 세계대전 이후 소련에서 진행된 전후 복구와 경제 성장이라는 전반적 조건의 변화 때문이었다. 그러나 무엇보다도 중요한 것은 이러한 조건의 변화를 정확히 인지한 수리경제 연구자들의 신속하고 조직적인 움직임이었다. 이들은 당시 지도부부터 작업장 수준에 이르기까지 요구되고 있던 경제 관리와 경제이론의 괴리 문제 해결을 실용적으로 뒷받침할 수 있는 이론적 수단을 가지고 있다고 주장했다.

그들은 이론적 수단을 제시하는 것에 그치지 않고 경제 연구조직의 형성과 확장, 경제학 교육과정의 변화를 이끌어내면서 이론적 · 조직적 헤게모니를 구축하기 시작했다. 1957년 이후 만들어지기 시작한 수리경제연구소들은 바로 그러한 노력의 산물이었고, 1963년에 일어난 학술원 경제학 분과 독립과 중앙수리경제연구소의 설립은 경제학계에 한 획을 긋는 사건이었다. 또한 수많은 경제학 매체들에서 자신들의 이론적 입지를 확장시키면서 동시에 수리경제학 전문 잡지들을 새로이 발간함으로써 경제학계에서뿐만 아니라 경제 실무자들에게까지 영향력을 행사하려 시도했다. 이에 더해 그들은 학문 후속세대에 대한 확고한 입지를 확보하고 수리경제학 이론을 확장시키기 위해 기존 정치경제학 교육과정에 도전해서 새로운 수리경제학 교육과정의 도입을 성공시켰다.

참고문헌

1차 자료

Архив Российской академии наук(АРАН) ф. 2, оп. 6а, д. 198.

АРАН ф. 2, оп. 6а, д. 199.

АРАН ф. 1590, оп. 1, д. 41, д. 42.

АРАН ф. 1849, оп. 1, д. 1.

АРАН ф. 1849, оп. 1, д. 9.

АРАН ф. 1959, оп. 1, д. 1.

АРАН ф. 1959, оп. 1, д. 21.

АРАН ф. 499, оп. 1, д. 585.

АРАН ф. 499, оп. 1, д. 590.

Российский государственный архив новейшей истории(РГАНИ) ф. 5, оп. 30, д. 180.

Российский государственный архив экономики(РГАЭ) ф. 99, оп. 1, д. 1.

РГАЭ ф. 99, оп. 1, д. 1.

2차 자료

김동혁. 2015.「소련 수리경제학파의 기원과 발생」. ≪사총≫, 84호.

이규헌 · 서남수. 2000.『경영과학 원론: 기본 개념과 컴퓨터 응용』. 봉명.

표용수. 2007.『경영 · 경제수학』. 경문사.

Гольдберг, Р. 1929. "О методах исчисления эффективности капитальных вложений." Пути индустиализации, No. 3.

Канторович, В. Л., С. С. Кутателадже и Я. И. Фет ред. 2002а. *Леонидвитальевич Канторович: человек и ученый, т. 1.* Новосибирск: Издательство ≪Гео≫.

_____. 2002b. *Леонидвитальевич Канторович: человек и ученый, т. 2.* Новосибирск: Издательство ≪Гео≫.

Канторович, Л. В. 1939. *Математические методы организации и планирования производства.* Ленинград: Издание Ленинградского государственного университета.

_____. 1959. *Экономический расчет наилучшего использования ресурсов.* Москва: изд-во "Академии наук СССР".

Лившиц, Ф. Д. и др. ред. В. С. 1967а. *Немчинов: избранные произведения в шести томах. т. 1. Теория и практика статистики.* М.: Наука.

_____. 1967b. *В. С. Немчинов: избранные произведения в шести томах. т. 2. Сельскохозяйственная статистика с основами общей теории.* М.: Наука.

_____. 1967c. *В. С. Немчинов: избранные произведения в шести томах. т. 3. Экономика и математические методы.* М.: Наука.

_____. 1967d. *В. С. Немчинов: избранные произведения в шести томах. т. 4. Размещение производительных сил*. М.: Наука.

_____. 1967e. *В. С. Немчинов: избранные произведения в шести томах. т. 5. Планирование и народно-хозяйственные балансы*. М.: Наука.

_____. 1967f. *В. С. Немчинов: избранные произведения в шести томах. т. 6. Общественная стоимость и плановая цена*. М.: Наука.

Мстиславский, П. 1948a. "О Методологических ошибках в литературе по экономике промышленности и транспорта." *Вопросы экономики*, No. 10.

_____. 1948b. "О Трудах ленинградского финансово-экономического института." *Вопросы экономики*, No. 7.

Немчинов, В. С. 1967. "О статистическом изучении классового расслоения деревни." Ф. Д. Лившиц, Вайнштейн ред., *Академик В. С. Немчинов: избранные произведения, т. 1— теория и практика статистики*. Москва: Издательство "Наука".

Новожилов, В. В. 1926. "Недостаток товаров." *Вестник финансов*, No. 2.

_____. 1939. "Методы о соизмерения народнохозяйственной эффективности плановых и проектных вариантов." *Труды ленинградского индустриального института*, No. 4.

_____. 1947. "Способы нахождения максимума эффекта капиталовложений в социалистическом хозяйстве." *Труды Ленинградского финансово—экономического института*, Вып. III(Ленинград).

Островитянов, К. В. 1948. "Об итогах и направлении работы институте экономии академии наук СССР." *Вопросы экономики*, No. 1.

Петраков, Н. Я., Н. С. Козерская и др. 1995. *Виктор Валентинович Новожилов: у истоков подлинной экономической науки*. Москва: Наука.

Раппопорт, М. 1964. "ЦЭМИ—научный коллектив экономистов, математиков инженеров." *Вопросы экономики*, No. 11, pp.157~158.

Черномордик, Д. 1949. "Эффективность капитальных вложений и теория воспроизводства." *Вопросы экономики*, No. 6, pp.78~95.

Шеметов, Петр Васильевич. 1978. *Экономические исследования в новосибирском научном центре: становление и развитие*. Новосибирск: Наука.

Campbell, R. W. 1961. "Marx, Kantorovich, and Novozhilov: Stoimost' versus Reality." *Slavic Review*, Vol. 20, No. 3, pp.402~418.

Dantzig, George Bernard. 1958. *Notes on Linear Programming*. Rand corp.

Ellman, Michael. 1971. *Soviet Planning Today*. London: Cambridge University Press.

_____. 1973. *Planning Problems in the USSR: the Contribution of Mathematical Economics to Their Solution 1960~1971*. Cambridge: Cambridge University Press.

Grossman, G. 1953. "Scarce Capital and Soviet Doctrine." *The Quarterly Journal of Economics*, Vol. 67, No. 3.

Kassel, S. 1971. *Soviet Cybernetics Research: A Preliminary Study of Organizations and Personalities*, 1. Rand corp.

Katsenelinboigen, Aron. 1978. "L. V. Kantorovich: The Political Dilemma in Scientific Creativity." *Journal of Post Keynesian Economics*, Vol. 1, No. 2.

_____. 1980. *Soviet Economic Thought and Political Power in the USSR*. New York: Pergamon Press.

Kronsjö, T. 1964. "Tendencies in Soviet Economic Scientific Education." *Øst-økonomi*, Vol. 2, No. 1, pp.2~20.

Meek, R. L. 1959. "The Teaching of Economics in the USSR and Poland." *Soviet Studies*, Vol. 10, Issue 4, pp.339~359.

Nemchinov, Vasili Sergeevich(ed.). 1964. *The Use of Mathematics in Economics*. London: Cambridge.

Sutela, Pekka. 1984. *Socialism, Planning and Optimality: A Study in Soviet Economic Thought*. Helsinki: Finnish Society of Sciences and Letters.

_____. 1991. *Economic Thought and Economic Reform in the Soviet Union*. Cambridge; New York: Cambridge University Press.

Zauberman, Alfred. 1975. *The Mathematical Revolution in Soviet Economics*. London; New York: Published for the Royal Institute of International Affairs by Oxford University Press.

3 제국-식민지 농가경제조사의 지적 계보와 그 정치적 의미*

김인수

1. 식민지 지배와 앎의 의지

19세기 후반~20세기 전반기에 걸쳐 일본제국주의는 동아시아 지역에서 군사적 침략과 경제적 착취, 점령과 식민지배의 힘의 실체로 작용했다. 일본제국주의의 폭력성과 왜소성, 그것이 이웃 민족사회의 정치적 삶에 미친 폐해와 상흔에 대해서는 아무리 강조해도 지나침이 없다. 서구 국가들의 식민지 경영과 비교할 때 일본제국주의가 식민지에서 구축한 군사력, 경찰력의 규모, 그리고 식민지 사회에서 이들 폭력기구의 작용이 월등한 것이었음은 이미 여러 연구들에서 지적되고 있는 바이다(松田利彦, 2009; 강창일, 2005; 김민철, 1994; Cumings, 1981). 다만 한 가지 유념해 두어야 할 것은, 식민지배가 점령이라는 사건에 국한되지 않는 '시간의 지속'을 의미하고, 이 시간의 지속은

* 이 글은 ≪한국과학사학회지≫, 제38권 제1호(2016. 4)에 실린 논문을 수정·보완한 것이다.

폭력으로 매개된 이질적인 사회 및 타자에 대한 계속적인 앎의 의지가 발동되는 속에서만 가능하다는 점이다. 일본제국주의의 식민지배 역시 이 점에서는 서구와 별반 다르지 않았다.

대한제국에 대한 일제의 강제점령(1910) 이래 식민국가는 식민지 조선 사회에 대해 여러 형태의 조사를 실시했다. ≪조선총독부통계연보≫의 편찬 과정에서 보이듯 공식 통치기구를 통해 정례적으로 보고·수합되었던 일반적인 행정조사는 물론, 체계화된 법제의 구축과 긴급한 사회정책의 필요에 따라 임시적으로 수행된 각종 관습조사 및 관행조사가 존재했다. 또 식민지의 사회문화적 속성을 추출하기 위한 학술적 연구의 성격을 띤 조사들도 수행되었다. 이러한 일련의 실천들은, 구태여 이를 식민국가의 '헤게모니 프로젝트'라고까지 명명할 필요는 없겠지만, 타자에 대한 지식 생산에 기초한 식민지배의 한 양상을 드러내는 소재임에는 틀림없다.

그런데 이들 조사는 그 형태상 몇몇 단편적인 사례를 수집하는 데에 그친 것도 있었지만, 식민지 현실을 수치로 재현하고 추상화한 이른바 '사회과학적 실천'의 모습을 띤 것이 다수를 이루고 있다. 주지하는 바와 같이, 사회과학은 사회 및 실재세계를 있는 그대로 묘사(description)하는 것이 아니라, 사회현상을 특정한 지표와 방법적 매개를 통해 '추출'해 내고 이를 '가공'해 감으로써 사회를 설명(explanation)할 수 있다는 독특한 믿음체계 위에 서 있다. 이런 믿음체계 위에서, 조사를 통해 산출된 '계수화된 사회(enumerated society)' — 통계 — 는 그 자체로 사회과학 지식 생산의 한 양태인 동시에, 이차적 인용 및 참조를 통해 지식 재생산의 토대가 된다.

이것이 인식론적 차원에서 갖는 의미는 제법 중대하다. 우선 전술한 바와 같이, 사회조사의 결과물인 사회 통계자료는 사회과학아카데미에서 체계적이고 객관적인 근거로 활용되기 일쑤이다(김경동·이온죽, 1986). 또 사회조사는 사회문제를 정의하고 사회정책을 입안하는 인식의 기초를 이룬다('evidence-based policy', Grundmann and Stehr, 2012; Cartwright and Hardie, 2012; Pawson, 2006). 나아가, 사회조사를 통해 구성된 개념이나 범주는 사회정책, 심지어는 사회운동의 의제와 방향성을 결정짓기도 한다(Hacking, 1986; 김인수, 2013).

사회과학이 갖는 이러한 속성은 이른바 '식민지 사회과학'에서도 마찬가지로 목격된다. 당시 식민국가가 수행한 조사들 가운데 대단히 진전된 계수화의 양태를 보이는 조사로서 대표적인 예를 들면 인구조사[國勢調査], 소작관행조사, 농가경제조사 등을 꼽을 수 있다. 이들 조사의 결과물은 1930년대 식민지 조선의 '사회성격 논쟁'에서 '일차 자료'로 빈번히 활용되었고 각종 입법 및 식민정책의 근거로도 활용된 바 있다. 이 장은 이 가운데 식민국가에 의해 수행된 농가경제조사의 계보와 그것이 가져온 정치적 결과를 분석하고자 한다.[1]

그동안 농가경제조사의 결과로 산출된 각종 자료를 활용하여 식민지 사회의 현실을 그려낸 연구들은 많이 축적되어 왔다. 식민지 농정의 실체를 둘러싼 오랜 논쟁의 장 안에서 각각의 입장을 대표하는 논자들은 이들 자료를 자신의 논지를 체계적으로 뒷받침하는 객관적인 근거로 활용해 왔다(梶村秀樹, 1989; 이헌창, 1990; 이경란, 1997; 松本武祝, 1998; 이송순, 2002, 2011; 정연태, 2014). 특히, 인구 · 산업 · 경제통계로 통칭되는 식민지 경제생활의 거시지표가 가진 한계를 보완할 수 있는 미시지표로서, 이 자료의 지위는 매우 공고한 것으로 간주되어 왔다. 역사학계 및 사회과학계에서는 이들 자료에 기초한 연구들을 '실증 연구'라고 표현해 왔다.

그러나 이 장은, 이렇듯 '실증'으로 표현되는 종전의 자료활용 및 연구태도와는 달리, 사회조사론의 관점에서 이 '객관적인 자료'의 생산 과정을 계보학적으로 추적해 보고자 한다. 이 장에서 사회조사론이라고 했을 때, 여기에는 '지식의 존재구속성'을 강조하는 일반적 형태의 지식사회학이 지닌 이론적 자산을 수용하는 동시에, 이를 뛰어넘어 이른바 '지식 생산의 사회학(sociology of knowledge production)'을 제안하고자 하는 문제의식이 담겨 있다. 지식 생

1 식민국가의 인구조사에 대해서는 박명규·서호철(2003), 그리고 소작관행조사에 대해서는 김인수(2013) 참조.

산의 물리적 조건과 개념화 · 범주화의 양태, 그리고 그것이 식민지 농정에 미친 인식론적 차원의 영향에 관한 분석을 지향하는 것이다.

사회조사는 일반의 통속적인 이해와 같이 그저 수동적인 사실의 기술이나 단순한 기입의 행위가 아니다. 사회조사는 사회문제에 대한 특정한 상을 설정한 조사자가 자신이 선택한 개념과 범주에 기초하여 현장에 나가 정보를 모으고 '사실'을 산출해 내는 능동적인 실천이다. 사회조사에서 구사되는 개념과 범주는 조사 과정이 모두 종료된 이후에 산출되는 사후적인 무엇이 아니다. 그것은 조사를 시작하기 이전에 이미 조사자의 뇌리 속에서 선택 · 결정되어 질문지에 기입되어 있어야 하는 성격의 무엇이다(최정운, 1992). 이런 점에서 볼 때, 종종 사회조사의 결과물로 제출되는 사회통계는 사회 현실에 대한 객관적이고 확정적인 진실이 아니라, 특정한 관점에서 사회를 재현(representation)해 낸 하나의 형태에 불과한 것으로 간주하여 인식해야 할 필요가 발생한다. 현실의 조사자가 누구로부터 조사재원을 지원받아 어떤 목적하에서 무엇을 어떻게 조사하여 지표화한 것인지, 다시 말해 조사 과정 그 자체에 대한 분석이 없이는 조사의 권력효과, 정치작용을 정확히 파악해 내기 어렵다.

본론에서의 논의는 우선 농가경제조사의 계보, 다시 말해 제국 일본과 식민지 조선 간 농가경제조사의 연쇄 및 내적 변형을 시계열적으로 분석하는 것에서부터 출발하기로 한다. 조사는 일종의 '사업'이기 때문에 조사 목적과 방법의 결정, 조사대상의 확정, 재정적 뒷받침, 학술 능력의 완비, 조사 인력의 충원 등이 요구된다. 이것은 조사가 초역사적인 단일한 하나의 체계일 수 없고 역사적 · 사회적으로 부침과 차이/편차를 가질 수밖에 없다는 점을 시사한다. 조사의 양식은 국가의 통치력 또는 사회의 역량에 영향을 받을 수밖에 없는 것으로, 표본의 추출 방법과 조사방식의 변화 과정 등을 통해 이를 징후적으로 확인할 수 있다. 나아가, 식민지 조선에서 이루어진 농가경제조사는 근대 이래 일본에서 이루어진 농가경제조사의 이론과 방법론을 차용한 것으로서, 일본과 조선의 농가경제조사가 그 목적, 형태, 결과에서 서로 어떻게 같고 달랐는지를 분석한다면 식민성의 흔적이 가시화될 수 있을 것이다.

2. 근대 일본의 농가경제조사의 계보와 특성

근대 일본의 농가경제조사는 우선 부기조사(簿記調査) 이전과 이후로 시기가 나뉜다. 부기조사의 시초는 1913~1915년에 제국농회 주도로 실시된 농가경제조사로 알려져 있다. 이 조사는 조사위원회의 계획을 통해 '농가개황 및 재산대장, 결산장', '현금출납장, 현물장, 각장(覚帳)', '일지' 등의 장부가 마련된 가운데 실시되었다. 이 부기조사를 통해 농가의 세부적인 수익 · 지출 구조와 농가수지의 결산이 비로소 가능해졌다.

일본에서 농가경제조사의 시작은 1890년대 이후의 일로서, 일본 국민경제의 성장으로 화폐경제가 점차 농가경제에 영향을 미치는 가운데 농업자의 경제생활 전반을 화폐가치로 표시하는 조사가 필요하다는 점이 인지되기 시작하여, 비록 소규모이기는 하지만 심문조사(尋問調査)의 형태로 진행된 것을 꼽을 수 있다. 부기조사 이전의 대표적인 조사로서 농가경제조사의 효시에 해당하는 것이 바로 사이토 만키치(斎藤萬吉)의 조사이다. 사이토 만키치는 농상무성 농사시험장 기사로, 농상무성의 명령으로 1890~1920년까지 수차례에 걸쳐 일본 전국 41개 촌에서 실지조사(實地調査)를 실시했다. 조사의 표본으로는 각 촌락에서 지주, 자작농, 소작농을 각각 1호씩 선정했다. 조사항목은 우선 농가와 농촌을 분리하여, (1) 농가세대에 관해서는 '개요', '가(家)의 개황', '수입', '지출'을, (2) 농촌에 대해서는 '논밭 경작 규모별 인구', '논밭의 세입', '농지 가격', '경지 소유 면적의 광협(廣狹)에 따른 지주의 호수(戶數) 및 그 경작 규모', '농지 부담(조세 공과 등)', '농가의 부채와 금리' 등을 조사했다. 조사방법은 심문조사 · 청취조사였다. 1920년 조사의 경우에는, 조사 시점에 농가의 기억을 더듬게 하여 조사 담당자가 이를 청취하여 조사표에 기입하는 방식을 채용하기도 했다. 그렇게 하여 1908년, 1899년, 1890년에 관한 정보를 면담자의 기억에 의존하여 수집했다.

사이토의 조사에서 가장 특징적인 점은, 농가세대 지출항목의 조사사항에서 '음식료품', '교제비', '의류' 등 일반 가계지출과, '비료 구입', '비료 구입 이

支出

種別	飲食料品米	同 麦	同 塩	同 醤油	同 味噌	同 酒	同 魚類	同 [illegible]	諸負担額	衣類	住宅修繕費
備品什器等	薪炭油類	買肥	買肥以外の農業経営費	教育費	交際費	常雇人給	臨時雇給	社寺等の喜捨金 其他寄附金	雑費	合計	収支差引

그림 3-1 사이토 만키치의 농가경제조사(1920)에서 지주 지출에 관한 조사항목

외의 농가경영비', '임시고용인 급료' 등 농업경영지출을 서로 구별 없이 일괄적으로 망라하고 있는 점을 들 수 있다(農林経済局統計調査部, 1958: 1~3). 이 점을 통해 보건대, 이 단계의 조사에서는 아직 '농가경영'의 발상이 두드러지지 않았다는 점을 확인할 수 있다(**그림 3-1**).

사이토의 조사가 이루어지던 시기에 농상무성에서만이 아니라 지역[府, 縣]의 농회에서도 농가경제조사가 실시되었는데, 교토부 농회의 오시마 쿠니사부로(大島國三郎)가 실시한 조사와 시마네현 농회의 센고쿠 고타로(千石興太郎)가 실시한 조사가 대표적이다. 우선 교토부 농회의 조사는 1911년에 실시된 것으로서, 농가경영의 상태를 파악하여 장래의 농사 개량을 위한 자료를 얻는 것이 그 목적이었다. 조사방법은 부 내의 각 군에서 경제상황과 자연조건이 '중용(中庸)'에 해당하는 장소(22개소)에서 중등(中等) 농가 각 1호를 선정하여 조사위원으로 위촉한 뒤 자가(自家)의 사실을 있는 그대로 기재하게 한 것이었다. 조사 장부에 조사대상자가 직접 기장(記帳)을 하게 한 조사로서 자기기입식[自計式] 조사였다는 점을 알 수 있다. 이 조사에서 특징적인 점은 각

작물이나 사업에 노동력이 얼마나 소요되는지를 파악하게 한 것으로, 이는 농업경영상의 참고에 중요한 것이었음은 물론, 일본과 같이 소규모 농업이 이루어지는 곳에서는 일가(一家)의 노동력을 충분히 이용할 수 있는 방법을 강구할 필요가 있다는 인식에서 출발했다. 노동력은 남편(가장), 아내, 장·차남, 조부모, 장·차녀, 아동, 하인, 하녀, 일용노동자, 우마(牛馬) 등이 작업별로 1일 동안 해내는 노동량을 시간 단위로 환산하여 농가노동 일지(日誌)에 기재했다. 인구학적 자료로서 해당 인원의 연령과 건강상태도 조사되었다(農林経済局統計調査部, 1958: 9~23). 후술하겠지만, 이렇듯 가계노동력의 현황을 중심으로 농가경영의 형태를 파악하려는 관심은 이후 일본 및 식민지에서의 농가경제조사에서도 중요하게 취급되었고 또 그대로 계승되었다.

다음으로, 시마네현 농회의 조사는 부락조사, 경제상태조사, 호구수와 노동력상태조사로 항목이 구성되어 있는데, 노동력상태조사의 경우 노동력의 월별 사용상황과 1개년간 각호별 노동력 사용현황 등이 조사되었다. 각 농가의 지출항목이 생산비(1), 생산비(2), 생계비 가계지출, 비생계비 가계지출, 기타 지출로 세분화되어 조사·집계되고 있다는 점도 특징적이다(農林経済局統計調査部, 1958: 33~45). 이들 교토부와 시마네현 농회의 조사는 사이토의 조사에 비해 농가경영의 양태를 파악하고자 하는 관심이 보다 강조되고 있었다.

1913년에는 농상무성의 계획과 농회보조금 지급으로 제국농회가 주체가 되어 일본에서 전국적인 규모로 농가경제조사가 개시되었는데, 이 조사는 1913~1915년 3개년에 걸쳐 실시되었다.[2] 제국농회에 다수의 학자와 실업가들로 구성된 조사위원회를 두고 조사내용을 심의·결정했는데, 부기의 양식은 스위스의 라우어(E. Laur)의 단식부기(單式簿記) 방법이 채용되었다. 장부는 '농가개황 및 재산대장, 결산장', '현금출납장, 현물장, 각장(覚帳)', '일지' 등으로 구성되었다. 이를 통해 농가의 가계 계산과 함께, 농업경영의 순수익

2 결과보고서는 帝国農会 編(1918a, 1918b, 1919)으로 간행되었다.

과 생산비 계산이 가능해졌다(農林経済局統計調査部, 1958: 52).

이 조사에서 기장 방식은 부현(府縣) 농회의 기술원을 제국농회가 훈련시켜 파견하고 그의 지도하에 각 농가가 스스로 기장하게 하는 자기기입식이었다. 조사농가의 표본은 각 부현에서 2개 군마다 1호의 농가 비율로 선정하되, 경지 면적, 경영 내용(미작, 맥작, 양잠, 부업 등)의 측면에서 해당 지방의 중용농가(中庸農家)를 선택하여 조사하는 유의추출(purposive sampling; 有意抽出) 방식이었다. 집계는 제국농회가 전국에서 모은 장부를 직접 집계하는 중앙집사방식(中央集査方式)으로 이루어졌다. 실제로 집계된 장부는 1913년도 160호, 1914년도 127호, 1915년도 84호였다(尾関学 · 佐藤正広, 2008: 3).

이 조사를 통해 산출된 항목은 농업용 토지면적, 농업용 총재산, 농업용 순자산, 농업 총수익, 농업경영비(현금 지불+현물 지불+자본 감가+가족 등의 노동보수), 농업 순생산, 농업 소득, 농업 이외의 재산, 농업 지출, 가계비 지출이었다. 이 조사는 "자작 · 소작 관계를 떠나 객관적으로 농업경영을 관념화하여 그 수익률을 계산하고 농가 소득 및 가계비를 계산하여 농가경제의 전체적 구성을 밝히려는" 목적 위에서 실시되었다.

이 조사는 요코이 기요시(横井時敬), 사이토 만키치, 미마쓰 다케오(三松武夫), 이토 테이죠(伊藤悌藏), 우도 요시오(有働良夫), 사토 간지(佐藤寛次), 이시구로 다다아쓰(石黑忠篤) 등의 위원들을 위촉한 가운데 실시되었는데, 주로 사토 간지와 요코이 기요시가 크게 기여했다(帝国農会, 1919: 2). 그리고 이 조사의 양식은 이후 일본 농가경제조사의 모범이 되었다(農林省経済更生部 編, 1940: 1~3). 특히 사토 간지는 당시 제국농회 농가경제조사위원회가 개설한 강습회에서 부기와 평가에 관한 사항을 조사원들에게 강의했고, 조사를 진행해 가면서 각 방면에서 제출된 실제 문제에 관한 질문들에 일일이 회답해 갔는데, 여기에서의 경험을 바탕으로 『농가부기(農家の簿記)』(成美堂書店, 1915)라는 책을 묶어내기도 했다. 이 책을 통해 당시 조사의 개별 항목별 부기 처리의 구체적 방식을 확인할 수 있다. 참고로, 1913년 조사는 가족노동력 보수를 획일적으로 남자 1인당 1일 40전, 여자 1인당 28전(남성의 70%)으로 가정하여 계산했고, 고용노동자의 식비도 가정을 통해 계산했다(農林経済局統計調査部, 1958: 57).

농림성의 농가경제조사는 제국농회를 통해 1913년에 시작된 조사가 제1차 세계대전으로 인한 예산 삭감으로 1915년까지만 실시되고 중지된 이후로 1921년에 재개된다. 이때의 조사는 농가경제의 곤궁이 심해지고 소작 문제 등 경제 문제가 심화되어 소작문제조사회가 설치되는 과정에서 이 조사를 통해 농가경제 각 부문에 걸친 기초 자료를 확보한다는 목적하에 기획되었다. 또 1913~1915년의 조사가 그 최종 목표를 '농가경영의 순수익'에 둔 데 반해, 1921년 조사는 이를 간이화하여 '농업 소득'을 결산 목표로 잡았다. 조사계획의 입안자로는 위의 제국농회 조사에도 참여했던 요코이 기요시와 이시구로 다다아쓰를 비롯하여, 기무라 슈조(木村修三) 교수와 제국농회의 오카다 나라우(岡田温) 간사 등이 참여했다(農林経済局統計調査部, 1958: 80). 조사의 표본은 1921년의 경우, 1부(교토부)와 20개 현에서 각각 표준적인 3개 촌을 선택하여 중용농가(1.6정보 내외의 경작지)인 자작농, 자소작농, 소작농을 각각 1호씩 추출하여, 총 189호에 대해 농가부기 기장을 하게 했다. 그리고 여러 사정으로, 이 가운데 100호의 농가에서 조사된 결과만 집계에 활용되었다. 참고로, 1922년의 조사는 100호, 1923년의 조사는 130호에 대해 각각 집계가 이루어졌다.

그런데 1921년 이래 농가경제조사는 1924년에 이르러 조사양식에서 큰 전환을 맞이했다. 거기에는 다음과 같은 사정이 있었다. 내각에 임시산업조사국이 설치되어 일본 정부가 산업합리화정책을 강하게 추진하게 되자, 농상무성은 농가경영개선지도를 위한 방책을 수립하게 되었고, 농가경제조사에 이를 위한 기초 자료로서의 속성이 새롭게 부여되었다('現狀調査'). 그리고 이 농가경제조사와는 별개로, 지도농가를 설정하고 해당 농가에 대해 경영개선 지도를 하여 그 성과를 확인하는 것을 목표로 삼는 농가경영개선조사가 개시되었다('改善調査'). 말하자면, 농가경제조사는 개선 이전의 상태를 보여주는 지표로, 그리고 농가경영조사는 개선의 실제적 내용을 드러내는 지표로 설정되었던 것이다. 이들 자료 간 원활한 비교를 위해 조사들 간 연계가 필요했고, 경영조사에서는 부문별 생산비 측정이 중시되기 때문에 경제조사도 이에 맞춰 조사항목을 변경했다. 다시 말해, 농가경제조사는 농가경제는 물론 농업경영 전체를 하나의 조직, 하나의 계산단위로 취급하는 이른바 회계부기의 속성을 가지기 때문에 중간생산물에 대해서는 그다지 중시해 오지 않았지만, 농업경영조사와의 비교를 위해 이때부터는 중간생산물을 화폐로 표시하여 기장하게 되었던 것이다. 결국 "1921~1923년의 조사에서는 자가경영(自家經營)을 통해 얻은 농산물을 자가경영에 다시 사용한 경우 이를 경영비로 보지 않고 수입으로도 지출로도 취급하지 않은 것에 반해, 1924년 이후에는 이를 수입으로 보고 또 지출로도 계상하여 농가 총수입과 농가경영비가 이전의 해에 비해 다액으로 표시"(農林経済局統計調査部, 1958: 122)되었다. 이런 배경 위에서 1924년에 실시된 농가경제조사의 전체 표본 수는 총 232호였다.

이러한 형태의 조사는 1930년까지 계속되었다. 그러나 이것이 농가경제조사로서는 번잡함만 줄 뿐 농가 현실을 정확히 반영하는 것이 아니었고 또 실제 정책에 대해서도 별달리 기여하는 바가 없었기 때문에, 1931년 조사부터는 중간생산물의 표시가 다시 폐지된다(農林省経済更生部 編, 1940: 4~7). 여기에는 중간생산물을 일일이 구별하는 일이 별다른 의미를 갖지 못하는 소농경영(小農經營)만의 고유한 속성이 고려되었다.

그런데 여기서 한 가지 유의할 점으로, 1924년 농가경제조사에서 노동능력의 측정과 관련하여 중요한 기준이 제시된 것을 들 수 있다. 이전까지의 조사에서는 노동능력의 측정에 대해서는 별다른 기준이 없었다. 단지 1921년 조사에서 여성노동을 남성노동의 0.7 정도로 책정할 것이 언급되는 정도였다(農林経済局統計調査部, 1958: 57). 이에 비해, 1924년 조사에서는 성인남성노동의 능률을 1.0으로 하고 성별·연령별로 차등화된 노동능률 기준을 제시했던 것이다. 이것은 당시 독일에서 채용하고 있던 환산율을 그대로 수용하여 적용한 것이었다. 노동환산율은 **표 3-1**과 같다.

이 농가노동력의 능률지수는 각 시기별 조사에 따라 조금씩 차이를 보이고

표 3-1 농업노동환산율

연령별/성별	성인남자(15세~)	성인여자(15세~)	13~15세	10~13세	7~10세	4~7세	4세 미만
지수	1.0	0.8	0.5	0.4	0.3	0.2	0.1

주: 나이는 만(滿).
자료: 農林経済局統計調査部(1958: 116)에서 정리.

있기는 하지만, 농가의 소재노동력을 측정하는 지표로 전제되어 활용되었다. 물론 이것은 실제적이고 경험적인 조사의 결과가 아니라, 그저 연령대별로 노동능력을 '전제'한 관념적인 것에 불과했다. 농가경제조사에서 노동력의 측정이 갖는 정치적 함의에 대해서는 식민지 조선의 조사를 다루는 부분에서 보다 상세히 언급하기로 한다.

이후 일본의 농가경제조사는 1931년과 1940년에 다시 전환을 맞이했다. 이 가운데 1931년 조사는 앞에서 언급한 대로 중간생산물의 계산을 폐지함으로써 1921년의 조사로 다시 회귀한 점이 특징인데, 새로운 점으로는 전업농가(專業農家, 제1종 농가)와 겸업농가(兼業農家, 제2종 농가)를 구분한 것을 들 수 있다. 또 농가경제조사가 당시의 농촌갱생운동과 긴밀하게 연계되었다는 점이 중요하다.

1930년대에 일본에서 실시된 농촌갱생운동은 농가부기의 기장 작업을 중심으로 하는 농가경제조사를 통해 '매인당(每人當) 평균생활비' — 물론 이것은 농촌지대별, 지역별로 차이가 있었는데, 일본 전체의 평균은 1인당 100~110엔(円)으로 환산되었다 — 를 추출한 후, 이 생활비를 확보하고 유지하기 위해 어느 정도 규모의 경작토지가 있어야 하는지를 계산해 내는 일과 긴밀히 연계되어 있었다. 당시에 이것은 이른바 '농가의 적정 규모'라는 개념으로 불렸다. 이것은 흑자농가(黑字農家)를 창출한다는 일본 국가의 정책적 목적 위에 자리하고 있었다. 다시 말해, 부기 기장의 결과물을 흑자농가가 되기 위해 필요한 농가의 적정 경영규모를 계산·확정하고 이를 실현해 가는 정책의 근거로서 이해하고 있었던 것이다. 이 흑자농가란, 장차 국가의 중견(中堅)이자 민족의 토대인 이른바 '중농(中農)'을 의미하는 것으로, 자가(自家) 노동력의 완전한 이용/소모를 이룬 농가를 의미했다. 그것은 농가경영, 가축배양능력의 구비, 높은 자급자족도의 유지, 임금노동자화나 불로소득을 필요로 하지 않는 농가로 정의되었다. 그리고 이 개념은 적정 규모에 도달하지 못하는 농가, 그러니까 구조적으로 적자에 허덕일 수밖에 없는 농가('낙오농가'), 중농의 대열에 오르지 못한 농가를 농촌에서 추출하여 이들을 분촌이민(分村移民, 예를 들어 만주로의 농업이민 송출)시켜야 한다는 정책 구상과 마치 동전의 양면처럼 딱 붙어 있었다. 이 기획은 이른바 '흑자주의 적정규모론'으로 불린다(平賀明彦, 2003: 217~224; 김인수, 2015: 201). 요컨대 이 시기의 농가경제조사는 농가의 흑자주의 적정규모론과 분촌이민론을 '객관적으로' 증명하는 근거를 마련하는 역할을 수행했던 셈이다.

한 가지 첨언해 둘 것은, 이상에서 언급한 일본의 농가경제조사의 근간에 이론적으로는 러시아의 농정학자 차야노프(A. Chayanov)의 소농경제론[3]이 자리하고 있었다는 점이다. 앞에서 언급했던, 근대 일본의 농가경제조사의 방법론적 체계를 세운 요코이 기요시는 차야노프의 소농이론으로부터 많은 영향을 받았다. 차야노프는 혁명(1917) 이전의 러시아 소농경제를 자본주의 경제와는 본질을 달리하는 '임금노동이 없는 경제'로 규정하고 이를 각종 실증자료를 통해 입증했다. 차야노프에 따르면, 가족노동의 한계고통도와 가족 소비욕구의 한계만족도 간의 균형이 농민 경제의 기본적 행동원리이다(樫村敏広, 1983: 131). 차야노프의 이론은 제번스(W. S. Jevons)의 한계효용 개념을 사용하여 자급자족적인 농가의 생산활동을 설명한 것으로서, 자급자족의 농

3 차야노프의 소농경제론의 특징은, 농민 농업은 대체로 무급노동에 의존하고 노동시장에서 노동원을 동원하지 않고 가족노동에 의존한다는 점을 강조한 것이다. 가족노동의 경우 임금을 지불하지 않기 때문에 이윤을 계산한다는 것이 무의미하다. 그의 논의에 따르면, 자본주의 경제를 규율하는 질서화의 원리 ─ 예를 들어, 노동투입을 줄임으로써 이윤 극대화 및 비용 절감을 달성한다는 것 ─ 가 농민 농업에는 적용되지 않는다(판 더르 플루흐, 2018: 64~65).

가는 가족노동에 의한 농업생산물의 추가1단위가 그 이상으로 농가의 식료 소비에 의한 한계효용을 크게 하지 않고 나아가 가족노동의 추가1단위가 노동에 의한 고통, 즉 한계불효용을 누적시키는 지점까지 노동투입을 계속한다는 학설이다(尾関学 · 佐藤正広, 2008: 9). 차야노프의 소농경제론은 농가세대의 현물경제(現物經濟)와 자급자족의 의미에 대한 적극적인 인식이라는 측면에서 근대 일본의 농정과 조사 전반에 걸쳐 큰 영향을 끼쳤고, 특히 가족노동의 완전한 이용과 관련된 학설은 일본은 물론 식민지 조선에서도 큰 영향력을 행사했다.

3. 식민지 조선의 농가경제조사의 계보와 특성

식민지 조선에서 이루어진 농가경제조사는 조선통감부 주관으로 시행한 조사, 1910년대 초에 농상공부가 실시한 조사, 1910년대 초중반에 조선농회 주도로 실시한 개별적 농가경제조사, 1918년의 재무국 조사, 1922년의 사회과 조사, 1930년 조선농회가 주관한 각 도별 조사, 1933/1938년의 농림국 조사 등이 있다.

1910년대의 농가경제조사를 보면, 우선 조선통감부 주관으로 시행된 조사는 당시 한국에 이민한 일본인 농업경영자들의 경영수지 상태를 조사한 것으로, 그 결과는 ≪통감부통계연보≫와 ≪조선총독부통계연보≫에 게재되었다. 토지 구입 가격, 작물별 단보(段步)당 수익과 생산비(지출금액) 등을 조사했고, 이를 통해 한국에서의 농지 구입이 이익이 되는 사업임을 암시했다. 일본인 이민을 촉진하려는 목적에서 실시된 조사였던 셈이다.

다음으로, **그림 3-2**는 농상공부 지시로 1914년에 실시된 농가경제조사의 조사지 양식인데, 조사내용은 가족 인원, 토지, 경작 면적, 사육 동물, 대차금과 대금, 1년간의 수입과 지출, 수지 차액 등이었다. 수입과 지출을 다루는 항목을 보면, 가계비와 농업경영비가 별도로 분리되지 않은 채 일괄적으로 조

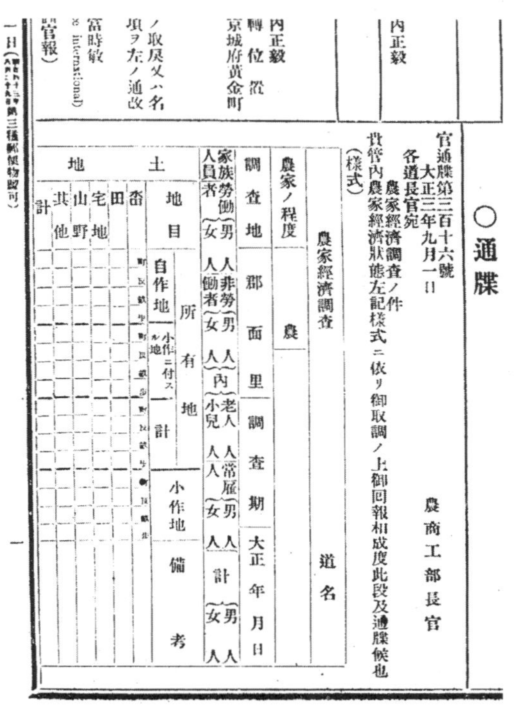

○通牒

官通牒第三百十六號
大正三年九月一日
農商工部長官
各道長官宛

農家經濟調査ノ件

貴管內農家經濟狀態左記樣式ニ依リ御取調ノ上御回報相成度此段及通牒候也

（樣式）

農家經濟調査　道名

農家ノ程度　農

調査地　郡　面　里

調査期　大正　年　月　日

家族勞働人員　男　女　者　人　人
非勞働者　男　女　人　人
內　老人　小兒　人　人
常雇　男　女　人　人
計　男　女　人　人

土地

地目：畓　田　宅地　山野　其他　計

所有地：自作地　小作ニ付スル地　計

小作地

備考

그림 3-2 「농가경제조사의 건(農家經濟調査ノ件)」
자료: ≪朝鮮總督府官報≫(1914. 9. 1).

사되었음을 알 수 있다. 또 농가의 자산에 대한 조사항목이 없고 지출 부분에서 자가의 노동력에 대해서는 계상하지 않았다. 이 조사는 각 도에서 도의 일반적 경제상황을 보여줄 수 있다고 간주되는 곳 수 개소를 선정하여 그 지역의 상농(上農), 중농(中農), 하농(下農)에 대해 조사한 것이었다(≪朝鮮總督府官報≫, 1914. 9. 1: 1~3).[4] 이 외에 조선농회에서 펴낸 ≪조선농회보(朝鮮農會

4 농상공부에서 각 도의 장관에게 관련 사항을 통첩하여 그 관내 군(郡)의 상황을 조사, 회보하게 한 것이었다(≪매일신보≫, 1914. 9. 3).

報)≫에 지역 단위의 조사내용이 산발적으로 게재되어 있는 것을 확인할 수 있다.[5]

다음으로, 1918년에는 조선총독부 재무국 임시관세조사과에서 각 지역의 금융조합에 의뢰하여 실시한 조사의 결과를 ≪금융과 경제(金融と經濟)≫ 제6호 부록으로 편집해서 보고했다. 보고서의 정식 명칭은 "농가경제상황조사서(農家經濟狀況調査書)"였다. 이 조사는 금융조합 소재 지방에서 조선인 농가를 상류·중류·하류 3개 계급으로 나눠 각각 대표적인 1가(家)를 선택하여 경제상황을 조사한 것으로, 조선 전체의 금융조합 267개소에서 조사가 이루어졌다. 결과물은 각 도별 평균치로 제시되었다. 조사 시기는 1918년 8월과 9월이었고, 조사내용은 지난 1년간 자산 및 수지의 현황이었다(朝鮮総督府財務局, 1918: 「凡例」). 조사의 기재 내용을 보면, (1) 가족 수[동거인과 고인(雇人)을 포함], (2) 재산(부동산, 동산, 채권, 채무, 순재산), (3) 수입(부동산, 동산, 직업, 부업, 기타), (4) 지출(식료비, 의료비, 주택비, 재산관리비, 조세 기타 공과, 교육비, 기타 지출) 등으로 구성되어 있다. 그러나 이 조사는 본격적인 농가경제조사로 보기에는 여러 한계를 안고 있었다. 상류·중류·하류라는 계급 구분의 기준이 명확하지 않았고, 조세 행정을 추구하는 재무국의 관심 속에서 과제의 기준이 될 농가의 금융 상태에 대한 조사가 강조되었을 따름이다. 특히 조사항목(수입/지출) 안에 농가의 경영상황을 보여줄 수 있는 내용은 전무했고, 결국 농가의 자산 규모를 측정하여 담세 능력과 관련된 조세 정보를 확보하는 데에 관심을 기울인 것으로 보인다.

1910년대에 식민지 조선에서 실시된 이들 조사를 같은 시기 일본의 제국농회에서 1913~1915년에 걸쳐 실시한 조사와 비교해 보면, 일본의 조사가 각 현별로 자작농, 자작 겸 소작농, 소작농 가운데 '중등농가' 또는 '중용농가'를

5 1910년대 초중반 조선농회가 실시한 조사의 상세한 내역은 통계청(1992: 406~414)에서 확인할 수 있다.

추출하여 조사를 실시한 것과는 대조적으로, 식민지 조선의 경우 표본을 도(道) 단위에서 책정하고 상농 · 중농 · 하농의 자의적인 기준에 의거하여 추출해 조사했음을 알 수 있다. 이송순(2011)에 따르면, 1910년대 초의 상농 · 중농 · 하농의 구분에 따라 농가조사를 실시한 것은 대한제국 초기부터 한국에 들어와 권업모범장기사로 재직해 왔던 사카사키 기사부로(向坂幾三郎)가 행한 방식이었다. 그것은 "조사대상 농가의 선정 기준과 계층 구분 등에서 일률적인 기준이 아니라 현지 농민들의 평가에 따라 구분"한 것이었고, 따라서 마을 단위로 부유함과 빈곤함의 편차가 존재했다. 예를 들어, "상농의 경우 최대는 논 21.5정보, 밭 6반보를 소유한 농가에서, 최소는 논 6반보, 밭 8반보를 소유한 농가에 이르는 등 그 편차가 컸다"(이송순, 2011: 91). 1918년에 재무국에서 실시한 조사에서 '상류'로 분류된 범주 역시 논[畓]의 면적에서 최대(30.91, 경남)와 최소(1.94, 함남) 간에 큰 차이가 있었다(朝鮮総督府財務局臨時関税調査課調査, 1918; 이송순, 2011: 98에서 재인용).

실제로, 상농 · 중농 · 하농(또는 상류 · 중류 · 하류)의 분류는 지극히 관념적인 데다가 지주·자작·소작을 기준으로 한 통상적인 농가등급 분류와도 거리가 있었다. 또 위에서 언급한 바와 같이, '상농/상류'의 경우처럼 과연 하나로 묶는 것이 가능할지 의문일 정도로 그 내적 구성에서 큰 편차를 안고 있는 범주를 전제로 하여 조사가 이루어졌다. 표본 역시 당시 일본 현지(및 이후 식민지 조선)의 조사에서 활용된 각 농촌계층별 '중등농가', '중용농가'와 비교해 볼 때, 농가의 평균적인 수지 현황을 추출하는 데에 어려움이 따르는 방식으로 구성되었다. 이것은 조사기법상의 문제이기 이전에 실은 조사실행 능력, 예를 들어 표본을 추출해 낼 수 있는 전제조건인바, 인구 파악과 관련된 일본과 식민지 조선의 행정력의 차이를 보여주는 징후로 판단된다. 요컨대 조사를 통해 알고자 하는 것(조사 목적), 그리고 알 수 있는 것(조사 역량)에서 제국-식민지 간의 차이가 이 표본의 구성방식에 반영되어 있었던 셈이다.

1920년대의 대표적인 농가경제조사로는 1922년 내무국 사회과의 지시로 전국적으로 실시된 것이 있다. 전라남북도와 경기도에서 각각 개별적으로

표 3-2 전 조선 농가 1호당 수지 평균표

(단위: 원)

구분	경작 규모	수입	지출	차액
지주	20정보(町步) 이상	10,712	5,130	5,582
	20정보 이하	2,236	1,532	704
	5정보 이하	954	714	240
	1정보 이하	467	420	47
자작농	3정보 이상	1,237	1,004	233
	3정보 이하	732	635	97
	1정보 이하	441	401	40
	1반보(反步) 이하	314	297	17
자작 겸 소작농	3정보 이상	1,015	924	91
	3정보 이하	595	551	44
	1정보 이하	381	374	7
	1반보 이하	241	242	△1
소작농	3정보 이상	248	808	16
	3정보 이하	591	596	△5
	1정보 이하	333	353	△20
	1반보 이하	215	227	△12
궁농(窮農, 경작하지 않는 자)		101	106	△4

주: △는 적자.
자료: 朝鮮總督府(1929: 38).

보고서를 펴냈는데, 그 최종 보고서는 1925년에 사회과 명의로 간행된 「농가경제에 관한 자료(農家経済に関する資料)」(1925. 9)이다(통계청, 1992: 414~415). 그런데 사회과의 이 최종 보고서는 현재 그 소재가 확인이 되지 않고, 다만 조선총독부 촉탁 젠쇼 에이스케(善生永助)가 1929년에 펴낸 『조선의 소작관습(朝鮮の小作慣習)』에서 그 보고서 안의 일부 통계치가 인용되어 있어서, 앞의 도별 개별보고서와 함께 이 인용자료를 통해 조사의 실상을 확인해 볼 수 있는 정도이다. 젠쇼의 글에 따르면, 사회과의 조사에서 농가수입은 수확 수입, 부업 수입, 기타 잡수입의 합계로 산출되었고, 농가지출은 생활비, 경작비, 공과금, 소작료, 잡지출의 합계로 산출되었다. 단, 여기서 교제비와 관혼상제비는 '생활비'로 계상했고 지주의 소작료 수입은 '수확수입' 란에 기재했으며 토지관리비는 경작비로 계상했다[朝鮮総督府(善生永助囑託), 1929: 37].

이 조사는 **표 3-2**에서 알 수 있듯이, (1) 지주 · 자작농 · 자작 겸 소작농 ·

소작농·궁농 등 농가등급의 분류를 토대로 조사가 진행되었다는 점, (2) 각 농가등급 안에서 경작 규모의 크기에 따라 다시 이를 각각 4개씩의 계층으로 분류했다는 점에서 중요한 특징이 있다. 또 (3) 전반적으로 소작농과 궁농의 농가경제수지 상황이 적자로 피폐하다는 것과 함께, 이와는 조금 결을 달리하여 경작 규모와 농가경제수지 간의 관계도 드러나 있다는 점에서 대단히 문제적인 자료로 간주될 수 있다.

실제로, 이 자료는 조선의 농촌 문제를 정의하고 그 해결책을 촉구하는 논쟁의 장에서 빈번하게 활용되었다. 특히 '경작 규모의 영세성'을 조선 및 동양 농업의 근본 문제로 설정하고 있던 조선의 사회주의자들은 이 자료를 다양한 방식으로 전유하여 식민국가의 농정을 비판하기도 했다. 예를 들어, 식민국가가 소작 문제의 해결방안으로 설정하고 있는 자작농창정사업은 현실적으로 불가능할 뿐만 아니라 농촌 문제의 근본적인 해결과는 거리가 멀다는 점, 농가의 수지를 개선하기 위해서는 일정 크기 이상의 경작 규모 확보가 우선되어야 한다는 점을 부각시켰던 것이다. 또 당시 확보된 조선의 농가등급별 농가호수 자료를 위의 자료에 접합하여 조선 전체의 적자농가 규모를 산출했고, 이를 통해 식민농정의 실패를 비판하는 담론전략을 구사하기도 했다(金仁洙, 2013).[6]

요컨대 1920년대의 농가경제조사는 식민지 사회에서 소작 문제가 심각하게 불거지는 가운데, 소작 문제의 양태를 관찰·측정하여 사회문제화를 적극적으로 억제하기 위해 그 기초 자료를 확보한다는 식민국가의 정책적 관심 위에서 진행되었다. 이전의 조사에 비해 농가등급을 한층 더 세분화하는 등, 보다 세밀한 방식으로 사회 현황을 확인할 수 있게끔 조사가 설계되었다는 점도 확인할 수 있다.[7]

---

6 이러한 작업을 통해 박문규는 조선 농가 전체의 46.6%가, 박문병은 63.9%가 적자농가임을 통계적으로 추산해 냈다.

7 1925~1926년에도 전국적으로 농가경제조사(및 생산비조사)가 실시된 것으로 추정된다. 당시 식

식민지 조선에서 실시된 1930년대의 농가경제조사는 크게 두 가지가 있다. 1930~1933년에 걸쳐 조선농회 주관으로 5개 도(경기도 수원군, 전남 나주군, 평남 순천군, 경남 밀양군, 함남 함주군)에서 실시한 농가경제조사와, 1933년과 1938년에 농림국 농촌진흥과에서 동일 농가의 농가경영 실태와 농가수지의 변동을 추적하여 시계열 자료를 확보한 '농가경제개황조사'가 그것이다.

조선농회 주관의 조사는 피폐한 농촌의 현황을 파악할 목적으로 위기 상황에 빠진 농가의 농가경영과 관련한 수지와 가계의 상태를 정밀하게 조사한 것이었다. 각 도별로 1개 부락을 선정, 그 안에서 다시 자작농 · 자소작농 · 소작농 가운데 각각 3개 호씩을 뽑아 총 9호를 선정하여 조사한 소규모 조사였다. 조사대상은 도내의 '표준농가'라고 했지만, 조사농가가 조사의 취지와 내용 전반에 대해 충분히 이해해야 하는 실정이어서 일반 농가에 비해서는 우량 농가에 해당된다는 점을 밝혀두기도 했다(朝鮮農会, 1932: 序). 다만, 그럼에도 조사방식은 당시 일본에서처럼 장부를 농가에 직접 배포하여 기입하게 하는 형태(자기기입식, 自計式)가 아니라, "농가의 지식 정도가 아직 낮은 조선"이기에 조사원을 1년 동안 현지에 주재시켜 농가를 직접 조사하여 그 내용을 기입하게 하는 형태로서 "경비가 다대하게 들지만 조사의 정확성을 신뢰할 수 있다"(朝鮮農会, 1932: 1~2)라고 자평된 조사였다.

이렇듯 일본에서는 19세기 말의 초기 조사에서나 보였을 법한 조사원의 직접 파견에 의한 타계식(他計式) 조사가, 장부 기장에 관한 지식은 물론이거니와 언어 등에서 필연적으로 문제가 발생할 수밖에 없는 식민지 이민족사회에 대한 조사에서는 매우 일반적인 모습이었다. 예를 들어, 1918~1921년간 식민지 대만에서 실시된 농가경제조사는 총 91호의 농가를 대상으로 했는데, 현지

산국은 "조선의 소작쟁의 대책을 강구하고 산업개발의 기본 조사에 이용하기 위해 농가경제조사를 실시하였다"[≪朝鮮農會報≫, 1925. 5; 통계청(1992: 417)에서 재인용]. 이 조사는 애초 1924년에 실시할 예정으로 예산(13만 원)을 신청했으나 일본 의회의 해산으로 기획이 무산된 바 있었다(≪동아일보≫, 1924. 3. 20).

에 파견된 조사 담당자의 수가 총 121명에 이르렀다(台湾総督府殖産局, 1923). 이 121명 가운데 일본인이 80명이고 한족이 41명인데, 이것은 현지의 한족이 통역을 담당하고 일본인 담당자가 조사표의 기입사항을 체크하는 방식으로 조사가 실시되었음을 암시한다(佐藤正広, 2012: 272~273).[8] 이런 사정은 1930년대 초반에 식민지 조선에서 이루어진 조사에서도 별반 다르지 않았던 것이다.

1930~1933년의 조선농회의 조사는 촌락의 개황조사와 호별조사로 항목이 나뉘어 있는데, 호별조사의 결산항목을 살펴보면, (1) 가족의 인원과 노동능력, (2) 작물별 경작 상황, (3) 농업용 토지의 지목별 소유 및 차입지 면적, (4) 농업자본, (5) 농업 외 재산, (6) 농업수입, (7) 농업경영비, (8) 노동상황, (9) 농업수지계산, (10) 가계비, (11) 가족 1인당 가계비, (12) 농업총수지로 되어 있다. 이러한 항목의 구성을 볼 때, 이 조사의 방법론적 전거는 일본의 1921년 조사로 특정할 수 있다. 앞에서 논의한 바와 같이, (1924년 일본의 조사와 달리) 경영조사와의 비교를 위한 중간생산물의 표시는 눈에 띄지 않는 것이다. 다만 노동력조사의 경우에는, 일본의 1924년 조사에서 발견되는 노동능력의 측정지표와의 연관성을 고려해 볼 수 있다.

가족의 노동능력, 농업경영비, 가계비, 노동상황 항목에 관해 좀 더 세밀하게 살펴보도록 하자. 1930년 경기도 조사를 예로 들면, 우선 가족의 노동능력은 연령과 성별에 따른 환산율을 통해 계측되고 있다. 환산지표의 구체적 실물은 소개되어 있지 않지만, 노동능력 기준을 제시한 자작농 호의 사례에서 살펴보면(朝鮮農会, 1932: 35), 37세 남성과 19세 남성이 1.0, 39세 여성이 0.8, 15세 남성이 0.5, 18세 여성이 0.6으로 되어 있다. 그것은 **표 3-3**과 같이 당시 일반화된 양식을 따른 것으로 판단된다.

식민국가는 가족 인원에 이 표의 기준을 적용하여 농가의 '소재노동능력'을

---

8 참고로, 사토 마사히로(佐藤正広)는 조사기법과 결산내용의 분석을 통해 이 대만에서의 조사(1918~1921)의 모델이 1913년 일본 제국농회의 조사라고 추정했다.

표 3-3 연령 및 성별 농업노동력 환산율

연령	10~14	15~16	17~18	19~50	51~55	51~60	61~70
남	0.3	0.5	0.8	1.0	0.9	0.8	0.7
여	0.2	0.4	0.6	0.8	0.7	0.6	0.5

주: 19~50세의 성인남성 노동력이 기준=1.0.
자료: 朝鮮總督府, ≪自力更生彙報≫(創刊號, 1933. 3); 朝鮮総督府農林局農村振興課(1940: 6).

수량적으로 산출했고 이를 통해 농정의 방향을 결정했다. 이 점에 관한 상세한 논의는 후술한다.

다음으로, 농업경영비 항목을 살펴보면 전체 조사농가의 평균으로 노임(勞賃)이 23%, 비료대가 17.51%를 차지하고 있는 것이 확인된다(朝鮮農会, 1932: 14). 가계비의 경우, 제1생활비(주거비, 음식비, 피복비, 광열비, 집기비)와 제2생활비[수선비, 교육비, 교제비, 제괘(諸掛: 조세 공과, 회비, 희사금, 기부금 등), 기호비, 오락비, 보건위생비, 관혼상제비]로 나누어 조사했다(朝鮮農会, 1932: 19~21).[9]

1930~1933년의 조선농회의 조사는 비교적 표본의 크기가 작은 편이었고 조사상에 크고 작은 난점, 한계가 있었지만, 1930년대 식민지 조선의 농정의 방향을 직접적으로 결정지은 조사였다고 평가할 수 있다. 1932년 말에 전라남도(1930년도 조사분)의 조사 결과보고서가 간행되었는데, 이에 의거하여 식민지 농정의 목표가 설정되었던 것이다. 한 신문기사는 조선농회의 이 보고서 내용을 인용하면서 농가경제수지의 현황을 보도했다. 이에 따르면, 자작농이 27.7원의 적자, 소작농이 30.1원의 적자이고, 유일하게 자소작농이 16.5원 흑자였다(≪京城日報≫, 1932. 10. 4). 그런데 흥미로운 점은 이 적자의 최대 원인으로 조선 농촌의 가족노동의 일수(日數)가 지극히 적고 불로일수(不勞日數)

9 그런데 '생활비'에서 이러한 조사항목의 구분은 관혼상제 등 제2생활비의 근검절약이 필요하다는 사회적 의제를 양산하는 데에 기여한 셈이 되었다. 예를 들어, "조선 농촌은 바야흐로 경제 파탄이란 난파에 부닥쳐 있고 태산 같은 부채에 눌리어 …… 부채를 지게 되는 최대의 원인이 식량부족과 관혼(冠婚) 때문이었다는 것이 최근 고원군의 조사통계에 의하여 나타났다"(≪동아일보≫, 1934. 2. 25)라는 기사도 접할 수 있다.

가 너무 많다는 사실이 지목되었다는 점이다.

총독부가 조사한 최근 1년의 조선 농가의 수지계산에 따르면 다음과 같이 자작 겸 소작농의 경제상태가 가장 좋아서 연 16원 56전의 흑자를 얻고 있다. 자작농 및 소작농은 적자이다. 적자의 원인은 자작농에서는 공과금 부담이 크고 가족이 거의 노동에 종사하지 않고 고인(雇人)을 사용하고 있기 때문이다. 소작농에서는 고율의 소작료와 노동 부족의 결과이다(≪매일신보≫, 1932. 10. 31).

조사에 의하면, 조선 농가의 노동일수는 1인 1개년에 겨우 111.4일로 잔여의 250여 일은 無爲로 지나고 있다. **이 잉여노동력을 활용하여 농촌 자력갱생을 충분히 이룰 수 있다는 것이 본부[조선총독부]의 의향이다**(강조, 대괄호는 인용자. ≪매일신보≫, 1932. 10. 20).

조선 농가의 노동상태조사 — (총독부) 당국에서는 이를 통해 시국 타개의 열쇠를 얻었다고 보증하고 있는데 — 에 따르면, 내지[일본]의 농가 1개년 평균 노동일수는 200일인데 조선 농가에서는 111일이다. 1일의 노동시간을 9시간으로 하면 조선 농가의 1개년 평균에서는 (매일) 3시간의 노동이다. 고용원(雇傭員)을 쓰고 있는 조선 가정을 보더라도 1개년에 327일. 조선 농가의 일당(日當) 평균은 96전이어서 일반 노동보수에 비해 매우 좋은 편인데, 그들은 일하는 것을 꺼리는 경향이 있기 때문에 자작농가는 생활비가 부족하고, 자작 겸 소작농이 겨우 생활에 여유를 가지고 있는 것이지만 이 역시 축재(蓄財)에 결핍이 있고, 소작농은 한층 더 비참하다. **자가노동(自家勞動) 전체를 경제화하지 않아 발생한 결과이다. 피폐의 원인을 숫자적으로 판명한 총독부에서는 금후 잉여노동력의 소화에 눈을 돌려 농민의 자작(自作)을** 자극함과 함께, 가내공업, 기타 부업의 장려를 추구하려 한다(강조, 대괄호는 인용자. ≪大阪每日新聞 朝鮮版≫, 1932. 10. 29).[10]

총독부에서는 농가의 경제조사에 관련하여 농가의 노동력 조사를 행하게 되

표 3-4 연간 1인당 평균 노동일수의 비교(조선 대 일본)

구분	조선	일본	차(差)
농업노동	61일	168일	107일
가사노동	90일	101일	11일
기타노동	18일	29일	11일
합계	169일	298일	129일
잉여노동력[11]	196일	67일	129일(-)

자료: 조선 쪽은 조선농회 조사(경기도 수원군, 1930년도). 일본 쪽은 제국농회 조사(233호에 대한 조사).

> 어 조선농회와 협력하여 이에 해당할 계획을 할 터이다. 이는 조선 농업경영이 매우 미발달 상태에 있고 농가경제가 매우 불량한 이유는 농업경영의 결함, 그 중 노동시간의 근소 내지 노동력의 불합리한 분배에 기인한다는 의미에서 출발하였다. 즉 농가의 노동력을 효과적 또 능률적으로 하도록 이 조사에 기초하여 지도하고자 한다(≪매일신보≫, 1932. 12. 1).

요컨대 조선의 농가세대 안에서 조달 가능한 노동력이 충분히 소화되지 못하고 있다는 인식, 다시 말해 농가의 '잉여노동력' 규모를 확인 · 추출하여 이를 완벽히 소화하기만 하면 농가경제의 문제가 해결될 것이라는 정책적 입장이 이 조사 결과를 통해 수치에 입각한 '단단한 근거'를 확보한 것이다. 한 연구는 일본과 조선의 연간 1인당 평균 노동일수의 차이를 **표 3-4**와 같이 소개하기도 했다(増田收作, 1933: 12).

이후, 조선총독부는 종전까지 조선농회 주관으로 시행했던 농가경제조사를 농림국의 사업으로 돌리고(≪동아일보≫, 1932. 11. 11), 1933년 1월 말에 농촌진흥위원회를 소집하여 조사방침을 결정했다.[12] 조사의 세부항목은 가족

---

10 소위 '민족언론'에서도 해당 통계에 근거하여 마찬가지의 전망을 내놓고 있었다(≪동아일보≫, 1932. 10. 31).

11 마쓰다 슈사쿠(増田收作)는 이를 '생산 증가가 가능한 노동력'으로 규정했다.

의 노동능력, 겸업, 농업경영상황, 토지이용상황, 경제상황, 현금수지, 현금지출, 부채와 예금, 현물경제상황, 노동력 등이었다(≪동아일보≫, 1933. 1. 31). 그리고 이 조사방침의 결정과 함께, 1933년 3월에 정무총감 통첩 「농가경제갱생계획에 관한 건(農家經濟更生計劃に関する件)」이 반포되었다. 이 통첩안에 의거하여 농림국 농촌진흥과 주관으로 농가경제조사와 농가갱생운동이 동시에 실행되었다. 농가경제조사와 갱생운동이 서로 맞물려 진행되었던 것이고, 이런 측면에서 이 조사는 일본의 1930년대 조사와 맥을 함께하고 있다고 평가할 수 있다. 또 겸업농가의 수지상황을 파악하려는 관심은 일본의 농가경제조사에서 1931년 개정의 취지에서 밝힌바, 제1종 농가(전업농가)와 제2종 농가(겸업농가)의 구분과 연관되어 있음을 알 수 있다.[13]

이 조사의 결과는 1940년에 『농가경제개황조사(農家經濟槪況調査)』로 편집, 출간되었다. 제1부는 '자작농 부(部)', 제2부는 '소작농 부'로 편집되었다. 이 조사는 1933년에 1차 조사를 실시하고 5년 뒤인 1938년에 동일 농가를 추적하여 2차 조사를 실시한 것으로, 이를 통해 일종의 시계열 자료가 생산되었다. 1933년에 농가갱생사업의 대상으로 지정된 농가가 그 모집단이었고, 그 가운데 가족구성, 노동능력, 농업경영 등 여러 요소에서 비교적 평균('中庸')에 해당하는 농가가 표본으로 추출되었다. 소작농의 예를 들면, 조사된 농가의 수는 총 1778호로 읍면당 평균 1개 호였다. 지역별 세부내역은 다음과 같다.

---

12 조사방침의 결정과 관련해서는 계속적으로 '조선 독자의 방법'이 강조되었다. 조선의 농업경제 조직이 일본과 다르기 때문에 당시 농림성이나 제국농회에서 하는 조사방법은 오히려 조선 농가의 현실을 왜곡한다는 주장으로, 특히 조선만의 지주-소작관계의 특수성을 고려하여 지주의 생산비를 계상해야 하고 지주 등 지역 유지들이 조사에 참여할 수 있도록 해야 한다는 의견이 제출되었다. 또 조선 쌀의 생산비 결정에서 통상 조선의 저렴한 노동임금을 논하는데, 조선 농업노동자의 낮은 능률을 함께 고려해야 한다는 의견도 제출되었다(≪大阪朝日新聞 朝鮮版≫, 1933. 2. 15; ≪동아일보≫, 1933. 2. 17).

13 1933년 3월에 창간된 ≪自力更生彙報≫(조선총독부 발행)의 창간호에는 「農家經濟更生計劃指導要綱」이 실려 있는데, 여기에는 1933/1938년 조사의 지침과 구체적인 설문양식이 담겨 있다.

남선구(南鮮區) 652호: 전북(146호), 전남(216호), 경남(90호), 경북(200호)

중선구(中鮮區) 560호: 경기(231호), 충북(92호), 충남(87호), 강원(150호)

남북선구(西北鮮區) 516호: 황해(195호), 평남(119호), 평북(90호), 함남(78호), 함북(34호)

이 조사는 조사이기에 앞서 그 목적상 '갱생계획'을 추진하는 과정 그 자체였다. 결국 5개년간에 걸쳐 사업을 진행하여 조선총독부의 농정 성과를 홍보하고자 하는 취지에서 시작된 '프로파간다로서의 조사'였다고 평가할 수 있다.[14]

참고로, 이 1933/1938년의 농가경제조사는 자력갱생운동과의 연관은 물론, 조선 농촌에서 진흥운동을 실현해 갈 이른바 '중견인물'을 참여시키고 이들을 형성하고자 하는 농정기획과 밀접히 연계되어 있었다. 다시 말해, 지도갱생부락을 설정하여 농가경제조사를 해가는 가운데, "각 갱생부락의 현황조사는 …… 군, 면, 학교, 금융조합원은 물론, 부락의 실정에 정통한 중심인물, 지도원, 구장 등도 입회하게 하여 청취조사를 했는데, 군에서는 군수 이하 다수 직원이 수일에 걸쳐 지도와 격려를 하였다"(咸鏡北道農政課農村振興系, 1934: 8)라는 언급에서 알 수 있는 바와 같이, 행정 개입과 더불어 촌락의 지도자들을 발굴, 참여시키는 형태로 진행되었던 것이다.

그럼에도 불구하고, 조사에는 여전히 어려움이 뒤따랐는데, 자력갱생운동의 브레인 격이었던 야마자키 노부요시[15]의 증언에 따르면, "교육을 받지 못

14 참고로, 해방 이후인 1948년에 한국에서는 일제강점기의 이 농가경제조사를 전례(典例)로 삼아 '민족적 관점'에서 비슷한 방식으로 조사를 시행했다. 금융조합 주관으로 경기도와 충청남도에서 산간, 평야, 중간의 세 지대로 나눠 총 45개 호를 대상으로 조사를 수행했다. 관련 사항은 李獻榮(1948) 참조.

15 야마자키 노부요시(山崎延吉, 1873-1954): 동경제국대학 농과대학을 졸업하고 아이치현 잠업학교와 아이치 현립 안조(安城)농림학교에서 교편을 잡고 있다가 아이치현 농사시험장의 장을 지냈다. 당시 아이치현은 '일본의 덴마크'로 불릴 정도로 농촌갱생의 선진모델로 여겨졌다. 야마자키는 전국적으로 농촌 자치와 농본주의를 역설하는 강연활동을 벌였다. 1920년에는 제국농회 간사에 취임했고, 1928년에는 중의원 의원에 당선되었다. 1932년 조선총독부 촉탁이 되어

하고 지도를 접할 수 없는 다수의 민중을 상대로 호별 조사를 하는 것은 너무도 곤란한 일이다. 수(數)의 관념이 결핍되어 있고 기장의 관습이 없는 곳에서 정확한 조사를 요구하는 것 역시 무리"였다(山崎延吉, 1933: 3). 자력갱생운동에 문맹 퇴치의 생활화를 중요한 구성 부분으로 넣은 것도 조사의 문제와 무관하지 않았다. 거기에는 "문맹 퇴치는 우선 가계부의 기장이 가능해지고, 갱생계획의 언문 해설을 이해할 수 있는 데에까지는 해두어야" 한다는 사정이 있었고, 이를 위해 "본 조사와 함께 부락의 시설로서 문맹 퇴치의 야학회, 강습회 등이 계획되어야" 한다는 주장이 함께 제출되기도 했다(八尋生男, 1935: 12). 식민지화 이래 제법 많은 시간이 흐른 시점에서도 식민국가의 농가경제조사는 여전히 고단하고 난망한 사업이었던 셈이다.

앞에서 살펴본 바와 같이, 식민지 조선에서의 농가경제조사는 조사의 목적과 조사에 필요한 행정능력의 편차에 따라 시기별로 다양한 형태로 진행되어 왔다고 정리할 수 있다. 그 최종적인 귀결은 1930년대 식민지 농정을 규정한 자력갱생운동과 이에 연동된, 방금 앞에서 논의한 '농가개황조사(1933/1938)'였다. 이미 앞에서 한 차례 언급했지만, 이 '농가개황조사'와 갱생운동의 실질적인 방향을 결정지은 것은 1930~1933년에 걸쳐 진행된 조선농회의 조사였다. 조선은 일본과 달리 농가세대 내에 방대한 양의 잉여노동력이 잔존해 있기 때문에 임금노동을 지양하고 이를 모두 가족노동으로 벌충 — 농업노동의 탈시장화, 탈임노동화 — 하여 농가경제수지를 개선해야 한다는 주장이 바로 이 조사 결과로 얻은 결론이었다. 가족세대원의 잉여노동력 투입을 통한 경영 집약화, 겸업을 통한 경영 다각화, 농가의 비자본주의적 자급자족으로 요약되는 갱생운동의 의제는 바로 이 조사의 결과를 통해 촉구된 사항들이었다. 조선 농가의 현실은 차야노프의 소농경제론에 따라, 가족세대원의 추가 노동

농촌진흥운동, 자력갱생운동을 지도했다. 호는 我農生(출전: "日本国会図書館人物資料: 近代日本人の肖像").

단위를 투입하여 생산량을 증대시킬 수 있는 여지가 여전히 대단히 큰 것으로 평가되었다.[16]

정책당국의 핵심인 조선총독부 농림국장 와타나베 시노부(渡邊忍)는 ≪자력갱생휘보(自力更生彙報)≫에 농가노동력 조사의 취지를 소개한 글을 실은 바 있다.

> 농가의 소재노동력을 알고 잉여노동력을 밝히는 것이 농가경제 갱생의 기초이다. …… 조선의 현상(現狀)을 보면 농업에 소요되는 노동일수는 1인당 1년에 70~120일 사이가 보통이다. …… 조사대상이 된 각 농가들은 모두 1호당 평균 300~600일 정도의 많은 잉여노동력을 보이고 있다. 장래 경제갱생계획에서도 이상적으로는 일본의 정농가(精農家)처럼 (1인당 1년간) 300일을 목적으로 나아갈 필요가 있을 것이다. …… 농가노동력의 완전한 소화를 도모해야 하겠지만 이에 도달하는 것이 무리인 이상, 실제로는 현재의 노동력에 50~100일 내외의 노동력을 더하는 것으로 갱생의 계획을 세워야 할 것이다(강조는 인용자. 渡邊忍, 1933: 3).

앞에서 언급한 바와 같이, 1930년대 일본의 농촌갱생운동은 농가의 토지생산성 지표를 통해 농가경영의 흑자를 낼 수 있는 농가('적정 규모의 농가')를 확정·창출하고 거기에 미달한 적자농가('낙오농가')를 추출하여 '분촌이민'시킨다는 기획으로 이어졌는데, 조선의 농촌갱생운동은 이와는 완전히 다른 방향으로 나아간 셈이다. 바꿔 말해, 농가노동의 태만을 지적하고 가족노동의 전면적 투입과 그 완전한 소화를 통해 노임(勞賃)을 절약하는 방향으로 의제

16 아울러, "소농으로 하여금 어디까지나 비자본주의적 경제생활, 즉 물건본위[物本位]로 지도방침을 삼는 자급경제에 입각하게 하고, 소득본위를 지도원리로 하는 교환경제와 조화하게 하는 것을 목표로 한다. 소농의 본질에 적합하도록"(新貝肇, 1935: 8)이라는 내용이 언급되기도 했는데, 이 역시 차야노프의 소농경제론의 연장이다.

가 정향(定向)되었던 것이다. 여기에는 "조선 농업이 아직 유치하여 개발과 자력갱생의 여지가 많다"는 인식도 작용하고 있었다(增田收作, 1934: 8). 또 가족 내 여성노동을 비롯한 잉여노동력을 부업에 투입함으로써 농업경영을 다각화하고 이로써 자급자족 경제를 구축할 수 있다는 논리도 부상했다.

그런데 식민국가가 농가에서 잉여노동력을 계산하는 방식은, 실제로는 경험적으로 전혀 증명되지 않은 여러 자의적 전제들에 기대고 있었다. 특히 가장 핵심적이라고 할 수 있는 잉여노동력의 계산식 산출 과정이 그러했다. 잉여노동력의 산출식은 "소재노동력−소요노동력=잉여노동력"으로 비교적 단순한 편이다. 소재노동력은 농가에서 농업에 종사하는 이들의 노동능력을 검정하여 이에 기초하여 매월의 농업노동력을 모두 합한 수치였다. 노동능력 평가는 **표 3-3**의 "연령 및 성별 농업노동력 환산율"에 근거하여 계산한다. 소요노동력은 각종 농업관계의 작업에 필요한 매월의 노동력을 조사하여 이를 모두 합한 수치였다(八尋生男, 1933: 7~8). 소요노동력은 농가경제조사를 통해 얻은 실제 수치를 의미하는데, 문제는 소재노동력에 대한 평가에 있었다. **표 3-3**의 "연령 및 성별 농업노동력 환산율"은 경험적 조사를 통해 얻은 수치가 아니라, 아무런 근거를 제시하지 않은 채 막연히 전제된 숫자에 불과했다. 그나마 근거라고 한다면 독일에서 가져왔다고 하는 **표 3-1**의 "농업노동환산율"의 연장선상에 있다는 점 정도였다.

결국 식민국가는 근거가 명확치 않은, 가정된 수치에 근거하여 식민지 농촌의 잉여노동력 규모를 측정·계산하고 있었고, 이를 '객관적 근거'로 삼아 1930년대 식민농정의 큰 방향을 결정짓고 있었던 셈이다. 실제로 당시 식민국가는 물론 일본 본국도 농업노동의 능률을 경험적으로 조사·측정한 적이 없었고, 그저 인구 구성(나이와 성별)을 기준으로 가정에 기초한 추계치를 내고 있는 실정이었다.[17]

17 식민지 조선에서 노동능률 및 노동생산성에 대한 측정은 이훈구가 수행한 바 있었다. 이훈구는,

게다가 당시 조선 농가의 미곡생산비를 조사한 한 연구는 생산에 투입된 자가노동(自家勞動, 가족노동)과 고용노동(임금노동) 간의 비율을 제시했는데, 조사농가에서 고용노동은 평균 36.47%에 달하는 것으로 조사되었다. 이 가운데 자작농의 경우를 일본과 비교하면 조선은 47.71%가 고용노동이고, 일본은 16%였다. 격차가 약 3배에 이른다. 식민국가의 농정기관은 이를 조선의 가족노동을 계발할 수 있는 여지를 보여주는 자료로 활용했지만, 해당 연구는 오히려 조선에서 일반적으로 고용노동이 클 수밖에 없는 이유를 적시했다. 즉, (1) 자연적 조건, 특히 강우량과 그 계절의 원인으로 작업이 일시적으로 폭증하는 경향, (2) 품종의 통일에 따른 일시적 폭증, (3) 부인이 농업노동에 종사하는 일이 적은 것, (4) 작업 능률이 낮고 좌식(坐食)을 존중하는 습관, (5) 미작단일경영으로 노동력 분배에 편중이 심한 것, (6) 토지 집중과 농촌 실업자의 증대에 따른 일반적인 농촌사정 등이 그것이다.[18] 이러한 설명 역시 부분적으로는 조사자의 편견이 반영된 담론이기는 했지만, 조선 농촌경제의 구조적 조건을 드러냈다고 평가할 수 있다. 다시 말해, 식민국가의 자력갱생운동은 식민지배하에서 발생한 미작단작의 폐해와 토지 집중의 문제, 그리고 생산성의 고양에 필요한 외부적 자원, 예를 들어 비료와 축력(畜力) 및 기계의 활용이 물리적으로 불가능했던 데에서 발생한 식민지 농업의 구조적인 문제를 단지 임금노동 부분을 가족노동으로 벌충하도록 강제함으로써 은폐하고자 한 정책에 불과했던 것이다.[19]

노동능률이라는 것은 같은 사람이라 하더라도 일의 종류에 따라 차이가 나는 것이라는 점을 지적하면서 조선총독부 농정당국의 농가경제조사에서 노동능률이 경험적 토대 없이 관념적으로 계산되어 있는 것을 비판했다. 그가 이러한 주장을 펼 수 있었던 것은 그 자신이 실시한 조사, 다시 말해 태평양문제연구회(Institute of Pacific Relations)의 재정적·학술적 원조에 힘입어 비교적 자율적으로 실행에 옮길 수 있었던 토지이용조사(1930~1931)에서 노동능률을 직접 경험적으로 조사하는 설문을 넣어 얻어낸 결과에 따른 것이었다(Lee, 1936; 김인수, 2015: 206).

18 「朝鮮に於ける米生産費問題」[帝国農会 所載; (出典) 農林省米穀局(1935: 137~138)].

19 식민지 조선에서 1930년대 자력갱생운동의 실패는 그 시작 시점에서부터 이미 예견된 것이라고도 할 수 있다. 당시 운동의 추진자였던 야마자키 노부요시가 금융조합중앙대회에서 한 강연

이러한 정책은 결국 큰 성과를 내지 못했는데, 그것은 조선총독부 농림국의 1933/1938년 시계열 자료에서도 명확하게 드러난다. 비교적 우량 농가를 대상으로 한 갱생운동의 추진이었음에도 불구하고, 농업노동에서 차지하는 연고(年雇), 계절노동, 일고(日雇)의 비중이 크게 줄지 않았는데(朝鮮総督府農林局農村振興課, 1940: 38~39), 이 점은 임금노동을 가족노동으로 대체하는 일이 결코 쉽지 않았다는 점을 보여준다.

4. 조사권력의 미망에서 벗어나기

≪동아일보≫의 한 사설은 1932년에 조선농회의 조사 결과를 소개하면서 다음과 같은 논지를 전개했다.

> 이 사업[농가경제조사]이 종래의 조사에서의 오류를 청산하여 조선 농촌이 요망하는 진정한 정책에 도달하는 출발점을 정당화하였음에 그 의의를 인정하는 동시에, 그 연구와 관찰의 도정에서 불편부당한 분석을 행하여야만 결론의 타당성을 발견할 수 있을 것이라고 생각한다. 듣기로, 조사원의 노력만으로는 만전을 기할 수는 없으므로, 전 조선 각지의 유력지주에게 조사위원을 촉탁하여 총독부 자문기관으로 위원회제를 계획하고 있다고 한다. 그러나 농촌의 경제사정과 농민의 생활상태는 농민의 입으로 말하게 해야 듣는 것이 더욱 적절하고 당연한 순서가 아닐까? 그렇지 않고는 그 조사의 결론은 불합리, 불완전한 그것이 되고

에 대해 한 신문은 이렇게 평했다. "(야마자키 노부요시) 씨는 대부를 엄격히 하여 부채습관이 들지 않게 하라는 것이고 물질보다 정신 방면으로 지도하라고 하였다. …… 그는 말하기를, 조선인은 노동에 대한 관념이 없다. 조선인은 의존적이고 게으르다 하여 자립정신을 운위했다. …… 오인(吾人)은 이를 인식부족이라고 하고 싶다. …… 현하 금융조합의 담보대부가 전체 대부액의 6할 이상을 점유한 숫자적 사실에 의한다 하더라도 서민금융의 본연적 사명을 다하지 못하는 것이 증명되는 바가 아닌가?"(≪동아일보≫, 1932. 10. 8).

말 위험이 있을 것이다. …… 아무리 조사의 출발정신에 가치가 있고 결론의 타당성이 발견된다 할지라도, 그 조사의 정책비판력이 당국의 무성의로 말미암아 축소된다고 하면, 그 본래의 의의는 없어지고 말 것이다. 조선의 농촌은 그 사정의 수집, 통계, 기술을 요구하는 것이 아니다. 그 일단의 지식이 정책의 규범이 되어서 그를 구제해 주고 유지해 주고 발달, 진흥시키는 것이 되기를 요구하고 있다(강조, 대괄호는 인용자. ≪동아일보≫, 1933. 2. 19).

여기서 사설의 필자는 조사가 현장에서 비껴나 있게 되면 수치를 제공한다 한들 의미가 없다고 말하고 있다. 이와 동시에 '조사의 정책비판력'을 강조하면서 이를 조사에 대한 평가의 기준으로 삼을 것임을 천명하고 있다. 그러나 돌이켜 보면 이 사설의 필자에게 식민국가의 조사 · 통계를 그 취지와 목적, 개념화 및 범주화 양태, 측정방법 등 근본적인 차원에서 상대화하고 체계적으로 비판할 수 있는 대안적인 지식자원이 부재했다는 점이야말로 보다 심각한 문제였다고 할 것이다.

주지하는 바와 같이, 조사의 결과물로 생산된 통계는 사회적 실재에 대한 하나의 표상체계인 동시에 그 자체로 권력자원이다. 수량화(quantification)란 결정하는 것처럼 보이지 않으면서도 결정하는 방법이기 때문이다(Porter, 1995: 7~8). 이 수량화된 지표 위에서는 '민족'이나 '비판력'이라는 선언은 오히려 거추장스러운 것이거나 '객관성'으로 표상된 장(場)의 바깥에 머물 수밖에 없는 운명이었다. 이는 곧 인식론적 차원에서 비판의 불가능성이라는 문제를 불러온다. 식민국가의 정책을 비판하기 위해서라도 식민국가가 생산해 낸 통계에 대해 적어도 그 수치만큼은 자명하고 당연한 것으로 수용하고 또 거기에 전면적으로 의존할 수밖에 없는 모순적 상황이 펼쳐진다. 이것이야말로 수량화의 힘일 것이다.

하나의 사회조사와 그 결과물에 기대어 실천되는 사회정책을 인식론적 차원에서 근본적으로 비판하기 위해서는 이를 압도하거나 적어도 그에 버금가는 다른 형태의 사회조사가 수행되어야 한다. 물론 사회조사가 대체로 통계를 산출하는 실천인 이상, 대안적 사회조사라 할지라도 통계가 낳는 '수량화의 권력효과'를 적극적으로 의식하고 비판하기는 어려울 것이다. 그러나 조사의 결과물인 통계 안에 은폐되어 있는 개념화와 범주화, 그리고 측정지표의 역사성, 사회성, 관념성만큼은 조사 과정을 경험하는 주체 그 자신이 스스로 인지할 수 있는 가능성이 열려 있다. 국가 기구나 주류적 사회집단이 수행한 지배적인 조사의 개념, 범주, 측정방법의 한계를, 대안적인 조사를 수행해 본 이라면 그와 대등한 권력자원 위에서 비판하고 이를 재구성할 수 있는 힘을 보유한다. 조사자는 자신이 산출해 낸 사회지표를 객관성의 영역에 위치시킴으로써 사회 위에 군림할 수 있는 힘을 갖는 동시에, 그 자신이 조사현장에서 조사 및 통계 권력의 생성과정을 지켜본 목격자, 심지어는 이를 만들어 온 생산자로서 그 인식론적 한계를 내면적으로 성찰할 수 있는 자리에 설 수 있다. 요컨대 대안적 조사를 수행해 본 이는 통계물신주의(statistics fetishism)에서 벗어날 수 있는 가능성을 내포한다.

식민지 사회과학의 지식 생산의 역사 속에서 대안적 조사의 사례는 매우 드물기는 하지만 분명히 존재했다. 대안적 조사의 물질적 자원 — 돈, 학술, 인력, 그리고 '금지', '검열'로부터의 거리(치외법권) — 이 부재한 상황 속에서는 이미 생산된 통계치를 전유하는 방법밖에는 다른 길이 없는데, 예를 들어 박문규, 인정식, 박문병 등 조선 사회주의자들이 1930년대에 '조선사회성격논쟁'을 통해 걸어간 길이 바로 그런 길이었다. 이때 새로운 문제가 불거지곤 하는데, 그것은 통계의 전유행위라는 수행성이 주체에게 미치는 영향으로서, 어제의 혁명가들은 이제 현장을 떠나 책상 앞에 앉아 통계로써 사회문제를 발견하고 해결하는 전문가로 전환되기 일쑤였다('탈혁명화'). 사회문제의 해결은 현장의 과제에서 통계치 조정의 과제로 전환, 전이되는 것이다. 나아가 '숫자로 표상된 사회'를 다시 숫자를 통해 비판하는 과정 속에서, 숫자에 대한 물신주의는 보다 심화되곤 했다.[20] 이에 비해, 예를 들어 이훈구는 국제기독교 네트워크의 지원에 힘입어 돈, 학술, 인력, 그리고 조사 과정에서의 '치외법권'을 보유할 수 있었고, 노동능력에 대한 경험적 지표화 등 식민국가의 농가경제조사와는 다른 방식의 조사를 수행함으로써 그 인식론적 한계를 폭로하고 비판할 수 있는 지적 자원을 마련했다.[21] 이훈구의 조사는 조사 자체를 상대화하고 비판할 수 있는 일종의 대안적인 조사였던 셈이다.

앞에서 분석한 바와 같이, 식민지 조선에서 이루어진 농가경제조사는 최종적으로 1930년대 식민국가의 농가갱생계획 및 농촌진흥운동의 근거를 제공했다. 그런데 조사의 계보에 있어서는 동시대 일본에서의 조사를 방법론적으로 계승하는 형태로 진행되었지만, 그것이 실행된 현실적·물리적 조건에는 큰 격차가 있었다. 행정능력의 차이와 이민족사회에서의 언어적 제약으로 인해 식민지 조선에서 이루어진 조사는 일본에 비해 조사능력의 격차가 현저했고, 또 조사를 통해 얻은 결론도 상이했다. 특히 식민지 조선에서 조사의 결과로 제출된 '가내 잉여노동력의 과잉과 과소소화'라는 표상은 근면과 내핍, 그러니까 더 많이 일하고 더 많이 아끼면 농가의 경제적 안정('수지균형')을 얻을 수 있다는 식민국가의 '정신동원'적 비전을 강화하는 데 기여했다. 이 비전은 이를 반증할 만한 다른 대안적인 조사가 거의 불가능했던 식민지 상황 속에서 '객관'과 '과학'의 외투를 두르고 식민지 사회의 정신구조, 경제생활을 규정했다.

조사를 통해 생산된 이 지식권력은 제국 일본의 총력전 동원(1937~1945)으로 식민지 조선 농가에서마저 농업노동력의 결핍과 부족의 사태가 도래하고 이로 인해 전시 농업생산력의 위기가 운위되기에 이르기까지, 그리고 이로써 그간 농가에 마냥 풍부하게 존재한다고만 믿어왔던 '잉여노동력'이 실제로는 그렇지 않았다는 점이 드러나기까지, 그 길고도 짧은 시간 동안 식민지 사회의 모든 비판적 의견들을 누르고 '객관'과 '과학'으로서 그 위에 군림했다. 결국 전시노동력 동원의 망가지고 깨져나가는 현실에 의해 가까스로 그 '미망(迷

20 이들 조사를 할 수 없었던 자들의 통계로의 몰입('통계물신주의')과 그것이 가져온 전문주의, 탈혁명화의 문제성에 대해서는 金仁洙(2013) 참조.

21 이에 대해서는 김인수(2015) 참조.

妄)'에서 벗어나기는 했지만, 이 조사권력은 적실한 인식론적 폭로가 나오기 이전까지 여전히 베일에 가린 채 작동하고 있었던 것이다. 그것은 말하자면 '객관', '과학'의 외양을 두른 인식폭력(epistemological violence)이었던 셈이다.

최근 빅데이터로 대표되는 새로운 사회지표화의 방식이 고안되면서 사회과학 전반에서 종전의 경험적 사회조사의 지위는 점차 강등되고 있다. 또 진작부터 진행된 사회조사 수행자와 사회통계 활용자 사이의 분업/분리, 다시 말해 연구자의 관점에서 볼 때 '현장(field)의 상실/종언'이라 불릴 만한 사태 역시 사회과학 지식 생산이 처한 일반적인 현실이 되었다. 이로 인해 사회조사에 대한 실감, 그러니까 조사 및 통계의 인식폭력에 대한 비판능력은 점차 약화되고 있다. 사회를 숫자로 바꿔내는 일을 본업으로 삼고 그 기술에 능수능란하며 이로써 사회적 실재를 길들이는(taming) 데에 일가견이 있는 오늘날의 사회조사 및 사회과학은, 식민지 사회조사 및 사회과학의 미망이 주는 반면교사로서의 교훈을 통해 다시금 스스로를 겸손하게 돌아봐야 하는지도 모른다. 조사와 통계는, 언제나 그랬듯이, 생각보다 울퉁불퉁하고 불투명한 것임에 틀림없다.

참고문헌

정기간행물

≪京城日報≫. 1932. 10. 4. "朝鮮農會農家經濟調査."

≪大阪毎日新聞 朝鮮版≫. 1932. 10. 29. "(鮮農勞動調査)余剩勞力の利用を促す: 農家の自覺に塑へ副業をうんと起す."

≪大阪朝日新聞 朝鮮版≫. 1933. 2. 15. "新規事業として農家經濟調査: 愈よ明年度から行ふ 獨自の調査方法を樹立する."

≪동아일보≫. 1924. 3. 20. "産業指導를 爲하야 農家經營調査."

_____. 1932. 10. 8. "山崎延吉氏의 謬論, 朝鮮農民에 對한 認識不足."

_____. 1932. 10. 31. "朝鮮農家赤字의 十三圓七十七錢: 農林局의 調査統計."

_____. 1932. 11. 11. "農家經濟調査, 明年度부터 總督府直營."

_____. 1933. 1. 31. "農家經濟 基本調査, 今日 農村振興委員會 協議."

_____. 1933. 2. 17. "農家의 經濟調査, 今春四月부터 施行: 作人과 地主의 特殊關係에 置重, 獨自的 方法을 樹立?"

_____. 1933. 2. 19. "(社說) 朝鮮農家經濟調査: 問題는 그 政策批判力에."

_____. 1934. 2. 25. "冠婚喪祭의 經費가 農家負債의 大宗 食糧負債는 莫不得已한 事情이나 高原郡의 農村經濟調査."

≪매일신보≫. 1914. 9. 3. "농가경제상황조사."

_____. 1932. 10. 20. "農家의 收支狀態 小作農의 收支는 卅圓十三錢不足, 一人一個年勞動日數는 三分之一, 剩餘勞力을 活用."

_____. 1932. 10. 31. "自作, 小作農は餓死線上を辿る: 朝鮮農家經濟の調査."

_____. 1932. 12. 1. "農家의 勞力調査 合理化가 目標."

≪朝鮮總督府官報≫. 1914. 9. 1. 「農家經濟調査ノ件」, pp.1~3.

한국어 문헌

강창일. 2005. 「조선 침략과 지배의 물리적 기반 조선군」. 한일역사공동연구위원회 편. 『한일역사공동연구보고서』. 제5권.

김경동 · 이온죽. 1986. 『사회조사 연구방법』. 서울: 박영사.

김민철. 1994. 「식민지 통치와 경찰」. ≪역사비평≫, 제24호, 208~222쪽.

김인수. 2013. 「범주와 정치: 식민지 조선의 소작관행조사의 사회적 결과」. ≪일본역사연구≫, 제38호, 149~183쪽.

_____. 2015. 「일제하 이훈구의 토지이용조사의 정치적 의미」. 한국사회사학회. ≪사회와 역사≫, 제107호, 181~215쪽.

梶村秀樹. 1989. 「1910년대 조선의 경제순환과 소농경영」. 『근대 조선의 경제구조』. 서울: 비봉출판사.

박명규 · 서호철. 2003. 『식민권력과 통계』. 서울: 서울대학교출판부.

이경란. 1997. 「1910년대 부업생산물의 상품화와 농가경제」. ≪역사문제연구≫, 제2호, 195~246쪽.
이송순. 2002. 「일제하 1930, 40년대 농가경제의 추이와 농민생활」. ≪역사문제연구≫, 제8호, 79~123쪽.
_____. 2011. 「1910년대 식민지 조선의 농가경제 분석」. ≪사학연구≫, 104호, 83~122쪽.
李獻榮. 1948. 「農家經濟調査의 概念과 實施內容」. ≪金融組合≫(1948. 10), 16~19쪽.
이헌창. 1990. 「구한말 · 일제 초 농가경영의 구조와 상품화폐경제」. 『대한제국기의 토지제도』. 서울: 민음사.
정연태. 2014. 『식민권력과 한국 농업』. 서울: 서울대학교출판문화원.
최정운. 1992. 『지식국가론: 영국, 프랑스, 미국에서의 노동통계 발달의 정치적 의미』. 서울: 삼성출판사.
통계청. 1992. 『한국통계발전사(II)』.
판 더르 플루흐, 얀 다우(Jan Douwe van der Ploeg). 2018. 『농민과 농업: 차야노프의 사상을 재조명하다』. 김정섭 · 유찬희 옮김. 따비.

일본어 문헌

"日本国会図書館人物資料: 近代日本人の肖像," https://www.ndl.go.jp/portrait/index.html.
樫村敏広. 1983. 「チャヤーノフの農民経済論に関する一考察」. ≪農業経営研究≫, 第9号.
金仁洙. 2013. 「'植民地の知識国家'論: 植民地朝鮮における社会性格論争再考」. ≪思想≫, 第1067号. 東京: 岩波書店.
農林経済局統計調査部. 1958. 『農林省統計調査要綱輯覧(農家経済調査の部其一)』.
農林省経済更生部 編. 1940. 『農林省「農家経済調査の沿革」と方法』.
農林省米穀局. 1935. 『朝鮮 · 台湾に於ける米穀生産費資料』.
台湾総督府殖産局. 1923. 『農業基本調査書第5台湾農家経済調査第2報』.
渡邊忍(朝鮮総督府農林局長). 1933. 「大観小言」. ≪自力更生彙報≫, 第3号, p.3.
尾関学 · 佐藤正広. 2008. 「戦前期農家経済調査の可能性: 過去のハウスホールドから現在を見るために」. 『農家経済調査マニュアル集成 1』. 一橋大学経済研究所附属 社会科学統計情報研究センター.
山崎延吉. 1933. 「『自力更生彙報』の創刊に就いて」. ≪自力更生彙報≫, 創刊号, p.3.
松本武祝. 1998. 『植民地権力と朝鮮農民』. 東京: 社会評論社.
松田利彦. 2009. 『日本の朝鮮植民地支配と警察』. 東京: 校倉書房.
新貝肇. 1935. 「農村振興運動の現在と将来」. ≪自力更生彙報≫, 第18号, p.8.
帝国農会 編. 1918a. 『農家経済調査(大正2年度)』.
_____. 1918b. 『農家経済調査(大正3年度)』.
_____. 1919. 『農家経済調査(大正4年度)』.
朝鮮農会. 1932. 『昭和5年度農家経済調査(京畿道ノ分)』.
朝鮮総督府(善生永助嘱託). 1929. 『朝鮮の小作慣習』.
朝鮮総督府農林局農村振興課. 1940. 『農家経済概況調査』(1940. 5).

朝鮮総督府財務局. 1918.『農家経済状況調査書』.

朝鮮総督府財務局臨時関税調査課調査. 1918.「(附録) 農家経済状況調査書」. ≪金融と経済≫, 第6号.

佐藤正広. 2012.『帝国日本と統計調査』. 東京: 岩波書店.

増田収作(朝鮮総督府嘱託). 1933.「剰余労力の消化について」. ≪自力更生彙報≫, 第5号, p.12.

_____. 1934.「農村振興十題」. ≪自力更生彙報≫, 第10号, p.8.

八尋生男(朝鮮総督府嘱託). 1933.「労力調査とその応用」. ≪自力更生彙報≫, 第3号, pp.7~8.

_____. 1935.「農家更生五年計劃の第三次樹立に際して」. ≪自力更生彙報≫, 第17号, p.12.

平賀明彦. 2003.『戦前日本農業政策史の研究, 1920~1945』. 東京: 日本経済評論社.

咸鏡北道農政課農村振興系. 1934.「(咸北)第二次更生指導部落の現況調査, 計劃樹立上の一考察」. ≪自力更生彙報≫, 第12号, p.8.

영어 문헌

Cartwright, Nancy and Jeremy Hardie. 2012. *Evidence-Based Policy: A Practical Guide to Doing It Better*. Oxford, New York: Oxford University Press.

Cumings, Bruce. 1981. *The Origins of the Korean War*. Princeton: Princeton University Press.

Grundmann, Reiner and Nico Stehr. 2012. *The Power of Scientific Knowledge: From Research to Public Policy*. Cambridge: Cambridge University Press.

Hacking, Ian. 1986. "Making Up People." in T. Heller et al.(eds.). *Reconstructing Individualism: Autonomy, Individuality and the Self in Western Thought*. Stanford University Press.

Lee, Hoon K. 1936. *Land Utilization and Rural Economy in Korea*. Chicago: University of Chicago Press(Agent).

Pawson, Ray. 2006. *Evidence-Based Policy: A Realist Perspective*. London: Thousand Oaks, Calif.: SAGE.

Porter, Theodore. 1995. *Trust in Numbers: The Pursuit of Objectivity in Science and Public Life*. Princeton: Princeton University Press.

4 냉전기 국제정치 이론의 발전

록펠러 컨퍼런스를 중심으로

김민수

1. 국제정치 이론의 탄생

국제정치 이론은 정치학 분야 중에서 가장 나중에 발전한 학문이지만, 가장 빠른 속도로 현대의 사회과학적 형식에 적응한 학문이기도 하다. 기원을 따지자면 투키디데스(Thucydides)의 전쟁사까지 거슬러 올라갈 수도 있지만, 국제정치 이론이 역사학적 방식에서 벗어나서 사회과학의 형태를 갖추기 시작한 지는 불과 반세기 남짓 지났을 뿐이다. 학문의 성립과 발전에 관련하여 자주 언급되는 것은 양차 대전 사이에 벌어진 이상주의와 현실주의 간의 대립, 그리고 냉전 이후 현실주의의 승리와 함께 이루어진 국제정치학의 정립이다. 이후 국제정치 이론은 현실주의의 확고한 우위 속에서 미국의 외교정책에 직간접적으로 관여하는 실용적인 학문으로서의 위상을 발전시켜 왔다.

이러한 학문 발전 과정에 대한 일반적 서술은 학문의 내적 발전에 초점을 맞추고 있지만, 국제정치학의 발전을 단순히 학문 내적 요소만으로 설명할 수는 없다. 특히 국가 간 관계에 대한 현실적 인식과 주요 행위자들의 전략적 선택을 이론의 대상으로 삼는 학문이 급속한 발전을 할 수 있게 된 데에는 학문 외적 요소들의 작용을 빼놓고 설명할 수 없다. 국제정치학이 이론으로서의 성격을 갖추게 된 것이 다른 곳도 아닌 냉전적 대립의 한 축이었던 미국에서였고, 그것도 냉전이 본격화되고 있는 시점이었다는 점은 국제정치 이론이 냉전이라는 국제적 상황을 배경으로 발전할 수 있었다는 점을 시사한다.

냉전이라는 국제적 정세가 국제정치 이론의 발전에 맥락적 배경을 제공했지만, 학문의 성립에 필요한 제도적 요건을 제공한 것은 기업들이 설립한 재단(foundation)과 대학이었다. 외교정책에 필요한 이론적 자원을 제공하는 기능을 맡게 된 대학들은 국제정치 이론을 전공하는 연구자들을 양성하기 위해 학과를 설립하고, 이에 필요한 저명한 이론가들에게 자리를 제공하게 된다. 그러나 새로운 학문을 필요로 하는 정부의 수요와 이론적 자원을 제공하려는 대학의 공급이 자연스럽게 연결되는 것은 아니었다. 특히 정부의 수요에 부합하는 연구자와 이론을 적시에 공급할 수 있기 위해서는 이전에 느슨한 형태로 존재하고 있던 국제관계 이론들을 하나의 학문으로 정립하고, 미국의 외교정책에 직간접적으로 개입할 수 있는 전문 인력들을 하나의 범주로 재편할 수 있는 계기가 필요했다. 독특하게도 이러한 계기를 제공한 것은 개별 대학들이나 이론가들이 아니라 기업들이 설립한 재단이었다. 전후 미국의 재단들은 다양한 방식으로 대학의 학문적 영역 구축에 관여하게 되는데, 국제정치 이론의 성립 과정에서도 이를 발견할 수 있다.

국제정치 이론의 성립에 중요한 계기를 제공한 재단은 록펠러 재단(Rockefeller Foundation)이었다. 록펠러 재단은 다양한 학문 영역 속에서 산재해 있던 이론가들에게 공통의 이론적 토대를 구축할 수 있는 경제적 지원을 제공함으로써 국제정치학이 성립하는 데 중요한 기여를 했다. 록펠러 재단의 지원이 없었다면 느슨한 형태로 존재하고 있던 '전쟁과 평화'의 담론들이 하나의 학문 분과로 통합되고, 실용적 학문으로서의 정체성을 재정립하기까지는 더 많은 시간이 걸렸을 것이다.

이렇게 보면, 현대적인 학문 분과의 성립은 학문 내적인 발전뿐 아니라 학문 외적인 계기, 그중에서도 기업의 의도적인 지원을 배제하고는 설명할 수 없다는 일반적인 결론에 이를 수도 있을 것이다. 그러나 일반적 결론보다 더 주목할 것은 냉전이라는 세계사적인 현상을 강화하고 재생산하기도 했던 현실주의적 국제관계의 인식과 전략이론들이 냉전에 대한 학문 내적인 반응이라기보다는 정부의 필요와 대학의 제도적 지원, 그리고 이를 매개하는 기업의 재정적 후원이라는 복합적인 구도 속에서 '만들어졌다'는 것이다.

이 장은 국제정치 이론이 하나의 분과학문으로 정립되는 과정에서 록펠러 재단이 담당했던 역할을 검토함으로써 국제정치학의 성립과 기업 사이의 연관성을 드러낼 것이다. 이를 위해 우선 기존에 국제정치 이론의 성립 과정에 대해 이루어진 설명들을 검토하고, 록펠러 재단이 담당했던 역할에 주목할 필요성을 제기할 것이다. 이어지는 절에서는 록펠러 재단이 국제정치학의 성립에 기여했던 구체적인 활동을 살펴보고, 기업과 대학을 매개하는 인적 네트워크가 어떻게 작동했는지를 설명할 것이다. 마지막으로는 기업의 재정적인 지원이 국제정치학의 이론체계와 결합됨으로써 얻게 되는 함의와 더불어 냉전과 현실주의적 국제정치학의 상호규정적인 의미를 검토할 것이다.

2. 국제정치 이론사의 두 가지 흐름

국제정치 이론[1]이 현대적 학문 분과로 성립된 역사에 대한 국제정치학 내부의 논의는 크게 두 가지 흐름으로 구분될 수 있다. 하나는 학문의 발전을

1 이 장에서 국제정치 이론은 일반적으로 현대적인 의미의 IR(international relations) 이론을 지칭한다. 필요에 따라서는 국제정치학(international politics) 혹은 국제관계 이론이라는 용어와 혼용해서 사용하는데, 이는 현실주의자들이 자신들의 이론을 국제정치 이론(theory of international politics)으로 지칭하면서, 이상주의의 국제관계 연구(research of international relations)와 구분 짓는 것과는 관계없이, 다만 국가 간 관계를 다루는 연구 전반을 지칭하기 위함이다.

학문 내의 자생적 발전의 관점에서 설명하는 내재적(endogenous) 접근이고, 다른 하나는 국제정치학이 국제정세의 변화와 주요 사건들의 흐름 속에서 발전할 수 있었다고 설명하는 외생적(exogenous) 접근이다. 이 중 내재적 접근 방식이 국제정치 이론사를 설명하는 주된 흐름이었지만, 여기에 독립적 이론사로는 설명될 수 없는 외생적 요인이 추가되어야 보다 설득력 있게 학문의 성립 과정을 그려볼 수 있다.

우선 내재적 접근은 이상주의(idealism)와 현실주의(realism) 사이의 대논쟁(great debate)을 비롯한 이론 내부의 연속적인 진화 과정을 통해 국제정치 이론의 성립을 설명하는 방식을 취한다. 대표적으로 불(H. Bull)은 이상주의, 현실주의, 그리고 사회과학적 이론이라는 세 가지 주된 이론적 경향의 연속적인 흐름 속에서 국제정치학이 학문적 영역을 구축했다고 주장한다(Bull, 1995: 184). 불의 논의를 받아들이면서 바스케즈(J. Vasquez)는 20세기 국제정치학의 역사를 이상주의적 단계, 현실주의적 전통, 그리고 행태주의적(behavioral) 반항으로 이어지는 학문 내적 진화의 과정으로 설명한다(Vasquez, 1983: 33). 이러한 설명은 국제정치학 교과서 일반에서 다루어지는 이론사이기도 한데, 현대적 학문 영역의 구축을 주로 카(E. H. Carr)가 촉발했던 이상주의와 현실주의 간의 대논쟁[2]으로부터 설명하는 경향이 있다.

그러나 이러한 설명은 이상주의와 현실주의 간의 이론적 논쟁이 실제로 존재한 적이 없었다는 반론에 직면하면서 설득력에 의문을 갖게 만든다. 윌슨(P. Wilson)에 따르면, 국제정치학 성립의 중요한 계기라고 여겨지는 첫 번째 대논쟁은 실제로 이루어지지 않았으며, 이는 사후적으로 재구성된 이론적 신화라고 할 수 있다(Wilson, 1998: 1).[3] 이상주의와 현실주의의 논쟁과 이 과정

2 이 논쟁의 출발점이 되는 카의 저서는 『20년간의 위기(The Twenty Years' Crisis, 1919~1939)』이다. 카는 이상주의자(idealist)들의 유토피아적 태도가 실현 가능하지도 않고 바람직하지도 않다는 입장에서 이상주의를 공격하고, 실현 가능성과 과학적 접근이라는 점에서 현실주의를 옹호하고 있다. 이에 대해서는 Carr(2001) 참조.

에서 현실주의적 국제정치 이론이 승리하게 되는 이론적 발전의 과정이 사후적으로 재구성된 역사적 사실이었다면, 국제정치학의 성립을 자연스러운 이론 내적 발전의 결과물로 이해하기 어렵게 된다.

전통적 이론 발전 과정에 대한 설명이 지닌 역사적 허구성에 대한 문제를 수용하면서 슈미트(B. Schmidt)는 이상주의와 현실주의 간의 대립이 아니라 국제정치의 본질인 무정부 상태(anarchy)를 둘러싼 치열한 이론 내부의 논쟁 과정을 통해 국제정치학이 성립되게 되었다고 주장한다(Schmidt, 1998: 39). 이에 따르면 국제정치학은 20세기에 들어서 성립된 현대적 학문이 아니라 19세기부터 공통의 학문적 관심사와 대상을 지닌 정치학의 한 분야로서 자리 잡기 시작했다고 할 수 있다.

그러나 슈미트의 주장은 국제정치학이 왜 20세기 중반에 와서야 본격적으로 독립적인 학문 영역으로 자리 잡기 시작했는지를 설명하지 못한다. 특히 제2차 세계대전과 냉전을 거치면서 본격적으로 진행되었던 국가 간 전쟁과 외교정책에 대한 연구들이 하나의 학문체계를 성립시키는 방향으로 배치될 수 있었던 이유는 단순히 오랜 기간 진행되어 온 이론의 내적 진화의 과정만으로는 설명되기 어렵다.

내재적 접근이 지닌 이러한 한계는 외생적 접근을 통해 보완될 수 있다. 호프만(S. Hoffmann)이 제기한 바 있는 국제정치학 성립에 대한 외재적 접근방식은 왜 20세기 중반에 미국에서 국제정치 이론이 학문 영역으로 자리 잡을 수 있었는지에 대한 탁월한 설명력을 제공한다. 호프만은 제2차 세계대전 이후 미국 사회에 존재했던 세 가지 특징들로 인해 국제정치학이 발전할 수 있

3 이에 대해 캐머런(T. Cameron)은 첫 번째 '대논쟁'이 지니는 허구성은 현실주의의 학문적 정체성 정립 과정과 관련된다고 주장한 바 있다. 캐머런은 국제정치 이론 내의 전통주의 대 과학주의, 실증주의 대 탈실증주의, 신현실주의 대 신자유주의, 합리주의 대 구성주의의 논쟁들과 달리 첫 번째 논쟁은 현실주의 연구자들의 공동체를 결속함으로써 스스로를 규정하고, 이상주의에 대한 현실주의의 우위를 보여주기 위해 '이상주의'를 만들어서, 자신들의 분야사(disciplinary history)의 관점에 포함시켰다고 주장한다. 이에 대해서는 Thies(2002: 173) 참조.

었다고 주장한다. 즉, 과학적 방법을 중시하는 지적 성향(intellectual predispositions), 회의주의나 우울증이 잠복할 수 없었던 정치적 환경, 그리고 대학을 비롯한 제도적 기회들이 결합함으로써 20세기 중반 미국에서 국제정치학이 실질적인 학문 영역을 구축할 수 있었다는 것이다(Hoffmann, 1995: 218~219). 이 세 가지 요소들은 각기 다른 방식으로 학문의 성립에 기여했지만, 여기에는 공통적으로 제2차 세계대전 이후 냉전의 성립과 미국이 차지하게 된 세계적 위상의 변화가 영향을 미쳤다고 할 수 있다. 제2차 세계대전을 경험하면서 대량으로 미국 사회에 들어오게 된 이주민 학자들은 미국의 대학에 자리 잡으면서 국제정치 이론의 토대가 될 수 있는 학문적 영감을 제공했고, 미국이 지닌 막강한 군사적·경제적 역량은 전쟁을 방지하고 갈등을 중재할 수 있는 정확하고 확실한 '과학적 방법'을 강구하도록 재촉했다. 따라서 국제정치 이론의 성립과 발전은 20세기 중반의 세계정세와 미국이 가진 특수한 환경적 요소들이 결합됨으로써 가능했다고 할 수 있다. 이는 국제정치 이론의 내적 진화 과정 역시 국제정세의 변화, 미국 내의 정치적·지적 풍토를 반영한다고 주장함으로써 외생적 요인을 강조하는 설명이다.

외생적 요인을 강조하는 이러한 설명은 스미스(S. Smith)에 의해 좀 더 분명해진다. 스미스는 사회과학으로서의 국제관계학이 실제 세계에서의 사건들에 대한 반응을 통해 진화했으며, 제2차 세계대전 이후의 미국은 현실주의가 발전할 수 있는 좋은 정치적 조건을 제공했다고 주장한다(Smith, 1989: 192~194). 이 정치적 조건은 냉전의 한가운데에서 초강대국이 된 미국의 이익을 반영하는 외교정책을 마련해야 함을 의미하는 것이었다. 현실주의는 이러한 정치적 조건 속에서 국제정치 이론의 주류를 형성했고, 현실과의 긴밀한 상호연관성을 유지해 나갈 수 있었다.

이처럼 국제정치 이론의 내재적 발전 과정을 외생적 요인과 결합하여 설명할 경우 왜 20세기 중반의 미국에서 국제정치학이 하나의 학문으로 자리 잡기 시작했는지, 그리고 현실주의가 어떻게 국제정치학의 중심이론이 될 수 있는지를 이해할 수 있게 된다. 그러나 이러한 설명에서도 여전히 설명되지 않고 있는 영역이 존재한다. 이는 외생적 요인들과 이론의 내적 진화, 혹은 발전의 과정 사이에 어떤 연결고리가 있을 수 있는지에 대한 설명과 관련된다. 학문 영역을 둘러싼 외적인 조건들의 변화가 학문 연구자들에게 직접적으로 작용할 수도 있지만, 대부분의 경우 직접적인 영향보다는 간접적이고 매개적인 방식으로 영향력을 행사한다. 예컨대 냉전의 성립과 초강대국으로서 미국의 지위는 국제정치를 연구 대상으로 삼는 연구자들에게 다양한 반응을 불러일으킬 수 있으며, 이것이 곧바로 국제정치학이 분과학문으로서의 영역을 구축할 수 있는 공통의 토대를 제공하는 것은 아니다. 게다가 지금은 현실주의의 고전들이라고 통칭되지만, 1930년대부터 1950년대까지의 현실주의 저작들이 지닌 학문적 이질성까지 고려하면 이들이 하나의 분과학문 속에서 하나의 이론적 전통을 구성할 수 있었다는 것은 전혀 자연스러운 과정이라고 할 수 없다.

국제정치 이론의 성립과 발전 과정을 외생적 요인들을 통해 보다 설득력 있게 설명하기 위해서는 외생적 요인과 이론의 내적 발전 사이에 있는 연결고리에 대한 설명이 필요하다. 즉, 학문 외적 조건이 학문의 발전에 영향을 미치게 되는 매개를 설명하는 것이 필요한 것이다. 이러한 연결고리에 대한 설명의 단초를 제공할 수 있는 것이 미국의 기업, 그중에서도 록펠러(J. D. Rockefeller)가 설립한 재단이다. 록펠러 재단은 1950년대 미국의 국제관계 이론 발전에서 매우 독특한 계기를 제공하는데, 이는 불의 국제정치 이론 발전에 대한 회고에서도 드러난다. 불은 1950년대에 이루어진 국제정치 이론의 세 번째 혁신을 설명하면서 1954년에 있었던 록펠러 재단 후원의 국제정치 이론 컨퍼런스가 했던 기여를 언급한다(Bull, 1995: 193). 불은 이 컨퍼런스를 통해 모겐소(H. J. Morgenthau), 니부어(R. Niebuhr)와 같은 전통주의자(traditionalist), 킨들버거(C. Kindleberger), 왈츠(K. Waltz)와 같은 과학주의적 접근법의 주장자들 사이에 방법론적 문제가 여전히 해결되지 않았음에도 불구하고 이들이 국제정치학의 성장을 보여주는 한 권의 책[4]에 함께 포함될 수 있었다는 점에 주목한다. 출판물의 편집을 담당했던 폭스(W. T. R. Fox)는 국제정치 이론이 학문적 전문성을 인정받기 위해서, 혹은 정부와 오피니언 리더들이 국제정치의 영역에서 채택해야 하는 적실성 있는 선택지들을 내놓을 수 있는 학문이 되기 위해서 국제정치학 이론의 발전이 필요하다는 견해를 가지고 있었다(Bull, 1995: 193). 그리고 이를 위해서는 전통주의적인 접근보다는 보다 자연과학에 가까운 과학적 접근이 필요하다는 견해를 덧붙였다. 따라서 여전히 하나의 학문체계 속에 분류되기 어려웠던 다양한 학자들을 분과학문 속에 위치시키고, 이들이 정부에 정책적 대안을 마련할 수 있도록 방법론적 토대를 제공했던 것은 국제정치 이론 내부의 논쟁과 토론의 과정이라기보다는 컨퍼런스를 통해 학문을 사회적 · 정치적 필요와 접합시키려고 했던 록펠러 재단의 노력이었다고 할 수 있다. 이어지는 다음 절들에서는 록펠러 재단의 1954년 컨퍼런스를 구체적으로 살펴봄으로써 재단과 국제정치학의 성립 사이에 어떤 관련성이 존재할 수 있는지, 그리고 이를 통해 기업-이론-현상 사이에 어떤 상관관계가 존재할 수 있는지를 검토하도록 한다.

3. 록펠러 컨퍼런스와 국제정치학의 발전

국제정치학에서 일반적으로 첫 번째 '대논쟁'의 시기로 불리는 제1차 세계대전 이후부터 제2차 세계대전까지의 기간은 이상주의가 지배하던 국제관계 연구 분야에 현실주의가 새롭게 도전장을 내민 시기로 간주된다. 그러나 이러한 설명은 앞서 살펴본 것처럼 이상주의와 현실주의가 실제로 논쟁을 주고받은 적도 없거니와, 이상주의라는 개념 자체를 현실주의자들이 회고적으로

---

4 William T. R. Fox(ed.). *Theoretical Aspects of International Relations*(University of Notre Dame Press, 1959)를 가리킨다. 이 책은 1954년 컨퍼런스에서 발표된 학자들의 논문과 후속으로 열린 1957년 컬럼비아 컨퍼런스의 참가자 왈츠, 킨들버거의 논의를 추가하여 한 권으로 엮은 책으로 록펠러 재단이 출판에 적극적인 도움을 주었다.

재구성했을 것이라는 주장에 의해 설득력이 상당 부분 훼손된다. 게다가 '대논쟁'의 의미를 주장하기 위해서는 그 당시 이미 국제정치 연구가 하나의 분과학문 체계로 자리 잡고 있었다는 것을 전제로 해야 한다는 점에서 이러한 주장은 또 다른 의구심을 불러일으킨다. 사후적으로 재구성된 이상주의와 현실주의의 논쟁은 연구 대상과 현실을 인식하는 방법, 그리고 연구가 추구하는 목적을 두고 벌인 논쟁으로 이해되었고, 이러한 논쟁을 위해서는 학문 분야 자체의 의미, 그리고 연구 대상의 고유한 성격에 대한 포괄적인 합의와 공통 인식이 존재해야 할 것이기 때문이다. 그러나 양차 대전 기간에 이루어졌던 국제관계에 대한 연구들은 학문으로서의 국제정치 이론을 정식화하려는 자기-의식적이고 명확한 시도가 부재했다는 것을 보여준다(Schmidt, 2011: 80).[5] 이러한 체계화되지 못한 학문의 상태에서 벗어나고자 했던 연구자들에게는 자신들의 학문 분야가 지닌 고유한 성격과 명확하게 정의된 연구 대상, 그리고 방법론을 정립하는 것이 중요한 과제로 인식되기 시작했다.[6] 즉, 제2차 세계대전이 끝나고 냉전이 성립될 무렵에서야 비로소 국제정치 분야를 하나의 학문체계로 구축하려는 움직임이 나타나기 시작했던 것이다.

다른 한편으로 이 시기 연구자들은 제2차 세계대전의 경험이 여전히 생생한 가운데 냉전이 새로운 세계 전쟁으로 이어질 것이라는 우려를 하고 있었고, 따라서 전쟁을 방지하기 위해 미국의 외교정책 수립에 많은 관심을 기울이기 시작했다. 이로 인해 이론과 정책결정 사이의 간극은 좁아졌고, 이론가

5 국제정치학이 국제적 문제를 주제로 한다는 것 말고는 학문 분야로서 정립될 만한 명확한 방법론과 접근법을 갖지 못했다는 점 때문에 라이트(Q. Wright)는 "8개의 학문 분야 위에 기초하는 IR"라고 표현했으며, 호프만은 이 시기의 국제정치학을 벼룩시장(flea market)에 비유했다(Wright, 1955: 33; Stanley Hoffmann, 1959: 348).

6 한편, 이러한 인식은 단순히 국제정치학뿐 아니라 정치학 전반에서도 시작되었는데, 이는 주로 경제학의 급격한 지위 상승과 관련한 학문 내부의 반성에서 비롯되었다. 따라서 국제정치학을 학문으로 정립하려는 시도 속에서 벌어진 논쟁은 정치학에 과학적 방법론을 도입하려는 시도들에서 벌어진 논쟁들과 무관하지 않다. 이 둘 사이의 연관성에 대해서는 Guilhort(2011: 133~134) 참조.

들은 정책에 부합하는 이론을 만드는 것을 자신의 임무로 간주했으며, 외교정책 결정자들 역시 이론가들로부터 조언을 구하고자 했다(Jervis, 2011: 38). 그러나 이론과 현실 사이의 간극이 자연스럽게 사라지고, 이론가들의 조언이 곧바로 실제 외교정책으로 이어지기 위해서는 국제관계에 대한 일반적인 '이론'이 필요했다. 국제정세에 대한 객관적이고 과학적인 분석이 없는 평화에 대한 희망이 얼마나 현실성이 없는지는 두 차례의 세계 전쟁 경험으로 이미 입증되었기 때문이다.

따라서 제2차 세계대전 이후의 상황은 한편으로 국제정치 분야 내에서의 학문적 필요성과 다른 한편으로 역사적 경험이 요구하는 현실적 필요성으로부터 체계적 이론을 지닌 학문으로서의 국제정치학이 성립될 수 있는 조건이 마련되었다고 할 수 있다. 그러나 이러한 필요성들만으로는 두 가지 필요를 충족시킬 수 있는 이론체계가 만들어질 수 없었다. 여기에는 두 가지 필요성이 결합할 수 있는 계기가 필요했고, 이 계기는 특이하게도 기업, 그중에서도 록펠러 재단의 후원으로 마련될 수 있었다.

록펠러 재단은 제1차 세계대전 이후부터 국제정치 분야의 연구를 발전시키기 위해 많은 지원을 하고 있었다.[7] 그러나 1954년에 록펠러 재단이 주최한 컨퍼런스는 국제정치학 이론의 성립에 결정적인 계기를 제공한 것으로 평가받는다. 이 컨퍼런스의 공식 목적은 국제정치에 대한 이론적 접근에 연관된 근본적인 문제들을 논의하는 것이었다(Schmidt, 2011: 79~80). 1954년 5월 7일부터 8일 사이에 워싱턴 D.C.에서 개최된 이 컨퍼런스에는 재단 이사장이었던 러스크(D. Rusk)와 사회과학국 자문위원이었던 톰슨(K. Thompson)을 비롯해 보위(R. Bowie), 포스딕(D. Fosdick), 폭스, 케넌(G. Kennan), 리프만

7 록펠러 재단이 1926년부터 1945년까지 국제정치 분야에 투자한 금액은 1천만 달러에 이른다. 이에 대해서는 Guilhort(2011: 143) 참조. 록펠러 재단은 국제정치 분야뿐 아니라 미국의 사회과학 전반에 많은 후원을 하고 있었으며, 특히 사회과학협의회(SSRC)가 설립될 때부터 지속적인 후원자 역할을 해왔다.

(W. Lippmann), 모겐소, 니부어, 니츠(P. H. Nitze), 프라이스(D. K. Price), 레스턴(J. B. Reston), 울퍼스(A. Wolfers) 등 다양한 부류의 학자들과 정책결정자들, 그리고 저널리스트들이 초대되었다.[8] 이들 대부분은 국무성과 국방부, 그리고 CIA에 이르기까지 미국 정부기관과 연관성을 지닌 이들이었다(Parmar, 2011: 196).[9] 특히 이들 중 니츠는 국무성의 요직을 두루 거친 공직자였고, 레스턴과 리프만과 같은 저널리스트들도 양차 대전 동안 정부의 공식 기구들에서 근무한 적이 있는 이들이었다. 여기에 록펠러 재단의 이사장이었던 러스크는 국무성 출신의 관료였고, 이후 다시 국무성으로 돌아가 장관을 지낸 인물이었다. 컨퍼런스 주최를 담당했던 재단 사회과학국(Division of Social Sciences)의 톰슨은 국제관계를 연구하던 학자 출신으로 다양한 학문적 네트워크를 통해 여러 분야의 인사들을 초대하는 데 주도적인 역할을 했다.

재단 이사장이었던 러스크는 컨퍼런스를 시작하면서 자신들은 컨퍼런스의 주된 참가자가 아니며, 컨퍼런스를 통해 단지 "국제정치 분야가 지적으로 어떤 상태인지, 우리가 국제정치 분야를 위해 무엇을 할 수 있는지"를 알고 싶다고 발언한다.[10] 컨퍼런스 참가자들의 권위와 자율성을 존중하는 듯한 이러한 발언은 두 가지 점에서 흥미롭다. 첫째, 어떤 외교정책적 대안이나 국제정세에 대한 이해, 분석이 아니라 아직 체계화되지 않은 학문 분야의 체계화를 돕겠다는 것은 일반적인 자선(후원) 재단의 목표와 거리가 있어 보인다. 이는 체계적 이론이 없는 가운데, 다양한 분야에서 국제정치라는 현상을 연구하는 다양한 부류의 학자들을 초청해서 하나의 이론적 체계, 혹은 일반이론을 만들고자 한 시도라는 점에서 기업의 후원 재단 활동에 대한 일반적 통념을 넘

---

8 "Conference On International Politics," transcript in Nicolas Guilhort(ed.), *The Invention of International Relations Theory*(Columbia University Press, 2011), p.239.

9 특히 주요 학자들은 미국 정부기관들에 자문위원이나 고문으로 오랫동안 참여해 왔으며, 정부 정책과 밀접하게 연관되어 있었다.

10 "Conference On International Politics," p.240.

어서는 것으로 보인다. 둘째, 당시 자선재단들이 일반적으로 국제 중재 재판, 군비 축소, 평화회의 개최 등과 관련하여 많은 관심을 가지고 있었던 것을 고려하면, 국제관계에 대한 국제법적 접근을 비판하고 현실주의적 접근을 이론의 핵심으로 삼으려는 이들을 초청하여 컨퍼런스를 개최하는 것은 재단의 고유한 활동과도 부합하지 않는 것으로 보인다(Guilhort, 2011: 141). 자유무역과 자본주의적 세계질서를 구축함으로써 경제적 이득을 확대할 수 있을 것이라는 19세기 자유주의의 전망을 공유하는 기업들에게, 국제법과 국제기구에 대한 비판을 통해 국제사회의 무정부적 성격을 상정하면서 권력과 정치를 중심으로 국제정치 영역을 분석하려는 현실주의자들이 매력적이었을 것이라고 상상하기는 쉽지 않다. 기업들에게는, 수직적으로 통합된 미국 자본주의가 무자비한 경쟁을 종식시켰듯이, 국제기구와 국제법 역시 갈등과 비합리적 행위를 제거하고 공통의 법문화를 생성할 것이라고 기대되었기 때문이다(Guilhort, 2011: 141).[11] 쉽게 이해되지 않는 록펠러 재단의 의도에 대해서는 제4절에서 다시 검토하도록 하고, 이 절에서는 컨퍼런스의 과정과 결과에 집중하도록 한다.

이틀간 열린 컨퍼런스에서는 각자가 작성한 논문을 기반으로 이론과 실천의 관계에 대한 일반적 문제부터 시작해서 규범이론, 일반이론, 행위의 기반을 제공하는 이론 등 여러 형태의 이론들이 지닌 의미와 가능성이 검토되었다. 각자가 선호하고 강조하는 이론의 형태들이 공통의 방법론적 토대나 접근법으로 수렴되지는 못했지만, 참가자들은 국제정치 분야에 실천적인 도움을 주기 위해서는 체계적인 이론이 필요하다는 점, 그리고 국제정치에 대한 이전의 접근들은 체계적인 이론의 형성에 적합하지 않다는 점에는 동의하고 있었다.[12]

---

11 미국에서 일어난 자본주의의 수직적 통합 과정이 지니는 역사적 의미에 대해서는 Arrighi(2009) 참조.

12 "Conference On International Politics," pp.240~242.

체계화된 이론의 필요성에 대한 논의를 시작한 것은 한스 요아힘 모겐소(Hans Joachim Morgenthau)였다. 모겐소는 국제정치에 대한 일반이론의 필요성과 가능성을 제안했고, 여기에 대해 니츠와 같은 관료들은 구체적인 세계정세 속에서 미국이 취해야 하는 외교정책에 곧바로 적용하기 위해 체계적 이론이 요구된다면서 이 제안을 뒷받침했다. 니츠는 여기서 더 나아가 이론을 현실에 적용하는 것이 지니는 어려움들에도 불구하고 현실주의적 접근이 이러한 요구에 부합할 수 있다는 점을 인정했다.[13] 각각 상이한 입장과 관점을 가진 학자들 역시 이론의 목적과 기능, 이론의 성격과 내용, 그리고 이론의 한계와 형태(유형)에 대해서는 상당한 의견의 불일치를 보이고 있었지만, 체계적 국제정치 이론화의 필요성과 더불어 이전까지의 국제정치 접근방식이 지닌 이론으로서의 부적합성에 대한 논의에서는 의견의 수렴이 이루어졌다. 즉, 이들의 논의에서 이론화에 대한 관점이나 입장의 차이가 드러나고 있었지만, 국제정치 분야에 일반이론이 필요하다는 점, 그리고 일반이론은 기존의 국제정치 분야에 대한 접근방식과는 다른 접근방식이어야 한다는 점에 대한 동의는 모아지고 있었던 것이다.[14]

컨퍼런스는 국제정치 이론에 대한 분명한 합의에 이르지 못한 채 막을 내렸다. 그러나 체계화된 이론의 필요성에 대한 합의는 이후의 후속 작업이 가능하도록 했다. 1957년부터 컬럼비아 대학교에서는 국제정치 이론을 발전시키기 위한 대학 간 정기 세미나가 시작되었는데, 이는 1954년 컨퍼런스가 형성했던 학문적 네트워크에 안정된 형태를 만들고, 체계화된 이론을 성립해야 한

13 "Conference On International Politics," p.252.

14 한편, 논의 과정에서 가장 이질적인 주장을 제기한 것은 울퍼스였다. 그는 현실주의적 가정에 동의하면서도, 당시 사회과학의 주류적 방법론으로 등장하고 있던 행태주의를 수용해야 한다는 입장을 지니고 있었다. 이 때문에 이 컨퍼런스가 행태주의적 사회과학과 정치학에 대한 국제정치학의 반감과 대안적 연구방법의 모색이라는 관점에서 이해될 수 있다는 해석이 제기되기도 한다. 이에 대해서는 Guilhort(2011: 131), 울퍼스의 주장에 대해서는 "Conference On International Politics," p.252 참조.

다는 의제에 정당성을 부여하는 작업이었다(Guilhort, 2011: 153). 또한 1959년에는 역시 록펠러 재단의 재정적 지원으로 케임브리지 대학교에 영국 국제정치 이론위원회(British Committee on the Theory of International Politics)가 설립되었고, 유럽의 주요 이론가들이었던 버터필드(H. Butterfield), 불, 와이트(M. Wight) 등이 참여함으로써 본격적으로 국제정치 이론의 발전이 모색되기 시작했다(Schmidt, 2011: 87). 결국 초기 국제정치 이론이 발전하는 일련의 과정들은 1954년 록펠러 컨퍼런스에서 시작되었으며, 이 과정에서 록펠러 재단의 지속적인 후원은 학문 영역과 이론의 발전에 중요한 자원과 동기를 제공했다고 할 수 있다.[15]

4. 기업, 이론, 현상의 네트워크

1954년 컨퍼런스가 국제정치 이론의 발전에 대해 지니는 중요성에는 이견이 존재하지 않는다. 그러나 이 컨퍼런스는 학문 분야와 이론의 발전이라는 현상 이면에 중요한 의미를 담고 있다. 이를 살펴보기 위해 록펠러 재단이 이 컨퍼런스를 개최한 이유로 다시 돌아가 보도록 하자.

록펠러 재단이 모겐소를 비롯한 현실주의자들을 중심으로 컨퍼런스를 개최한 것에는 한 가지 의문점이 존재한다. 앞서 지적한 대로, 일반적으로 미국 기업들의 이해관계가 세계시장에서의 경쟁 압력을 완화시킬 수 있도록 하는 국가들 간의 협력, 그리고 이를 위한 국제법, 국제기구의 설립과 관련되어 있

15 록펠러 컨퍼런스의 이러한 역할에 대해 불은, 방법론적 문제에 있어서 많은 것을 이루지는 못했지만 국제정치학이 정당한 학문적 전문성을 가진 분야로 진화하고 정부와 오피니언 리더들이 국제정치에서 채택해야 할 선택지들을 적절하게 제시하기 위해서는 국제정치 이론이 발전해야 한다는 합의를 이끌어 냈다는 점에서 의미가 있으며 이는 자연스럽게 학문의 과학적 발전으로 이어지게 되었다고 주장한 바 있다(Bull, 1995: 193).

었음에도 불구하고, 록펠러 재단이 국제기구와 국제법을 통해 국제정치 영역에 접근하는 것에 비판의 날을 세우고 있었던 현실주의자들을 국제정치 이론 정립의 적임자로 선정한 것에는 추가적인 설명이 필요하다. 더욱이 컨퍼런스의 중심적 인물이었던 모겐소가 1950년까지 록펠러 재단의 주목을 별달리 받지 못했거니와 재정적 지원의 요청을 계속해서 거절당했다는 사실을 고려하면, 1954년의 컨퍼런스를 자연스러운 전개로 여길 수만은 없게 된다.[16]

록펠러 재단은 이미 1920년대부터 국제사회에 대한 다양한 연구를 지원해 왔다. 재단은 19세기 자유주의와 자유무역에 대한 신념으로부터 영감을 얻어 합리적 세계질서의 토대를 경제적 발전이 강제한다고 생각했고, 이로부터 국제관계 영역에서 국가들의 차이와 불화를 우호적으로 조정하고 국가들 간의 지속적인 협의체를 장려하는 것을 자신들의 임무로 여겼다(Guilhort, 2011: 141). 세계질서에 대한 이러한 관점과 태도는 1946년 유엔 설립을 준비 중이던 국제연맹(LN)에 재정적인 지원을 함으로써 절정을 맞이하게 된다.

이상주의적 관점이라고 여겨질 수 있는 록펠러 재단의 후원방식이 결정적인 전환을 맞이한 것은 이미 1947년부터 진행된 국제연구 지원사업에 대한 재단 내부의 재평가 때문이라고 할 수 있다. 미국외교협회(Council on Foreign Relations)가 조직한 지역 컨퍼런스들을 후원하면서 재단은 새로운 전후 상황에서 국제관계의 전략적 중요성을 재평가하게 된다. 변화된 세계정세에 대응할 수 있는 재단의 활동 방향을 설정하기 위한 내부 보고서는 국제법 전문가와 국제기구에 대한 연구 — 보고서에서 비정치적인 국제활동이라고 정의된 — 를 계속해서 지원할 것인지, 아니면 미국 외교정책을 결정하는 역량을 강화할 것인지를 재단이 결정해야 한다고 제안하고 있다(Guilhort, 2011: 143).[17] 보고

16 모겐소는 1950년 록펠러 재단에 시카고 대학교 미국외교정책연구소에 대한 지원을 요청했으나 거절당했다. 당시 지원 심사에 참여했던 사회과학연구소(SSRC) 소장 헤링(P. Herring)은 모겐소의 작업이 "매우 사적이고 교조적"이라고 생각하는 인물이었으며, 따라서 모겐소의 요청을 거절했다. 이에 대해서는 Guilhort(2011: 145) 참조.

서에서 제기된 핵심적인 문제는 국제적 상황이 점차 양극화되고 있는 상황에서 제2차 세계대전 이전에 정치의 영역 밖에 서서 국제주의적 관점을 유지하는 것이 가능한지에 대한 의문이었다. 보고서는 평화유지 노력을 지원하는 것이 가치 있는 일이지만, 국제적(international) 수준에서 국내적(national) 수준으로 록펠러 재단의 프로그램을 갱신하는 것이 바람직하다고 제안한다. 여기에는 냉전이 국제관계의 정치화(politicization)를 강제하고 있으며, 록펠러 재단의 국제법 지원이 이러한 정치화를 막을 수 없을 것이라는 현실적 인식이 전제되어 있었다(Guilhort, 2011: 143). 이 보고서는 현실주의자들과 록펠러 재단 사이의 동맹을 준비하는 중요한 정책 문건으로, 1950년대 초까지 전통적인 이상주의에 대한 재단의 지원이 상당한 정도로 감소한 이유를 설명해준다.

이러한 방향 전환은 재단과 모겐소와의 관계가 반전되는 이유를 설명해 주기도 하는데, 여기에서 재단 사회과학국 자문위원이었던 케네스 톰슨(Kenneth Thompson)의 역할을 언급할 필요가 있다. 톰슨은 1950년에 시카고 대학교에서 정치철학으로 박사학위를 받은 젊은 정치학자로서 모겐소의 제자이자, 모겐소와 함께 『국제정치학의 원리와 문제들(Principles and Problems of International Politics)』을 출간한 가까운 동료이기도 했다(Guilhort, 2011: 145). 그는 1953년에 재단의 사회과학국 자문위원을 맡으면서 재단과 모겐소를 연결하는 중요한 매개 역할을 하게 된다. 그리고 1953년 말에는 재단의 "국제연구 프로그램(Program for International Studies)"을 만들면서 "방향성을 상실한 인도주의"가 아닌 권력 정치에 대한 객관적 연구를 통해 국제정치 이론을 자율적 학문 분야로 발전시켜야 한다는 전망을 내놓는다(Guilhort, 2011: 144).

---

17 이 보고서는 미국외교협회의 컨퍼런스 내용을 정리 요약한 커크(G. Kirk)의 보고서를 바탕으로 작성되었다. 이 보고서는 윌슨주의에 대한 비판으로 국제법과 국제기구가 아닌 국제정치(international politics)가 국제관계 분야의 핵심이 되어야 한다고 주장하고 있다. 이에 대해서는 Guilhort(2011: 139~140) 참조.

결국 록펠러 재단이 현실주의를 중심으로 국제정치 이론을 정립하고자 했던 것은 오랫동안 가져왔던 국제연구에 대한 관심이 냉전이라는 변화된 세계 정세를 반영하여 방향을 재설정해야 했기 때문이며, 이 과정에서 현실주의적 접근방법을 지니고 있었던 학자들이 작성한 학문 지형에 대한 보고서가 활용되었기 때문이라고 할 수 있다. 그러나 여기에서 한 가지 근본적 질문이 더 제기될 수 있다. 즉, 록펠러 재단은 왜 오랫동안 국제연구에 관심을 가져왔으며 왜 새로운 학문 분야를 정립하고자 했는가에 대한 질문이 제기될 수 있는 것이다.

사실 록펠러 재단은 카네기 재단(Carnegie Endowment for International Peace)과 더불어 미국 외교정책과 관련하여 오랫동안 관심과 이익을 공유해 왔다. 재단의 가장 주요한 관심사는 세계 속에서 미국의 권력을 강화하는 것이었다(Parmar, 2011: 185). 그들이 이러한 관심을 가지게 된 것은 20세기 초의 이른바 혁신주의 시대(Progressive-era)로 거슬러 올라간다. 혁신주의 시대에 제기되었던 자본주의적 불평등과 정치적 부패의 문제에 대해 미국의 엘리트들은 국내적으로는 미국 내의 대규모 사회적 · 경제적 · 문화적 변화들을 이해하고 관리하며, 국제적으로는 유럽에서의 군사적 · 제국주의적 경쟁과 민족주의 · 반식민주의 운동, 그리고 사회주의가 등장하고 있던 글로벌 환경에서 미국의 권력을 증대시키려는 시도로 대응했다(Parmar, 2011: 185). 미국 내의 개혁을 통한 질서 재구축, 해외에서의 영향력 확대라는 엘리트들의 기획은 혁신주의 시기 재단들의 활동과 정신 속에서도 긴밀하게 연결되어 있었다.

록펠러 재단은 이미 20세기 초기부터 국가지향적(state-oriented) 기관이었다(Parmar, 2011: 185). 재단은 연방정부의 집행력, 특히 외교 부문에서의 전략을 지지하는 시민사회를 건설하고, 세계적 리더십을 가진 국가를 건설하는 데 헌신하고 있었다. 재단 엘리트들은 미국이 세계의 정치적 · 도덕적 지도자가 되기를 기대했으며, 국가 형성과 국내의 사회적 개혁에 진지한 관심을 가지고 있었다. 이들이 이러한 관심을 가지게 된 것은 자신들 스스로를 국가로 간주하고, 자신들이 국가의 이익과 가치를 구현하고 국가의 문제를 해결할

의무를 가진 존재라고 생각했기 때문이었다. 이른바 "국가적 정신이 충만한(state-spirited)" 엘리트들은 재단들의 사적 · 자발적 성격에도 불구하고 국가이익에 의해 핵심적 활동이 이루어지는 '준국가(parastate)' 기구로 간주될 수 있을 정도였다(Parmar, 2011: 186).

20세기가 진행되면서, 외교정책 결정자들과 후원자들의 지적 네트워크 사이의 관계는 심화 · 확장되었고, 국가와 사회, 공공정책과 사적 행위자 사이의 구분은 점차 희미해져 가게 된다. 1945년 말이 되자 후원 재단들은 외교정책의 수립에 깊숙이 관여하게 되었다. 이들은 대학 기반의 외교 문제 연구소 설립, 핵심 외교정책 이론가 집단에 대한 재정적 후원, 다양한 국제관계와 지역연구 프로그램 지원, 외교직 공무원을 위한 대학 교육과정 개설, 국무성의 연구, 분석 능력 발전에 대한 개입 등을 통해 미국이 글로벌 헤게모니(global hegemony) 국가로 부상할 수 있는 기반을 마련했다(Parmar, 2011: 186).

이러한 노력들은 전후 미국의 팽창주의적 목표와 일치했으며, 재단 네트워크들은 이러한 목표에 이데올로기적으로, 그리고 개인적으로 긴밀하게 연결되어 있었다. 록펠러 재단의 '공공선을 위한 사적 행위'의 원칙은 국가권력과 제도적 능력의 확대로 이어졌다. 재단은 미국 외교정책 영역에서 분석과 행위의 통합성을 추구하면서 더 나은 실증적 지식, 개념적 이해, 실천적 결정을 만들어 낼 수 있는 지적 네트워크를 강화하고, 방대하게 수집된 국제적 사실들을 통해 위협과 기회를 평가할 수 있는 국무성의 능력을 발전시키는 데 많은 노력을 할애했다(Parmar, 2011: 185). 이러한 과정에서 재단은 미국의 국익을 결정하는 것, 그리고 그 안에서 핵심적인 역할을 하는 가치들의 결정에 개입하고자 했다.

1954년 록펠러 컨퍼런스는 재단의 이러한 장기적인 관심과 전망 속에서 이해될 수 있다. 국제법과 국제기구 연구에 대한 투자가 이루어지는 과정에서도 록펠러 재단은 1935년에 국제문제에 대해 '현실주의적' 관점을 취하고 있던 예일국제학연구소(이하 YIIS)에 5년간 10만 달러를 지원했다(Parmar, 2011: 190). 국제관계에서 권력 문제에 초점을 맞춘 미국 외교정책을 명시적으로 추구했던 YIIS는 미국의 실제 외교전략과 같은 구체적인 문제들을 다룬 보고서를 작성함으로써 재단이 원하는 바를 충족시켜 주고 있었다. 동시에 YIIS는 전쟁 기간 전쟁 전략의 수립, 국무성 인력 충원 등을 통해 학계 바깥으로 많은 영향력을 행사하게 되었고, 이는 정책결정자들이 록펠러 재단의 역할을 인정하는 계기가 된다. 재단과 YIIS가 개최하는 행사에 유명 인사들 대부분이 참석하였으며, YIIS는 재단과 국가의 지속적인 연계 속에서 1944년까지 총 27만 달러에 이르는 후원을 받게 된다.[18] 이러한 지원 속에서 수백 명의 학부 · 대학원생들이 정부와 학계에 진출했고, 이를 통해 형성된 학문-관료적 네트워크는 현실주의적 접근의 영향력이 확산되는 데 중요한 기여를 한다. YIIS의 경험은 기술로서의 지식 생산이 록펠러 재단의 제도적 · 재정적 지원에서 얼마나 중요한 자리를 차지하고 있는지를 보여주는 사례라고 할 수 있다.

따라서 1954년 록펠러 컨퍼런스는 재단의 정책 방향이 갑작스럽게 변화된 것이 아니라 장기간에 걸친 재단의 관심과 정책 목표를 세계 전쟁과 냉전이라는 세계정세 속에서 실천적으로 조직하는 과정으로 이해해야 한다. 1954년 컨퍼런스에 초대된 인사들 대부분이 재단이 선별한 학계, 정부, 언론계의 인사들이었으며, 이들이 컨퍼런스 이후에도 지속적으로 네트워크를 형성하면서 현실주의 이론의 정립에 기여했다는 사실은 재단의 의도가 어느 정도 성공했다는 것을 의미한다.

이렇게 볼 때, 1954년 컨퍼런스는 국제정치 이론이 체계적 학문 분야로 발전할 수 있는 계기를 마련했다는 것 외에도 몇 가지 중요한 함의를 가진다.

---

18 예일연구소에 대한 지원이 종료되고, 재단의 학술지원 프로그램이 전면적으로 재평가된 것은 예일의 연구자들이 대거 프린스턴 대학교로 옮겨간 것과도 일정 정도 관련이 있다. 이들은 프린스턴의 행태주의 그룹과 연결되면서, 양적 방법론과 합리적 선택 이론을 적극적으로 수용한다. 전략적 외교정책 수립에 관심이 있었던 록펠러 재단이 이러한 행태주의적 국제정치 이론에 일정 정도 반감을 가지고 있었다는 것은 흥미로운 지점이다. 이에 대해서는 Guilhort(2011: 146) 참조.

첫째, 현대 학문 분과의 확립, 체계적 이론의 수립에 기업의 재정적 · 제도적 지원이 많은 영향을 미칠 수 있다는 것을 보여준다. 학문체계와 이론이 단순히 학문 내의 독자적인 논쟁 과정 속에서 성립되는 것이 아니라 특정한 관심과 관점을 가진 기업의 영향력을 통해 제도화될 수 있다는 것은 학문의 자율성이 더 이상 존재하지 않는다는 것을 의미하기도 한다. 록펠러 재단의 주요한 역할은 단순히 체계적 이론과 학문 분야의 성립을 지원하는 데 있는 것이 아니라, 궁극적으로는 미국의 헤게모니를 추구하면서 실증 연구, 이론, 방법론에서 매우 협소한 지적 스펙트럼의 발전을 강화하는 데 있었다. 컨퍼런스에서도 확인되듯이 재단과 관료들이 학자들에게 요구한 것은 현실에 적용 가능한 실용주의적 이론이었다. 이는 이론과 실천 사이의 연관성을 강조하는 것으로 이해할 수도 있지만, 동시에 현실의 정치적 목적 달성에 도움이 되는 학문만이 가치 있는 것으로 인정된다는 것을 의미하며, 학문의 정립과 발전 과정에서 학계 자체의 역량보다 기업의 후원이 주도적인 역할을 하고 있음을 확인시켜 주는 것이었다.

둘째, 1954년 컨퍼런스는 미국 외교정책의 수립에 학계와 정부 관료, 언론인 사이의 폐쇄적 네트워크가 지니는 중요성을 보여준다. 미국 외교정책은 서로를 잘 알고, 말하지 않아도 알 수 있는 가정들을 공유하며, 정치적 형식이나 헌정적 형식 밖에서 권력을 행사해서 자신들이 원치 않는 일은 중단시키고, 믿을 만하다고 생각하는 인물들만 등용하는 일군의 집단들로 이루어진다는 호지슨(G. Hodgson)의 지적(Hodgson, 1973: 4~5)은 록펠러 재단의 컨퍼런스 조직화 방식과도 관련된다. 재단은 자신들이 선호하는 관점에 따라 특정한 지식인 집단을 선택하여 컨퍼런스에 초청했으며, 이들을 학문과 이론의 목표를 제시할 수 있는 관료와 저널리스트들과 연계시킴으로써 미국 외교정책에 영향력을 행사하고자 했다. 이는 미국 외교정책이 대중의 여론이나 민주적 정치과정이 아니라 행정부와 소수 엘리트 집단들의 논의를 통해 결정된다는 점을 보여준다.

셋째, 기업이 후원하고 정부 관료와 저널리스트들이 연계된 현실주의 국제정치 이론의 확립은 냉전이라는 현상에 보다 다각도로 접근해야 하는 이유를 제공한다. 미국 외교정책을 수립하는 과정에서 보여졌던 지식인, 관료들의 대중 여론에 대한 강조는 특정한 이론이 학문적 영역을 벗어나 이데올로기적 측면에서 '현실'을 구성할 수 있다는 것을 의미한다. 일례로 록펠러 컨퍼런스에 참가했던 니츠는 미국의 안보정책을 변화시키는 데 있어서 여론을 동원하는 것이 근본적으로 중요하다는 사실을 인식하고 있던 인물이었다. 그는 미국의 대규모 재군비를 요청하는 국무성의 NSC 68차 보고서에서 "현실주의 프로그램의 성공 여부는 정부, 미국 시민들이 냉전이 자유세계의 생존을 위협하는 실제 전쟁이라는 것을 인식하는 데 달려 있고, 따라서 의회 리더들이 미국의 외교정책을 비당파적인 입법적 지원의 대상으로 만들어 주어야 하며, 대중에게 현재 국제적 상황의 현실과 함의를 완전히 설명해 주어야 한다"라고 제안했다(Parmar, 2011: 182). 이는 외교정책을 결정하는 것은 소수의 엘리트들이지만 이를 성공적으로 추진하기 위해서는 대중들의 지지 여론을 형성하는 것이 중요하다는 인식이다. 이러한 인식은 현실주의가 강조하는 국제관계의 '정치적' 성격이 결국 현실에서 작동하는 권력의 문제로 이해되어야 한다는 주장과 관련된다. 즉, 국제사회에서 자국의 권력을 확장하고자 하는 외교정책이 성공하기 위해서는 권력 확장에 필요한 자원을 효과적으로 동원할 수 있어야 하고, 이는 다시 국내에서 대중과 여론의 지지를 통해 정치적인 정당성을 확보하는 작업과 분리할 수 없게 되는 것이다.

이를 위해 필요한 것은, 권력에 대한 미국의 의지가 소련을 비롯한 사회주의 진영의 위협 때문이며 미국의 외교정책, 국가안보정책은 세계를 '공산주의 노예제'로부터 구해줄 수 있을 뿐 아니라 미국의 글로벌 헤게모니를 촉진할 수 있다는 인식의 확산이었다. 즉, 대중들이 인류의 미래가 미국의 안보와 외교정책의 방향에 달려 있다고 인식하도록 하는 것이었다. 이러한 인식의 확산은 사회 내의 이질적 요구와 정치적 활동들을 불가능하게 만들면서, 세계를 '우리'의 자유세계와 '그들'의 공산세계라는 이분법적 구도 속에서 이해하도록 함으로써 '냉전적' 사고방식을 재생산하고 확장시켰다. 결과적으로 기업과 지식 사이의 긴밀한 유착을 통해 정립된 현실주의 국제정치 이론은, 대중의 인식 속에서 현실을 재구성함으로써 20세기를 규정하는 냉전이라는 현상 자체를 확대 재생산하는 지식-기업-현상의 네트워크를 보여주는 사례라고 할 수 있다.

5. 냉전적 경험과 국제정치 이론

국제정치학은 1950년대 이후 급격히 발전해 왔고, 그 흐름은 현실주의의 우위 속에서 이상주의 혹은 자유주의가 보다 발전된 이론의 형태로 간헐적인 도전을 하는 가운데 냉전이 종식되면서부터 민주평화론(Democratic Peace)과 구성주의(constructivism)가 주목을 받는 과정을 거친다. 그러나 현실주의의 주요한 가정과 관점은 국제정치학의 필수적인 요소가 되었으며 국제사회에 대한 대안적 접근법을 모색하는 이들에게 여전히 넘어서야 하는 난제를 제기하고 있다. 이런 의미에서 국제정치학에 대한 록펠러 재단의 후원 프로그램은 결과적으로 성공적이었다고 할 수 있다.

국제정치학이 발전하는 과정에서 학문체계 내의 논쟁과 다양한 지적 노력들이 많은 기여를 한 것은 분명한 사실이다. 그러나 국제정치학은 연구 대상이 지닌 특수성 때문에 세계정세의 변화에 민감하게 반응해야 했다. 국제정치학이 발전하던 시기의 냉전적 국제정세는 현실주의가 이론의 중심에 놓일 수 있는 맥락적 배경을 제공했다고 할 수 있다. 그러나 냉전의 시작과 절정, 그리고 탈냉전이라는 흐름 속에서도 현실주의의 지배적인 이론적 위치는 변화되지 않았다. 이는 현실주의가 지닌 강력한 이론적 설명력과 예측력 때문이라고 할 수도 있지만, 학문 분야를 체계적으로 확립하는 과정에서 현실주의가 담당했던 중요한 역할과 이로 인한 주요 제도적 자원들의 확보 때문이라고도 할 수 있다. 지금까지 살펴봤던 것처럼 현실주의가 이러한 지위와 역할을 담당할 수 있었던 것은 록펠러 재단을 통해 정부 외교정책의 구체적 요구에 부합할 수 있는 기회를 가질 수 있었기 때문이고, 다른 한편으로 재단의 아낌없는 재정적 · 제도적 지원을 통해 학문 분야 내의 핵심적 지위를 확보할 수 있었기 때문이다. 이렇게 볼 때, 국제정치학은 학문의 자율적 발전 경로를 따르기보다 외적 조건, 특히 국제정세와 기업의 재정적 · 제도적 지원 속에서 경로가 설정된 대표적인 현대 분과학문이라고 할 수 있다.

미국의 국익과 헤게모니를 추구하면서 미국의 권력 확대를 외교정책의 핵심으로 삼았던 현실주의는 국제정치학이라는 표준화된 학문체계로서 국제문제를 연구하는 전 세계의 지식인들에게 그 영향력을 확대해 갔다. 이들 지식인들은 각국의 외교정책과 국제 전략에 이론적 원천을 제공함으로써 현실주의적 세계관이 모든 국가정책에 반영될 수 있도록 했다. 각국은 냉엄한 국제사회의 현실 속에서 권력을 극대화하기 위해 적대적인 국가로부터의 위협과 공포를 대중에게 각인시켰고, 냉전은 양 진영의 극단적인 대립이라는 전형적인 외피를 두르게 되었다. 따라서 냉전은 단순히 이데올로기적 · 군사적 대립의 수준에서 존재했던 것이 아니라, 대중의 인식과 경험 속에서 적대와 공포로서 존재했다. 대중의 인식 속에 존재했던 냉전의 현상학은 극단적인 냉전적 대립을 경험했던 지역에서 여전히 적대와 공포, 그리고 이로부터 기인하는 타자에 대한 혐오가 존재하는 하나의 이유를 설명해 준다.

냉전적 경험과 인식이 지식-기업-현상의 네트워크를 통해 확대 재생산된 것이라면, 그것을 벗어나는 것이 생각보다 복잡한 문제라는 것을 알 수 있다. 단순히 인식과 태도의 변화가 아니라 지식-기업-현상의 네트워크를 벗어나기 위한 이론적 시도, 이론을 실천과 연결시킬 수 있는 다양한 실천적 노력, 그리고 이 둘을 위한 재정적 · 제도적 지원이 필요할 것이다. 그렇지 못할 경우, 기존의 네트워크가 구축한 담론과 현상으로부터 벗어나려는 시도는 실패할 가능성이 높을 것이다. 탈냉전의 시대에 여전히 냉전적 대립의 상황을 경험하고 있는 한반도가 타자에 대한 냉전적 인식과 태도를 변화시키는 것이 쉽지 않은 이유도 여기에 있을 것이다.

참고문헌

Arrighi, Giovanni. 2009. *The Long Twentieth Century: Money, Power and the Origins of Our Times*. Updated ed. London: Verso.

Blanton, Shannon L. and Charles W. Kegley. 2016. *World Politics: Trend and Transformation, 2016~2017*. Cengage Learning.

Berman, Edward H. 1983. *The Influence of the Carnegie, Ford, and Rockefeller Foundations on American Foreign Policy: The Ideology of Philanthropy*. New York: SUNY Press.

Bull, Hedley. 1966. "International Theory: The Case for a Classical Approach." *World Politics*, Vol. 18, Issue 3, pp.361~377.

_____. 1995. "The Theory of International Politics, 1919~1969." in James Der Derian(ed.). *International Theory: Critical Investigation*. London: Palgrave Macmillan.

Carr, E. H. 2001. *The Twenty Years' Crisis, 1919~1939: An Introduction to the Study of International Relations*. Houndmills, Basingstoke, Hampshire: Palgrave.

"Conference On International Politics." transcript in Nicolas Guilhort(ed.). *The Invention of International Relations Theory*. New York: Columbia University Press.

Dowie, Mark. 2002. *American foundations: An Investigative History*. MIT Press.

Fox, William T. R.(ed.) 1959. *Theoretical Aspects of International Relations*. Notre Dame: University of Notre Dame Press.

Guilhort, Nicolas. 2011. "The Realist Gambit: Postwar American Political Science and the Birth of IR Theory." in Nicolas Guilhort(ed.). *The Invention of International Relations Theory*. New York: Columbia University Press.

Hodgson, Godfrey. 1973. "The Establishment." *Foreign Policy*, No. 10, pp.3~40.

Hoffmann, Stanley. 1959. "International Relations: The Long Road to Theory." *World Politics*, Vol. 11, Issue 3, pp.346~377.

_____. 1995. "An American Social Science: International Relations." in James Der Derian(ed.). *International Theory: Critical Investigation*. London: Palgrave Macmillan.

Jervis, Robert. 2011. "Morality, Policy, and Theory: Reflections on the 1954 Conference." in Nicolas Guilhort(ed.). *The Invention of International Relations Theory*. New York: Columbia University Press.

Jonas, Gerald. 1989. *The Circuit Riders: Rockefeller Money and the Rise of Modern Science*. New York: W. W. Norton & Company.

Parmar, Inderjeet. 2011. "American Hegemony: The Rockefeller Foundation, and the Rise of Academic International Relations in the United States." in Nicolas Guilhort(ed.). *The Invention of International Relations Theory*. New York: Columbia University Press.

_____. 2012. *Foundations of the American Century: The Ford, Carnegie, and Rockefeller Foundations in the Rise of American Power*. New York: Columbia University Press.

Schmidt, Brian. 1998. *The Political Discourse of Anarchy: A Disciplinary History of International Relations*. New York: SUNY Press.

______. 2011. "The Rockefeller Foundation Conference." in Nicolas Guilhort(ed.). *The Invention of International Relations Theory*. New York: Columbia University Press.

Slaughter, Sheila and Gary Rhoades. 2009. *Academic Capitalism and the New Economy: Markets, State and Higher Education*. Baltimore: Johns Hopkins University Press.

Smith, Steve. 1989. "Paradigm Dominance in International Relations: The Development of International Relations as a Social Science." *Millennium: Journal of International Studies*, Vol. 16, No. 2, pp.3~27.

Thies, Cameron. 2002. "Progress, History and Identity in International Relations Theory: The Case of the Idealist-Realist Debate." *European Journal of International Relations*, Vol. 8, Issue 2, pp.147~185.

Thompson, Kenneth W. 1935. "Toward a Theory of International Politics." *American Political Science Review*, Vol. 49, No. 3, pp.733~746.

Vasquez, John. 1983. *The Power of Power Politics: From Classical Realism to Neotraditionalism*. New York: Cambridge University Press.

Wilson, Peter. 1998. "The Myth of the 'First Great Debate'." *Review of International Studies*, Vol. 24, No. 5, pp.1~15.

Wright, Quincy. 1955. *The Study of International Relations*. New York: Appleton Century Crofts.

5 첸쉐썬의 과학기술론과 사회발전론

채준형

1. 첸쉐썬의 삶과 학문

이 장은 중화인민공화국 로켓공학, 국방과학의 아버지이자 중국 과학계의 원로라고 할 수 있는 첸쉐썬(錢學森, 1911-2009)의 과학과 기술 그리고 그에 바탕을 둔 사회 조직에 대한 인식론적 변화를 추적하는 것을 목적으로 한다. 1911년 중국 최초의 공화국과 함께 태어난 첸은 상하이의 쟈오퉁 대학(交通大學)을 졸업하고 1935년 도미하여 매사추세츠 공과대학(MIT)에서 석사학위를, 캘리포니아 공과대학(California Institute of Technology, Caltech)에서 시어도어 폰 카르만(Theodore von Kármán)의 지도로 박사학위를 받았다. 이후 제2차 세계대전 중에는 캘리포니아주 패서디나에 위치한 칼텍의 제트추진연구소 초창기 멤버로 미국의 군용 미사일 개발에 깊숙이 관여했으며 폰 카르만을 보좌하여 미국 국방연구위원회(NDRC: National Defense Research Committee)의 자문 역으로 활동했다. 젊은 시절 전쟁의 와중에 중국과 미국을 오가며 연구에 몰두하던 그가 경험한 가장 드라마틱한 일은 아마도 전후 미국 내의 매카

시즘으로 인해 중국 공산당의 스파이로 오인받아 모든 성취를 박탈당하고 추방되면서 20여 년 만에 사회주의 신중국으로 귀환한 일일 것이다.

이 글에서 다루고자 하는 첸의 과학기술과 사회 조직-관리에 대한 인식은 세 분기로 나누어 설명할 수 있다. 우선 첫 번째 단계는 1947년부터 1957년을 전후한 약 10년간의 시기이다. 이 시기에 첸은 '기술과학론'으로 불리는 그의 과학기술관을 정립했다. 에너지, 열, 효율 같은 전통 과학에서 중요하게 여기는 요소에 대한 고려를 초월한 사이버네틱스라는 새로운 분과의 이론을 실현시키는 데 역량을 집중시키고 있던 첸은 자율조절, 피드백 등에 바탕을 둔 사이버네틱스 '과학' 이론으로 사회를 재조직, 관리하는 것이 가능하다는 생각을 강하게 드러냈다.

두 번째는 1957년부터 문화대혁명(1966~1976)의 혼란이 잦아들던 1977년을 전후한 시점까지의 시기로 그가 기술과학의 중국적 실천에 매진하던 때이다. 미국에서 돌아온 첸은 국방부 제5연구원 및 중국과학원 산하 역학연구소의 창설 및 운영 책임을 맡아 중화인민공화국의 국방과학 발전에 힘을 기울였다. 그러나 1차 5개년 계획을 성공적으로 마치고 2차 5개년 계획으로 인민의 의지를 통한 대약진을 추진하던 인민공화국 내부에서 과학에 의한 사회 재조직화라는 측면을 적극적으로 주장하는 일은 어려웠던 것으로 보인다. 그가 생각하고 있던 과학기술에 의한 사회의 재조직화와 효율적 관리보다는 과학기술에 의한 생산력 및 생산성의 증대가 지고의 가치로 여겨지던 시기였기 때문이다.

세 번째는 1977년부터 1980년대 말까지의 시기로서 '과학학'의 학제화와 사회의 조직화(인민 관리의 강화)를 적극적으로 제기하던 때이다. 문혁 좌파의 이데올로기적 공격 가능성 때문에 사회의 과학화, 시스템 디자인과 자율성을 적극적으로 주장할 수 없었던 첸은 '시스템과학'이라는 개념을 제시하면서 이를 중국 사회 각 부분의 시스템화에 적극 활용할 것을 제안했다. 필자는 이를 기술과학의 사회기술적 적용이라고 칭하고자 한다. 첸의 문제 제기는 1970년대 말부터 1980년대 말에 이르기까지 중국 사회에서 과학학에 대한 관심을 크게 환기시켰다.

이 글이 첸의 과학기술론 및 사회조직론을 재고하면서 궁극적으로 주장하고자 하는 바는 그의 과학 및 과학기술에 대한 관점은 그 탄생에서부터 사회(화)와 분리될 수 없는 성격의 것이었다는 점이다. 첸의 사상적 궤적을 추적한 기존의 많은 연구들은 그의 과학 부문에서의 성취를 사회의 조직화 및 인민 관리의 측면과 따로 분리시켜 바라보는 경향이 강했다. 유체역학과 로켓공학 분야에서 그의 성취는 분명 중화인민공화국의 국방과학 정책 및 국방전략에 커다란 영향을 미친 것이 사실이지만 거기에만 국한되지 않는다. 보다 깊은 층위에서의 그의 영향은 기술과학의 중국적 실천을 통해 사회공학적 시스템을 창출해 내고 이를 중국 사회 전반으로 확산시키려 했던 기술과학의 사회적 적용에 있다고 할 수 있다. 이하에서는 과학기술에 대한 첸의 전반적인 입장과 함께 그가 과학기술을 활용하여 사회를 어떻게 재조직할 수 있다고 주장했는지를 1940년대 말부터 1980년대 초까지 첸이 발표한 과학(학)과 기술, 사회관리 등을 주제로 한 중요한 논설을 1차 자료로 이용하여 살펴보고자 한다.

2. 첸쉐썬 관련 연구 현황

중국 이외의 지역에서 첸의 학술 사상에 대한 연구는 매우 드물다. 아마도 가장 잘 알려진 것은 1995년 출판된 아이리스 창(Iris Chang)의 『누에의 실(Thread of the Silkworm)』일 것이다.[1] 비슷한 시기에 나온 동징성(Dong Jing-sheng)의 오번 대학교 역사학과 박사학위 논문 역시 첸의 미국에서의 경험,

---

1 Iris Chang, *Thread of Silkworm*(New York, NY: Basic Books, 1995). 이 책의 한국어 번역본은 『중국 로켓의 아버지 첸쉐썬』(이정훈 옮김, 서울: 역사인, 2003)이다.

연구, 성취 및 좌절에 초점을 맞추고 있다(Dong, 1996). 이들은 모두 1955년 첸이 중화인민공화국으로 돌아간 이후의 활동과 성취에 대해서는 소략한 부분이 있다. 또 아이리스 창의 책을 진지한 학문적 '연구'라고 보기에는 무리가 있는 것이 사실이다. 다만 이들의 논의는 중국 현대사의 굴곡을 온몸으로 체현한 첸의 드라마틱한 생애의 한 부분을 흥미롭게 조명한 서사로 가치가 있다고 할 수 있다. 첸의 미국 체류 시기와 관련해서 주목되는 자료는 칼텍 아카이브의 구술사 시리즈이다. 이 시리즈에는 첸이 칼텍에서 활동할 당시 스승 및 동료들의 구술사 자료가 포함되어 있는데 온라인으로 찾아볼 수 있다.[2]

일본에서는 야마다 케이지(山田慶児)가 1950년대 말부터 1960년대 중반에 걸친 시기에 중국 내에서 발표한 첸의 여러 논설들 ─ ≪과학통보(科學通報)≫와 ≪홍기(紅旗)≫ 등에 실린 ─ 을 일본어로 번역 소개한 바 있다. 하지만 그가 이와 같은 일련의 번역작업을 통해 첸의 사상에 대해 본격적인 연구를 시도한 것은 아니었다(錢学森, 1967). 야마다 이후에는 일본 학계에서도 첸의 과학기술론과 사회발전론에 대해 관심을 가지고 연구한 후속 연구자가 나타나지 않았다. 단지 1980년대 초에 발표된 무라타 시게루(村田茂)의 논문이 첸의 과학기술론에 대한 시론적인 논의로 주목할 만하다(村田茂, 1982).

첸의 학술 사상의 성취에 대한 연구는 역시 중국에서 활발하다고 말할 수 있다. 2011년에는 그의 사망 2주기에 맞춰 중국 정부가 그의 모교인 상하이 자오퉁 대학 쉬후이구 캠퍼스에 첸쉐썬 기념 도서관을 개관하고 이 '애국주의 인민과학자'에 대한 연구를 장려하고 있다.[3] 중국에서 첸의 과학 사상에 대한 연구는 크게 다섯 방면에서 진행되고 있는데 대별해 보면 다음과 같다. 현대 과학기술 체계에 대한 연구, 시스템과학 사상에 대한 연구, 지리 과학

---

2 홈페이지 주소는 다음과 같다. http://oralhistories.library.caltech.edu

3 상하이 자오퉁 대학 출판사에서는 1938~1956년 사이 첸이 해외에서 발표한 논문들을 수집·출판했고(李佩 主编, 2011), 2012년에는 국방공업출판사(国防工业出版社)에서 6권 분량의 『첸쉐썬 문집(钱学森文集)』을 간행했다(顾吉环·李明·涂元季 主编, 2012).

사상에 대한 연구, 사유과학(思惟科學; Noetics)에 대한 연구, 그리고 첸이 대성지혜학(大成智慧學; Theory of meta-synthetic wisdom)이라 명명한 통섭 과학에 대한 연구. 이들 분야 중에서 이 글이 다루고자 하는 첸의 과학기술론과 그 사회적 적용과 관련된 분야는 첸의 과학기술 체계와 시스템과학 사상에 대한 것이라고 할 수 있다. 다른 분야, 특히 사유과학 또는 대성지혜학이라 불리는 그의 융합과학론의 사상적 위치에 대해서는 다른 지면을 통해 다뤄볼 기회가 있을 것이라 생각한다.

중국학계에서는 첸이 제기해 온 기술과학론, 과학기술체계론, 그리고 시스템과학에 대해서 이미 1980년대 말부터 조금씩 논의를 진행시켰다. 초창기 연구들은 첸이 제기한 현대 사회 과학기술의 발전과 새로운 학문 영역의 발견 그리고 그에 따른 새로운 학문 분류의 시도가 궁극적으로는 마르크스주의를 지도 이념으로 하고 있다는 사실을 강조하고 있다. 즉, 첸의 과학 사상을 마르크스주의적 과학관이라는 측면에서 바라보는 경향이 강했다.[4] 그러나 이들 연구와는 별도로 황순지(黃順基)와 웨이훙썬(魏宏森)의 일련의 연구들은 첸의 과학기술 사상이 가진 사회적 의의를 생산력, 경제 발전과 사회주의 건설 등에 결부시켜 논의하고자 하는 시도로서 의미가 있다고 평가할 수 있다(黄顺基, 1996, 2008a, 2008b, 2009, 2013; 魏宏森, 2010, 2011, 2013, 2014).

그러나 이러한 연구들이 가지고 있는 문제점은 첸이 신생 중화인민공화국으로 귀환한 1955년을 하나의 단절적 분기로 파악하여 첸의 과학 사상이 일궈낸 성취를 온전히 중국적 사회주의의 산물로 보고 있다는 점이다. 그러나 1940년대 말 노버트 위너(Norbert Wiener)가 사이버네틱스를 구현하기 위해

4 胡昌善(1987), 何善祥(1992), 苗东升(1995), 于景元(2001), 王英(2006) 등의 연구가 대표적이다. 이들 연구는 첸쉐썬의 과학관과 1970년대 이후 시스템공학에 대한 강조가 과학기술에 대한 관점을 더욱 풍부하게 함으로써 과학기술에 대한 마르크스주의적 관점의 지평을 넓혔다고 주장한다. 다만 이들 연구는 첸의 과학기술관이 출현하게 된 역사적·사회적 맥락을 짚어내는 부분에서 아쉬운 점이 있다.

노력하던 그 시점부터 이미 첸은 그의 과학 사상의 기초, 즉 기술과학론을 다지고 있었고 그 핵심은 최소의 노력으로 최대의 효과를 얻는 과학에 대한 경제주의적 접근이었다. 이는 중국으로 돌아간 이후 중국적 기술과학의 실천 과정에서도 지속된 일관된 입장이었고, 이러한 경제주의적 접근은 그가 마르크스주의 및 사회주의적 계획시스템에 쉽게 적응할 수 있었던 바탕을 마련했다고 생각된다. 이 글이 궁극적으로 지향하는 바는 냉전기 중국의 과학 발전을 전 지구적 스케일에서 이루어진 과학 발전의 역사와 연결시켜 보려는 것이다(Elman, 2007: 518). 앞서 중국에서는 첸이 사회주의 중국으로 귀환한 1955년 이후의 성취를 사회주의 중국의 성취와 동일시하는 측면이 강하다고 언급한 바 있다. 그러나 후술하겠지만 1970년대 말 시스템공학을 사회에 적용하고자 하는 문제는 이미 1940년대부터 첸이 관심을 가져왔던 문제의 연장선상에 있는 것이었다. 또한 첸이 1970년대 말에 보여준 과학기술의 사회적 기능에 대한 인식은 과학이 사회 문제에 대한 대안적인 해결책을 제시해 줄 수 있느냐 하는 질문에 대한 답을 사회주의 중국의 맥락 속에서 제시했다고 할 수 있다(Schmalzer, 2016: 1~2).

3. 기술과학론의 제기

1940년대 후반 폰 카르만을 비롯한 칼텍의 연구자들과 함께 설립한 제트추진연구소에서 미 국방성의 용역을 수행하면서 구체화된 첸의 기술과학론은 1947년 여름 저장 대학, 자오퉁 대학, 국립 칭화 대학 등의 공학 전공 대학생들을 대상으로 했던 일련의 강연을 바탕으로 1948년에 출판한 논문 「공학과 엔지니어링 과학(Engineering and Engineering Sciences)」에서 구체적으로 논의된다.[5] 기술과학은 이전 시대의 '응용 역학'과는 달랐다. 기술과학이라는 분야를 최초로 개척한 인물은 독일 괴팅겐 대학의 클라인(F. Klein)과 그의 연구팀이었는데 이 연구팀을 거쳐 간 연구자 중에는 카르만과 티모셴코(S.

Timoshenko)도 있었다[National Academy of Sciences(U.S.), 1982: 325~327]. 지도교수였던 카르만을 통해 첸도 간접적으로나마 클라인 연구팀의 기술과학 분야에 대한 성취를 흡수했을 것으로 짐작할 수 있다(Tsien, 2012: 506).

첸은 현대 과학기술은 전공의 세분화/다양화, 과학의 기술화, 과학적 발견에서 산업적 적용으로의 신속한 전환이라는 세 가지 특징이 있다고 주장한다. 국가 내부 및 국가 사이의 경쟁을 통해 과학이 비약적으로 발전하고 있는데 이는 현대에 들어서면서 과학과 산업 각 분야의 밀접한 관계 때문이었다. 1930~1940년대에 들어서면서, 특히 제2차 세계대전이라는 대규모 전쟁을 거치면서 과학적 발견을 산업 현장에 즉각 적용하는 것이 중요한 문제로 자리 잡게 되었다. 이는 과학과 기술연구에 기반한 산업이야말로 국가의 힘과 복지의 기반이기 때문이었다. 따라서 "기술 및 과학 연구가 농업, 재정정책 또는 국제관계처럼 국가가 적극적인 관심을 기울이는 일이 되었다"(Tsien, 2012: 500).

그렇다면 기술과학자들은 무엇을 할 수 있는가 또는 무엇을 해야 하는가? 이 질문에 첸은 기술과학자들은 순수과학과 실제 산업 현장을 이어주는 "다리"의 역할을 해야 한다고 주장한다. 그러나 좀 더 주목되는 것은 순수과학과 산업 현장을 이어주는 이 "다리"는 경제적으로 지어져야 함을 강조했다는 점이다. 특히 인적·물적 자원의 토대가 빈약했던 중국의 경우는 더욱 그러했는데, 첸을 비롯한 중국의 기술과학자들은 경제적인 방법으로 순수과학의 성취를 구현해야 한다는 생각에 사로잡혀 있었다. 첸에 따르면 순수과학의 성과를 기술과학을 통해 구현하는 데 있어 고려해야 하는 세 가지 요소는 다음과 같다. (1) 제안된 설계 계획이 실현 가능성이 있는 것인가, (2) 제안된 계획을 수행할 수 있는 최선의 방법은 무엇인가, (3) 계획이 실패하면 원인을 분석하여 실패를 극복할 수 있는 방안을 찾을 수 있는가(Tsien, 2012: 501). 기술과

5 이 글은 1957년 중국어로 번역되어 ≪과학통보≫를 통해 소개된다(钱学森, 1957).

학자들이 이들 사항을 우선적으로 고려해야 했다는 사실은 이들의 임무가 기본적으로 경제적인 성격을 강하게 지니고 있음을 의미한다.

첸이 강하게 관심을 보였던 기술과학은 위너의 사이버네틱스를 구현하는 것이었다. 사이버네틱스는 첸 스스로의 정의에 의하면 "안정 및 목적을 가진 행위를 위해서 기계적 · 전기적 구성요소들을 조합하는 과학이다"(Tsien, 1954: vii). 자동제어(servomechanism)는 사실 역사가 오래되었다. 프랑스의 전기학자 앙페르(A. M. Ampère)가 "cybernétique"라는 단어를 만들어냈을 때 이 단어는 '시민 정부의 과학' 또는 '지배의 기술'을 의미했다. 그렇지만 현대 사이버네틱스는 '시민 정부'가 인민의 생활을 관리하기 위한 '지배의 기술'을 구현하기 위해 발전한 것이 아니라 전쟁이라고 하는 특수한 상황 속에서 구현되었다. 아이러니컬하게도 현대 사이버네틱스의 발전은 전쟁의 유산이었던 것이다. 제2차 세계대전이라는 전쟁을 통해 자동제어 기술자들과 통신 기술자들이 함께 일하는 기회를 갖게 되면서 위너가 사이버네틱스의 보편적 원리로 제시한 피드백이 방공망 건설 및 미사일 개발에 중요한 개념적 기초를 제공했다.[6]

1955년 이전 미국에서의 연구를 집대성한 의미가 있는 첸의 『엔지니어링 사이버네틱스(Engineering Cybernetics)』는 바로 위너의 사이버네틱스 개념을 수학을 도구 삼아 기술과학적으로 구현하는 것에 초점을 맞춘 연구였다. 첸의 사이버네틱스는 어떤 시스템상의 다양한 요소들 사이의 상호작용이 갖는 질적 측면 및 시스템의 완정(完整)한 메커니즘으로 인해 구현되는 통합적 작

6 1920년대 초 미국의 통신회사 AT&T 산하 벨연구소 기술자들은 자동제어를 통한 보다 효율적이고 통합적인 통신 시스템의 구축을 지향했다. 그 과정 속에서 서서히 시스템과학 또는 시스템 엔지니어링이라는 개념이 정립되기 시작했고 1943년 미국 국방연구위원회가 조기 방공 경보 체계를 고안하기 위한 프로젝트를 가동하기 위해 벨연구소 내에 연구 관리 조직을 발족시킴으로써 사이버네틱스 및 시스템 엔지니어링 발전에 대한 본격적인 지원이 이루어지기 시작했다. Auyang(2006: 170~172); Buede and Miller(2016: 6~7) 참조. 이에 반해 렌(D. Wren)과 그린우드(R. Greenwood)는 1920년대 초 미국의 통신회사 AT&T의 바너드(C. Barnard)에게서 그 기원을 찾고 있기도 하다(Wren and Greenwood, 1998: 163~169 참조).

용에 주목한다(Tsien, 1954: viii). 첸은 신뢰할 만한 성능을 가진 시스템도 성능이 상대적으로 떨어지는 구성요소로 구성될 수 있으며, 이러한 구성요소의 전반적인 성능 개선은 오히려 전체적인 시스템 최적화를 통해 구현할 수 있다고 주장한다. 새로운 분과 과학으로서의 위너의 사이버네틱스가 추상적인 이론이었다면 첸이 제기한 사이버네틱스 공학은 위너의 개념을 실제로 구현하는 행위 속에서 자주 사용되는 설계 원리 및 실험 방법을 제시한 것이었다고 할 수 있다(American Association for the Advancement of Science, 2016: 13). 첸은 위너의 사이버네틱스가 시스템과학을 구체화하고 시스템 아이디어의 형성과 발전에 중요한 역할을 한 기술과학에 기반을 두고 있다는 관점을 오랫동안 가지고 있었고, 위너 자신도 사이버네틱스가 새로운 분과학문으로 자리 잡는 데 기술과학이 기여한 바를 인정하고 있다. 1948년 초판에 뒤이어 1961년에 재판을 발행한 『사이버네틱스: 또는 동물과 기계의 제어와 통신(Cybernetics: or Control and Communication in the Animal and the Machine)』에서 위너는 1948년 이 기념비적인 연구가 출판되었을 때 가장 큰 어려움은 기존 학계가 가지고 있던 통계 정보와 제어 이론에 대한 생소함이었다고 언급하고 있으며, 이를 극복할 수 있었던 것은 공학부터 생물학에 이르기까지 광범위한 분야에서 엔지니어들의 역할과 이들의 분야가 이후 체계적인 학문분과로 자리 잡았기 때문이라고 언급하고 있다(Wiener, 1961: vii). 그러나 첸의 관점에서 사이버네틱스 공학은 단순한 응용과학이 아니었다. 오히려 기술과학의 이론과 개념은 공학적 행위를 통해 추상화되고, 추상화된 기술과학의 이론과 개념이 다시 공학적 행위를 더욱 과학적이고 엄밀하며 체계적인 것으로 만들게 된다는 변증법적 함의 역시 가지고 있었다(Gao, 2014: 99).

4. 기술과학의 중국적 실천과 제도화에 대한 견해

1956년 10월 8일 국방부 제5연구원은 베이징에서 창립대회를 열었다. 첸이 미국을 떠나 조국으로 돌아온 지 꼭 1년이 되는 날이었다. 창립대회를 개최했지만 제5연구원은 아직 걸음마 단계에 있었다. 연구원 소속 과학기술 전문가라고는 관련 부서에서 차출된 30여 명의 과학기술자 그리고 대학을 갓 졸업하고 연구원에 배치된 100여 명의 대학생들이 전부였다. 연구원의 행정을 담당하는 간부는 항일전쟁과 국공 내전을 경험한 군대 간부들로 채워졌다. 1957년 8월 중국 공산당 중앙 군사위원회는 제5연구원의 영도조직을 지명했는데 원장에 첸쉐썬, 정치위원에 구징성(谷景生)을 임명하고 왕쟁(王諍), 류빙옌(劉秉諺)을 부원장에 보임했다(奚启新, 2014: 266~268). 이후 첸은 중국과학원 역학연구소를 설립하고 오랜 기간 국무원 제7기계공업부 부부장, 인민해방군 국방과학기술위원회 부주임을 역임하면서 중화인민공화국의 소위 '양탄일성(兩彈一星)' 사업에 중추적인 역할을 담당하게 된다.

첸은 현대 사회는 과학기술의 제도화를 요구할 수밖에 없는 상황에 있다고 주장한다. 과학기술 산업의 발전에 따라 연구 작업의 규모도 계속해서 커져갔고 복잡해져 갔으며 이는 신생 사회주의 중국의 과학기술자들에게 과학기술의 조직화 · 제도화 작업을 요구하고 있는 것이었다. 현대 사회에서 이러한 상황이 초래된 원인은 대략 세 가지로 정리할 수 있다. 첫째, 현대 과학기술의 특징 중 하나는 분야가 세분화되고 전공이 많다는 점이다. 둘째는 과학의 기술화이다. 현대 과학기술의 또 다른 특징은 과학 연구의 도구가 복잡해지고 대형화되면서 이들 연구 도구를 설계, 사용, 유지, 수리하는 것이 또 하나의 전문적인 기술이 되어 전문 요원들이 필요하게 되었다는 것이다. 예를 들면 원자핵 물리학과 입자 물리학 연구자들이 사용하는 고성능 가속기 또는 유체역학자들이 사용하는 고성능 초음속 풍동이 그런 것이다. 이러한 것들이 매우 특별한 사례이기는 하지만, 이들 장치를 만들고 사용하려면 수천 톤의 철강재, 수천에서 수십만 킬로와트의 전력, 수십에서 수백 명에 달하는 설계 및 유지 보수를 위한 전문 인력이 필요하다. 제도화의 문제를 더욱 절실하게 만드는 현대 과학기술의 세 번째 특징은 실험실의 아이디어를 공정 기술을 이용하여 구체적으로 실현시키는 시간이 매우 단축되었다는 점이다(钱学森,

1963: 20).

앞서 언급했듯이 과학 진흥이 현대 국가의 경제 문제, 인민 복리 향상의 문제와 직결되면서 인민공화국의 과학 진흥은 국가가 앞장서서 추진해야 하는 국가적인 사업이 되었다. 즉, 과학 실험은 "강대한 사회주의 국가를 건설하는 기초"였다. 1950년대 이후 중국의 과학기술 사업은 소련의 전폭적인 지원하에 신속하게 발전했고 많은 성취를 일궈냈다. 첸이 가지고 있던 기본적인 생각은 중국처럼 과학기술과 공업 기초가 박약한 국가가 비교적 단시일 내에 과학기술의 현대화를 실현하여 먼저 앞서가 있는 세계 수준을 따라잡으려고 한다면 사회주의 제도의 우월성을 충분히 발휘하여 계획적 · 조직적으로 과학기술 작업을 벌이지 않으면 안 된다는 것이었다(钱学森, 1963: 20~21). 이러한 제도화 · 조직화의 일차적인 목표는 "이데올로기적으로 급진적이면서도 또한 전문적인" 과학기술 인력을 양성하는 데 있었다(钱学森, 1963: 26). 그러나 그의 언사나 행보에서 간취(看取)할 수 있는 것은 이데올로기적으로 급진적인 과학기술 인력보다는 전문적인 과학 인력을 선호하고 있다는 점이다.

첸이 제기한 제도화는 기본적으로 톱다운 방식을 지향했다. 그러나 그가 "군중성 과학실험"의 '혁신성'을 완전히 부정한 것은 아니었다. 모든 자연 현상이 과학 실험의 대상이 될 수 있고 과학적 문제 해결의 태도를 일상화해야 한다는 전제하에 첸은 통속 과학(popular science)과 일맥상통하는 사회주의 중국 대중의 의지에 기반한 "군중성 과학실험"이 보여줄 수 있는 혁신성에 대해 긍정적이었다. 특히 이는 생산 현장에서의 생산 과정 및 생산품의 품질 개선에 즉각 적용될 여지가 많았다. 즉, 인민공사 내의 생산활동 중에서의 실험도 과학 실험의 범주에 들어간다고 주장함으로써 생활 속의 과학, 다시 말해 과학적 사고를 일상생활 속에 적용한다는 측면에서의 통속 과학에 대한 긍정적 입장을 표명한 것이라 할 수 있다(钱学森, 1964: 281). 그러나 통속 과학과 '과학'의 구체적 관계에 대해서는 함구하고 있는데, 이는 당시의 사회정치적 상황과 맞닿아 있다고 추측된다. 삼면홍기(三面紅旗)의 나팔 소리가 여전히 생생히 귀를 울리고 있던 1960년대 초반 전국의 인민이 생산력 회복을 위해 온 힘을 기울이고 있던 상황에서 가용한 모든 수단 — "군중성 과학실험"을 포함하여 — 의 동원이 필요했고 또 군중의 사기를 진작하는 측면에서 불필요한 오해를 야기할 만한 주장을 자제한 결과로 보인다.

1960년대에 과학과 사회의 관계에 대한 첸의 주장은 1950년 말과 1970년대 말 이후의 시기를 비교해 봤을 때 비교적 소극적이라고 할 수 있다. 그가 제도화와 조직화를 주장한 것은 사실이지만 과학기술 종사자로서의 입장에서 제도화에 대한 논의와 주장은 과학기술 연구 및 개발 부문[硏制單位]에 한정되어 있었다. 과학기술의 전체적 발전 방향 그리고 전국 범위의 과학기술 조직 관리 문제, 나아가 과학기술의 힘으로 사회를 개조하는 문제 등등의 이슈는 사회주의 조직 건설의 문제, 즉 당과 국가의 영도조직이 결심해야 하는 문제로 돌리고 있다. 즉, 1960년대 초의 시점에서 중국 과학기술의 문제는 어떤 과학기술 프로젝트를 "할 수 있느냐 없느냐"의 문제가 아니라 사회주의 건설 과정의 현 단계에서 그것이 "필요한가 필요하지 않은가"를 결정하는 것이 가장 중요한 문제였기 때문이다(钱学森, 1963: 19). 그리고 첸은 이것을 결정하는 주체는 당과 국가라는 사실을 명확히 인식하고 있었던 것으로 볼 수 있다.

5. 과학기술과 사회 발전: 시스템과학의 사회공학적 적용

첸에 따르면 쿤(T. Kuhn) 등이 이야기하는 패러다임의 전환에 의한 과학혁명은 그 자체로는 사회주의 생산력 발전에 이바지할 수 없는 것이다. 왜냐하면 쿤 등의 학자들이 주목한 과학혁명이 물질세계에 대한 객관적인 법칙을 파악하는 것이라고 한다면 기술혁명은 과학혁명을 바탕으로 생산 기술의 중대한 변혁을 이끌어내는 것이기 때문이었다. 즉, 첸은 쿤 등의 이론에 의한 과학혁명은 축적되는 지식과 행위로서의 기술혁명의 중요성을 도외시하고 있다고 본 것이다. 기술과학을 강조하는 입장에 서 있던 첸의 관점에서 보자면 기술혁명은 직접적으로 생산력 발전에 변화를 가져온다는 측면에서 과학혁명만큼이나 중요한 의미를 지니는 것임에도 불구하고, 순수과학의 입장에서 패러다임의 전환을 강조하던 쿤 등의 이론은 이를 적절히 평가하지 않았다는 것이다. 이는 생산력 발전과 직접적으로 연관되어 있는 중국 사회주의 건설, 특히 소강사회(小康社會) 건설을 위한 생산력 제고를 강조하던 1970년대 말 중국의 상황에서는 더욱 그러했다(钱学森, 1983: 62).

사실 생산력을 제고하기 위한 기술과학의 역할을 강조하는 입장은 앞서 본 바와 같이 1940년대부터 지속적으로 견지된 것으로 그리 특별할 것은 없다. 다만 문화대혁명의 소용돌이가 잦아들기 시작한 1970년대 말부터 1980년대 말에 이르는 10여 년 동안 첸은 기술과학을 생산력 제고라는 경제적 측면은 물론 이를 사회적 측면에 적용시켜 문화대혁명 이후 중국 사회 시스템을 전반적으로 개조하는 쪽으로 관심이 쏠려 있었다. 이를 달성하는 데 있어서 기술과학과 시스템공학을 사회 전 분야에 접목시키는 사회공학으로서의 시스템과학(系統科學) 또는 시스템 엔지니어링(系統工程)이라는 당시 사회주의 중국에서는 생소한 영역을 소개하고 개척하는 데 앞장서기 시작한다. 다시 말하면 1970년대의 첸은 1940~1950년대부터 심혈을 기울여 연구한 기술과학 및 시스템과학을 국방과학 분야에만 한정시키지 않고 중국 사회의 현대화 과정 전반에 적극적으로 응용하고자 했다.

1970년대 말에 들어서면 첸은 "마르크스 · 레닌주의 및 마오쩌둥 사상의 입장, 관점, 방법론으로 자연과학, 사회과학 및 공학 기술을 포괄하는 하나의 완정한 시스템"을 만들어내는 데 몰두한다. 1979년 10월 베이징에서 개최된 시스템 엔지니어링 학술토론회에서의 강연 중 그는 '시스템과학'이라는 용어를 공개적으로 언급한다. 이 강연에서 첸은 시스템과학을 자연과학 및 사회과학과 병립하는 기초과학으로 분류하고 있다(魏宏森, 2013: 2). 보다 중요한 것은 이것이 단순히 시스템과학을 기초과학의 새로운 분과로 제시하는 것에 머물지 않고 시스템과학을 마르크스주의와 연결시키려 시도하고 있다는 점이다(钱学森, 1979: 25). 그리고 이 점이 바로 서방세계의 시스템과학과 첸으로 대표되는 중국적 시스템과학의 차이라고 할 수 있을 것이다. 첸은 1980년 11월

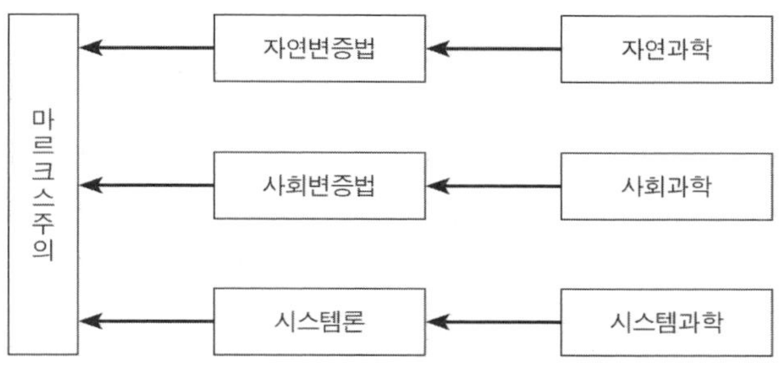

그림 5-1 과학과 마르크스주의의 매개

18일부터 4일간 개최된 중국 시스템 엔지니어링 학회 창립대회에서 "마르크스주의 철학과 시스템과학을 연결하는 교량은 시스템관(系統觀) 또는 시스템론(系統論)으로 명명할 수 있고 이 시스템관 또는 시스템론은 변증법적 유물론의 한 구성 부분이 된다"라고 주장했다. 즉, 자연변증법이 자연과학과 마르크스주의를 연결하는 매개가 되고 사회변증법이 사회과학과 마르크스주의를 매개하는 역할을 하는 것처럼 시스템관 또는 시스템론이 시스템과학과 마르크스주의를 연결하는 매개가 된다는 것이다(**그림 5-1**)(魏宏森, 2013: 2; 钱学森, 1981: 5; 1982a: 246). **그림 5-2**는 시스템론과 시스템과학뿐만 아니라 모든 학문 분과들이 마르크스주의로 수렴하는 모습을 정리한 표이다(北京大学现代科学与哲学研究中心 编, 2001: 224).

첸의 논의에 따르면 시스템공학적 방법은 "조직 관리 '시스템'의 규획, 연구, 설계, 제조, 시험과 사용에 대한 과학적 방법으로 모든 '시스템'에 대해 모든 시스템이 보편적인 의의를 갖는다". 이를 통해 거둘 수 있는 효과는 프로젝트 효율 제고, 연구 및 제작 주기 단축, 자원의 합리적 이용, 원가 절감, 성능 지표 충족, 품질 확보라 할 수 있다. 따라서 첸에게 시스템공학은 방법론이면서 동시에 기술이었으며 적절한 사회 제도와 국가 체제 아래에서만 그 힘을 발휘할 수 있다. 이러한 제도와 체제를 만들어내는 것은 생산관계와 상부구조의 문제로 시스템공학의 전제 조건이 된다. 이러한 전제 조건이 충족되지 않으면 시스템공학이 만들어낸 시스템의 성능이 탁월하더라도 그 힘을

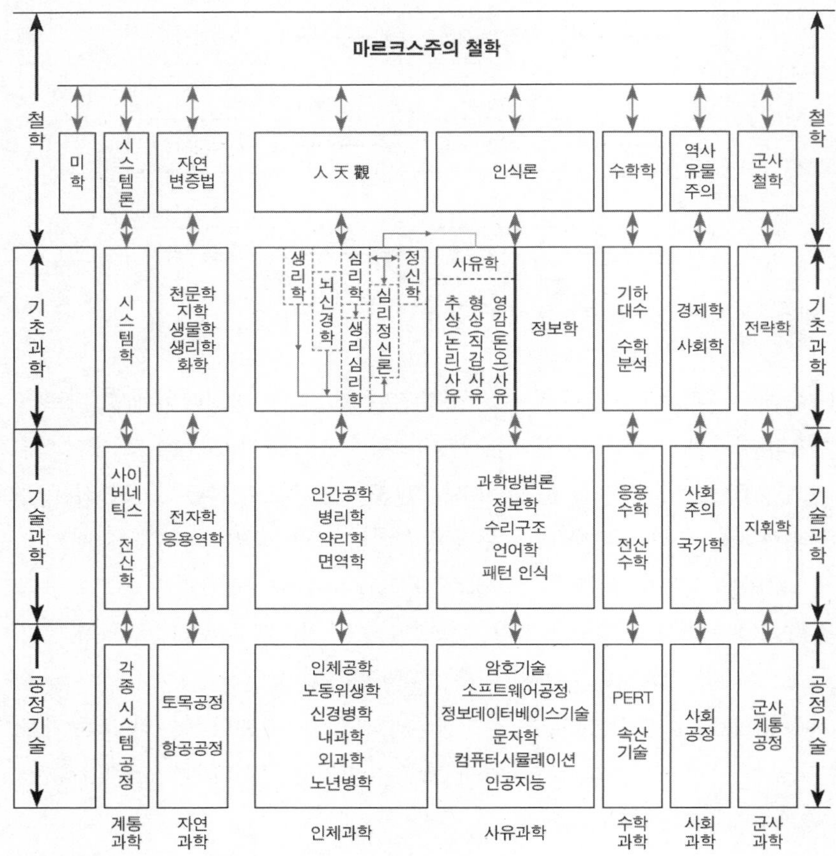

그림 5-2 마르크스주의와 분과과학의 관계

제대로 발휘할 수 없다(黄顺基, 2013: 100).

또한 1940년대의 맨해튼 계획이나 1960년대 아폴로 계획에 동원된 인적·물적 자원의 규모는 현대 과학기술 프로젝트의 대규모성을 잘 보여준다. 첸은 이들 계획이 과학 분야에서의 사례이지만 사회 발전과 사회공학의 관점에서 보면 이들은 대규모의 "사회 노동"이라 할 수 있다고 보았다. 그리고 이러한 사회 노동에서 가장 중요한 것은 "어떻게 하면 가장 단시간 내에 최소의 인적·물적 자원을 투자하여 가장 효과적으로 과학기술의 최신 성과를 이용해 대형 과학기술 연구 및 경제 건설 프로젝트를 완성하느냐"였다(钱学森 · 许国志 · 王寿云, 2011: 520).[7]

첸은 이러한 "사회 노동"을 수행하기 위한 핵심 조직으로 "총체설계부(總體設計部) 또는 총체설계소(總體設計所)"의 설립을 제시한다. 이 총체설계부는 각 단위 시스템의 설계 및 구현을 책임지는 최고 단위이다. 산업혁명 이후 재화를 생산하기 위한 공정은 "총공정사(總工程師)", 즉 수석 엔지니어의 감독을 따르게 되었고, 이 총공정사는 "총체적인" 관점에서 개개인 간의 협조 또는 각 부분 사이의 협동을 내야 하는 문제, 즉 공동의 목표를 위해 개개인 또는 개별 요소들로부터 전체의 관점에서 바람직한 개별 행위를 이끌어내야 하는 문제를 책임지게 되었다. 현대 사회에서 대규모 과학 프로젝트가 사회 노동으로 확대되는 과정에서 산업혁명기 수석 엔지니어가 했던 역할을 총체설계부가 맡게 된 것이다(钱学森 · 许国志 · 王寿云, 2011: 521).

이러한 시스템공학에서의 조직관리 기술에 대한 논의는 사회 및 국가에 대한 논의로 확대된다(钱学森 · 乌家培, 1979: 5).[8] 첸은 작은 단위의 시스템 설계와 구현에서 적용되는 원칙들이 그대로 대단위로서의 사회 및 국가에 적용될 수 있다고 주장하고 이를 구현하는 시스템을 "거대 시스템(巨系統)"이라 불렀

7 상하이 이공대학 학보에 실린 이 글은 1978년 9월 27일 ≪문회보(文匯報)≫에 실렸던 글을 다시 게재한 것이다. 쉬궈즈(許國志)는 운용 과학(Operations research) 전문가로 중국 시스템공학회의 창립멤버이다. 상하이 자오퉁 대학 기계과를 졸업한 후 자원위원회 소속 각 공장의 기계 설비 설계와 운용을 맡았다. 1947년 말에 도미하여 캔자스 대학교에서 기계공학 석사학위를, 1953년 수학 박사학위를 취득했다. 1955년 귀국 후 1956년부터 중국과학원 역학연구소에 재직했다. 왕쇼우윈(王壽雲)은 군사 시스템공학 전문가이며 중국군 작전 시뮬레이션 프로젝트의 개척자이다. 1956년 베이징 대학 수학과에 입학했고 1960년 졸업 후 국방부 항공위원회 제5연구원에서 초대 원장이던 첸쉐썬과 함께 연구했다. 1965년 첸의 비서, 1982년 국방과학기술공업위원회 종합계획부 규획계획국(規划計划局) 부국장, 1993년 국방과학기술공업위원회 과학기술 상무위원 겸 비서장을 역임했다.

8 우자페이(烏家培)는 중국의 저명한 계량경제학자이자 정보경제학자이다. 1955년 둥베이 재경대학 통계학과를 졸업했다. 1980~1982년까지 미국 펜실베이니아 대학교 경제학과의 방문학자로 있었으며 1986년부터 중국사회과학원 경제연구소 및 중국과학원 수량경제연구소에 재직했다.

다(钱学森, 1982b: 22). 예를 들면 첸은 10억 중국 인민 개개인의 직업 정보, 건강 정보를 컴퓨터에 저장하고 이를 끊임없이 업데이트하여 적당한 직무에 맞는 인재를 컴퓨터와 시스템이 자동적으로 선발하게 하는, 즉 이 거대 시스템을 통해 사회 노동과 인민 개개인을 효율적으로 '관리'할 수 있는 사회를 제시했고 이는 곧 현대 과학의 성취와 동일시되었다(钱学森, 1982: 21~22). 그리하여 마오쩌둥(毛澤東) 이후의 중국 사회가 추진하던 4대 현대화는 사회공학이라고 하는 "새롭고 과학적인 방법으로 국민경제의 총체적인 방안을 제정하고 경제 계획과 체제를 기획함"으로써 달성 가능한 것이었다(钱学森 · 薛吉涛 · 齐琦, 1980: 11). 이를 위해 준비해야 할 사항은 정보자료의 집적을 위한 데이터베이스를 구축하는 것과 집적된 정보의 분석이다. 이들 준비작업을 토대로 사회공학적 방법을 동원한 4대 현대화는 "컴퓨터상에서 이루어지는 사회주의 건설"이어야 했다(钱学森 · 薛吉涛 · 齐琦, 1980: 13).

이러한 첸의 시스템과학을 통한 사회 개조에 대해 현재 중국 학계에서의 평가는 긍정적이다. 우선 첸의 사회공학 이론은 사회과학 지식, 자연과학 지식, 엔지니어링 기술 지식의 융합을 통해 마르크스주의적 과학의 지평을 넓혔다는 의미에서 그리고 각 분과학문 지식의 유기적인 융합을 강조하고 있다는 측면에서 높이 평가되고 있다(庞元正, 2014: 2; 欧阳聪权, 2012: 52; 魏宏森, 2011: 25~26). 특히 황순지는 '전(前) 과학'의 단계로서 마르크스주의 인식론을 설정한 점 그리고 사회시스템공학을 마르크스주의적 국가 이론으로 발전시킨 점을 첸의 중요한 기여라고 주장하고 있다(黄顺基, 2011: 7~8).[9] 그러나 마르크스가 분석한 과학이 가지는 여러 특징 중 하나는 분명 과학이 인간을 해방시키는 측면이 있지만 지배계급의 착취에 부역하는 강력한 힘도 될 수 있다는 점이다. 특히 산업 생산 영역에 적용되면 과학은 자본가들의 이익을 위해 봉사

9 황에 따르면 첸은 현대 국가의 기능을 8가지(물질적 재화의 생산, 정신적 자원의 창조, 서비스 업무, 행정 관리, 법제 체계, 국제 교류, 국방, 환경 관리)로 분류하고 이러한 기능의 효과적인 수행이 국가의 기본 임무라고 주장했다(钱学森, 1987: 32~45).

하는 도구가 되어 비인간화를 조장하는 측면이 있다(Mulkay, 2016[1979]: 6). 그러나 1950년대부터 생산력 향상에 이바지하는 기술과학을 중요하게 생각해 왔던 첸에게서 마르크스가 비판했던 과학의 양면성에 대한 고찰은 보이지 않는다.

공동의 목표를 위해 바람직한 행위를 개별 주체에게서 이끌어낸다는 것은 두말할 것도 없이 정치성을 담보하는 문제였다. 그러나 첸(과 그의 동료들)은 총체설계부와 거대 시스템이 가지는 정치적 성격을 분명하게 논의하지 않는다. 단지 이와 관련하여 분명히 밝히고 있는 점은 시스템공학을 사회공학으로까지 확장시킬 때 사회주의 체제는 자본주의 체제보다 우월하다는 것뿐이었는데, 그 이유는 사회주의 체제가 자본주의 체제보다 장기적인 전망과 계획을 수립하는 데 더 유리하기 때문이라는 것이었다(钱学森 · 乌家培, 1979: 6). 극단적으로 말하면 사회주의 체제는 총체설계부에서 설계한 사회 시스템을 무차별적으로 적용하고 그 시스템이 잘 기능할 수 있도록 만들어주는 하나의 플랫폼의 역할을 수행하게 되는 것이다. 여기에서 '관리'의 대상으로 전락한 인민에 대한 고려는 찾아보기 힘들다. 다시 말하면 이러한 모든 시스템을 초월하여 궁극적 가치를 지니는 개개인의 인권, 개성 등에 대한 문제의식을 총체설계부의 사회공학적 설계 안에서 어떻게 풀어낼지에 대한 명확한 설명은 결여하고 있다.[10] 첸에게 이러한 사회 시스템은 과학의 발전과 더불어 오히려 너무나 자연스러운 일이었다. 물론 소수의 엘리트 집단이 하향식으로 설계한 사회 시스템을 통해 사회 및 국가를 관리, 운영한다는 이러한 생각은 "십 년 내란"이었던 문화대혁명기에는 공공연하게 밝힐 수 없는 생각이었다.

---

10 톈펑잉(田鵬穎)과 장즈타오(張志濤)는 "첸쉐썬의 사회공학 사상은 개인의 주체적 활동에 있어서 자주성과 자각성을 강화한다"라고 언급하고 있다. 그러나 이들이 말하는 개인은 사회 시스템을 설계하는 상층부의 엔지니어들에게만 국한되는 것이다(田鹏颖·张志涛, 2007: 17).

6. 사회관리 체제로서의 현대 중국

이상에서 중국 로켓공학 및 시스템공학의 아버지라 추앙받는 첸쉐썬의 과학기술에 대한 기본적인 인식과 기술과학과 사회공학의 응용을 통한 사회 개조에 대한 구상을 개괄적으로 살펴보았다. 1940년대 말부터 기술과학을 통한 과학적 발견의 구현을 중요하게 생각해 온 첸은 중화인민공화국으로 귀환한 이후 초기 사회주의 체제에서 기술과학은 경제적인 방식으로 생산성을 제고하는 사회적인 요구에 충실해야 한다고 주장했다. 미국에서 귀환한 이후 사회주의 체제 속에서 과학기술의 제도화와 국방과학의 고도화에 집중하면서 산업화 사회에서의 기술과학의 중요성을 강조하는 한편 "군중성 과학실험"에 대해서도 제한적으로나마 인정하는 태도를 보였다. 기본적으로 과학기술의 보급과 제도화에 대한 첸의 접근 방식은 엘리트주의적이며 하향식 방식으로 특히 문화대혁명이라는 전대미문의 정치적 소용돌이 속에서 분명하게 드러내기 어려운 측면이 있었다. 1960~1970년대를 통해 첸은 사회와 정치 부문에서의 개조는 당과 국가의 영도하에서 이루어져야 한다는 소극적인 입장을 유지했다. 1970년대 말 마오쩌둥 시대의 종언과 더불어 4대 현대화가 본궤도에 올라 추진되면서 그는 시스템과학이라는 새로운 과학적 방법을 제시하며 사회 개혁과 인구 관리에 대한 자신의 견해를 적극적으로 밝히기 시작했다. "사회 노동"을 위한 인민의 효율적인 동원과 관리를 위해 엘리트 조직을 만들고 이들이 디자인한 시스템으로 인민 개개인에 대한 데이터를 집적하고 분석함으로써 사회를 재조직할 수 있다는 그의 인식은 마오쩌둥 이후 시대를 준비하던 과학기술 엘리트들에게 큰 영감을 주었다.

참고문헌

1차 자료

錢学森. 1967.『技術科学論』. 山田慶児 訳. 京都: 法律文化社.

钱学森. 1957.「论技术科学」. ≪科学通报≫, 3期, pp.97~104.

______. 1963.「科学技术的组织管理工作」. ≪红旗≫, 22期, pp.19~27.

______. 1964.「大规模的科学实验工作」. ≪科学大众≫, 8期, pp.281~283.

______. 1979.「科学学, 科学技术体系学, 马克思主义哲学」. ≪哲学研究≫, 1期, pp.20~27.

______. 1981.「系统科学, 思惟科学和人体科学」. ≪自然杂志≫, 1期, pp.3~9.

______. 1982a.『论系统工程』. 长沙: 湖南科技出版社.

______. 1982b.「社会主义的人才系统工程」. ≪红旗≫, 2期, pp.19~22.

______. 1983.「科学革命, 技术革命和社会发展」. ≪科学・经济・社会≫, 1期, pp.63~64.

______. 1987.『社会主义现代化建设的科学和系统工程』. 北京: 中共中央党校出版社.

钱学森・乌家培. 1979.「组织管理社会主义建设的技术: 社会工程社」. ≪经济管理≫, 1期, pp.5~9.

钱学森・薛吉涛(整理)・齐琦(整理). 1980.「钱学森关於在国民经济中运用社会工程方法的设想和建议」. ≪经济学动态≫, 9期, pp.11~13.

钱学森・许国志・王寿云. 2011.「组织管理技术: 系统工程」. ≪上海理工大学学报≫, 6期, pp.520~525.

李佩 主编. 2011.『钱学森文集: 1938~1956 海外学术文献: 中文版』. 上海: 上海交通大学出版社.

顾吉环・李明・涂元季 主编. 2012.『钱学森文集』. 北京: 国防工业出版社.

Chang, Iris. 1995. *Thread of Silkworm*. New York, NY: Basic Books.

National Academy of Sciences(U.S.). 1982. *Biographical Memoirs*, Vol. 53. Washington D.C.: National Academy Press.

Tsien, Hsue-shen. 1954. *Engineering Cybernetics*. New York: McGraw-Hill Books.

______. 2012. *Collected Works of Hsue-shen Tsien(1938~1956)*. Oxford, UK: Elsevier.

2차 자료

北京大学现代科学与哲学研究中心 编. 2001.『钱学森与现代科学技术』. 北京: 人民出版社.

王英. 2006.『钱学森学术思想研究』. 上海: 上海交通大学出版社.

奚启新. 2014.『钱学森传: 中国工程院原始传记』. 北京: 人民出版社.

American Association for the Advancement of Science(AAAS). 2016. *The Rise of Systems Engineering in China*. Washington D.C.: AAAS Custom Publishing Office.

Auyang, Sunny Y. 2006. *Engineering: An Endless Frontier*. Cambridge, MA: Harvard University Press.

Buede, Dennis M. and William D. Miller(eds.). 2016. *The Engineering Design of Systems: Models and Methods*. Hoboken, NJ: John Wiley & Sons.

Dong, Jingsheng. 1996. "Biography of Hsue-Shen Tsien: the Story of an American-trained Chinese Rocket Expert." Unpublished Ph.D. dissertation. Auburn University.

Mulkay, Michael. 2016[1979]. *Science and the Sociology of Knowledge*. London: Routledge.
Schmalzer, Sigrid. 2016. *Red Revolution, Green Revolution: Scientific Farming in Socialist China*. Chicago, IL: University of Chicago Press.
Wiener, Nobert. 1961. *Cybernetics: or Control and Communication in the Animal and the Machine*. Cambridge, MA: MIT Press.
Wren, Daniel A. and Ronald G. Greenwood. 1998. *Management Innovators: The People and Ideas That Have Shaped Modern Business*. New York, NY: Oxford University Press.

연구논문

何善祥. 1992.「钱学森的科学技术观」. ≪图书馆界≫, 2期, pp.1~6.
胡昌善. 1987.「现代科学技术体系构想及其哲学意义: 钱学森哲学思想评述」. ≪江汉论坛≫, 7期, pp.23~28.
黄顺基. 1996.「试论钱学森现代科学技术体系」. ≪烟台大学学报≫, 2期, pp.15~19.
_____. 2008a.「钱学森现代科学技术体系的创建及其意义」. ≪中国人民大学学报≫, 5期, pp.124~131.
_____. 2008b.「钱学森 现代科学技术体系思想的产生发展与科学意义」. ≪辽东学院学报(社会科学版)≫, 5期, pp.1~11.
_____. 2009.「钱学森对现代科学技术体系的探索」. ≪辽东学院学报(社会科学版)≫, 6期, pp.1~13.
_____. 2011.「钱学森对马克思主义哲学的发展」. ≪山东科技大学学报(社会科学版)≫, 1期, pp.1~9.
_____. 2013.「钱学森社会工程思想和方法及其重要意义」. ≪中国人民大学学报≫, 4期, pp.98~104.
苗东升. 1995.「钱学森研究现代科学技术方法论」. ≪科学学研究≫, 3期, pp.19~22.
欧阳聪权. 2012.「钱学森工程哲学初探」. ≪自然辨证法研究≫, 11期, pp.48~53.
庞元正. 2014. 「一个影响了几代中央领导集体的重要思想: 论钱学森社会系统工程思想及其理论贡献」. ≪辽东学院学报(社会科学版)≫, 1期, pp.1~5.
田鹏颖 · 张志涛. 2007.「试论钱学森的社会工程思想及其启示」. ≪辽东学院学报(社会科学版)≫, 5期, pp.12~19.
魏宏森. 2010.「钱学森对系统论的创新: 系统科学通向马克思主义哲学的桥梁」. ≪辽东学院学报(社会科学版)≫, 3期, pp.7~15.
_____. 2011.「钱学森指导自然辨证法 · 科学方法论与系统论研究」. ≪嘉应学院学报(社会科学)≫, 12期, pp.24~31.
_____. 2013.「钱学森构建系统论的基本设想」. ≪系统科学学报≫, 1期, pp.1~8.
_____. 2014.「总体设计部与顶层设计: 学习十八届三中全会的一点认识」. ≪系统科学学报≫, 4期, pp.4~9.
于景元. 2001.「钱学森的现代科学技术体系与综合集成方法论」. ≪中国工程科学≫, 11期, pp.10~18.
村田茂. 1982.「銭学森の科学技術論」. ≪技術と人間≫, 11期, pp.104~115.
Elman, Benjamin A. 2007. "New Directions in the History of Modern Science in China: Global Science and Comparative History." *Isis*, Vol. 93, No. 3, pp.517~523.
Gao, Zhiqiang. 2014. "Engineering cybernetics: 60 years in the making." *Control Theory and Technology*, Vol. 12, No. 2, pp.97~109.

기타

캘리포니아 공과대학 구술사 도서관 홈페이지, http://oralhistories.library.caltech.edu

6 1960년대 한국의 통계 발전과 사회에 대한 통계적 지식의 부상*

조은주

1. 사회과학 지식에서의 "실천으로의 전환"

쿤(T. Kuhn) 이래로 많은 학자들은 일상적인 과학적 실천이 과학자들이 속한 세계는 물론 그들이 생산하는 지식 자체를 가능케 하거나 제약한다는 점에 주목해 왔다. "실천으로의 전환(turn to practice)"이라 칭해지기도 하는 이러한 경향은 특히 과학학(science studies)이나 과학기술학(STS: science and technology studies) 분야의 연구에서 발전해 왔다. 그러나 실천에 대한 이러한 관심은 거의 전적으로 자연과학 분야에 한정되어 왔으며 사회과학 분야에 대해서는 상대적으로 최근에 이르러서야 관련된 논의가 시작되고 있다(Camic, Gross and Lamont, 2011: 1~41).[1]

---

* 이 글은 ≪한국과학사학회지≫, 제38권 제1호(2016. 4)에 실린 논문을 수정·보완한 것이다.

1 여기서 '실천'이 의미하는 바를 사회이론의 맥락에서 다루고 있는 글로 하홍규(2014: 205~233) 참조.

'사회'에 관한 지식의 특정한 양태로서 사회과학[2] 혹은 사회적 지식(social knowledge)의 형성에 관한 기존의 연구들은 전형적으로 특정한 사상가(들)에 초점을 맞추어 그가 속한 지적 전통의 맥락에서 주요 문헌들을 통해 사유의 궤적에 접근하거나, 그 사상가가 속한 계급 및 집단의 경제적 · 정치적 · 이데올로기적 조건을 통해 사유의 기원을 추적하는 방식으로 이루어져 왔다. 지식사회학의 이러한 전통적 접근은 암묵적으로 일종의 투입(input)-산출(output) 모델을 가정하는 것이라고 할 수 있다. 사상가의 관념과 사유를 그 물질적 · 문화적 조건과 연결시켜 파악하는 작업은 물론 중요한 의미가 있지만, 이러한 투입-산출 모델은 투입과 산출 사이를 매개하는 항으로서 실천의 차원을 광범위하게 간과하거나 누락시킨다. 최근 사회과학과 인문학 분야에서 번져가고 있는 "실천으로의 전환"은 지식 형성의 역사에 대한 연구의 초점을 완결된 산물로서의 '과학'으로부터 지식 형성의 다양하고 다층적이며 다장소적인(multisited) 실천의 차원으로 이동시키고 있다(Camic, Gross and Lamont, 2011).

이 장에서는 1958년부터 1963년까지 한국에서 활동한 주한(駐韓)통계고문단(Statistical Advisory Group)을 중심으로 사회과학의 중요한 한 분야이자 근대국가의 핵심적인 "기술적 요소(technical factor)"(Foucault, 2007: 104)라고 할 수 있는 통계(학)(statistics)의 확립 과정을 살펴본다. 사회에 대한 '과학'이나 '과학적' 지식의 제도화는 반드시 학술적인 형태를 취하면서 이루어지는 것이 아니며, 국가의 정책이나 교육적 실천 등 학술적 목표로 환원되기 어려운 목적들이 사회적 지식의 제도화 과정에서 서로 결합하게 된다(Wagner and Wittrock,

---

2 사회과학이라는 용어는 18세기 후반에서 19세기 초에 걸쳐 일어난 인식론적 전환과 함께 부상한 것으로, 1790년대 프랑스에서 만들어져 영국과 스코틀랜드, 독일어권으로 확산되었다. 이전까지 '자연'이나 '이성' 등을 다루던 자연철학과 도덕철학은 물리학이나 화학, 생물학 또는 인류학, 경제학, 정치학, 사회학 등으로 대체되기 시작했고, 분화하는 학문들 사이의 공통분모를 지칭하기 위해 등장한 것이 사회과학이었다. 이와 같은 지식의 분화 과정은 저널이나 학회, 출판, 교육, 훈련을 둘러싼 제도 변화와 함께 일어난 것으로, 그 자체가 중요한 역사적 실천의 과정이자 효과였다고 할 수 있다(Wittrock, Heilbron and Magnusson, 1997: 1~4 참조).

1991: 4~5). 1960년대는 한국에서 통계의 발전이 이 시기를 전후로 구분된다고 평가될 만큼 공식통계(official statistics)의 제도적 확립에 중요한 시기였으며, 양적 측면에서나 질적 측면에서 본격적인 발전이 이루어진 시기였다고 평가되고 있다(김경중, 1987: 1; 유홍림 · 김경태, 2008: 10). 본격적인 근대적 센서스가 시작되고, 추계인구가 처음 작성되어 국가발전계획 수립의 기초 자료로 활용되었으며, 통계 관련 기관이 국가 기구 내에 제도화되고 통계법이 만들어졌을 뿐 아니라 각 대학에 통계학과가 신설되기 시작했다. 이러한 변화는 주한통계고문단의 활동과 밀접한 연관하에서 이루어진 것이었다.

1960년을 전후해 한국에서 이루어진 통계제도 및 통계활동의 발전은 사회에 대한 과학적 지식 형성의 의미와 그 성격, 특히 근대 국가와 과학적 지식의 실천이 맺는 관계를 잘 드러낸다. 지금까지 통계에 관한 많은 연구들이 통계학의 방법론적 발전과 사회에 대한 '과학적' 지식을 확보하기 위한 뒤엉킨 실천의 역사에 주목해 왔다(Irvine, Miles and Evans, 1979; Alonso and Starr, 1987; Porter, 1988, 1996; Desrosières, 1991: 195~218; Cohen, 1999). 특히 근대 국가의 필수적인 "앎의 장치(apparatus of knowledge)"이자 "행정장치(administrative apparatus)"(Foucault, 2007: 274~275)라는 통계(학)의 독특한 지위는 근대 국가와 과학의 관계에 관한 중요한 통찰을 제공해 왔다. 이제 1960년대 한국이라는 특정한 역사적 · 사회적 조건에서, 사회에 대한 객관적이고 과학적인 지식을 확립하기 위한 통계(학)의 이상이 어떻게 전개되어 갔는지 살펴봄으로써 사회과학 지식 형성의 과정에서 나타나는 다층적 실천의 차원과 그 효과를 포착해 보기로 하자.

2. '서베이스앤드리서치사'와 스튜어트 라이스

주한통계고문단은 국제연합한국재건단(UNKRA: United Nations Korean Reconstruction Agency)의 지원으로 미국 국제개발처(USAID)의 전신인 대외원조처

(ICA: International Cooperation Administration)가 자금을 제공하면서 출발한 기구였다. 미 대외원조처는 1958년에 한국 통계의 개선을 위한 계약을 미국의 통계자문회사인 서베이스앤드리서치사(Surveys & Research Corporation)와 체결하고 필요한 경비를 지원하기로 하는 한편, 이 회사가 설치하고 운영하게 될 통계고문단의 활동을 위해 정부의 조직행정 및 사업활동을 망라하여 협조하도록 하는 계약을 한국 정부와 체결한다(통계청, 1992a: 298~299, 1992b: 45; 유홍림 · 김경태, 2008: 7). 이렇게 하여 설치된 주한통계고문단은 1960년 인구주택국세조사(센서스)를 위해 2년간 활동하는 것으로 예정되어 있었으나, 이후 기간을 연장하여 1958년부터 1963년까지 총 5년간 활동한다. 이승만 정권하에서 설치된 주한통계고문단이 한국 정부에 첫 번째 종합건의서를 제출한 것은 4 · 19 이후였으며, 5 · 16 군사쿠데타 이후 박정희 정권하에서도 계속해서 한국 통계 전반에 걸친 광범위한 조사를 바탕으로 각종 구체적 개선안과 권고안을 작성하여 한국 정부에 제출했다.

공식통계의 확립 과정에 관한 여러 역사적 연구들은 그 과정을 주도한 인물들에 특별히 주목해 왔다. 이것은 통계가 이전 시대와는 다른 종류의 권한과 권위를 탄생시키고 이전과 다른 종류의 실천과 결합하는 새로운 유형의 지식이자 기술이었기 때문이다(Hacking, 1990). 각국에서 통계 발전을 주도한 주요 인물들은 따라서 일종의 징후적 인물(symptomatic figure)이라고 할 수 있다(Hannah, 2000). 이언 해킹(Ian Hacking)은 프로이센에서 처음으로 통계국이 만들어지는 과정을 다루면서 크루그(L. Krug)나 호프만(J. G. Hoffman) 같은 인물들에 대해 상세히 기술하는데, 이들이 부나 명성과는 무관하게, 집계된 사안들에 대한 공적인 해석의 역할을 전담함으로써 국가의 상태를 기술하는 데 전력을 다하는 새로운 관료의 유형을 보여주기 때문이다(Hacking, 1990).

미국 센서스에 관한 해나(M. G. Hannah)의 연구나 캐나다 공식통계 확립의 역사에 관한 커티스(B. Curtis)의 연구에서도 역시 이와 같은 새로운 유형의 관료들의 등장이 상세히 다루어진다(Hannah, 2000; Curtis, 2001). 이들은 미국의 1870년 9차 센서스와 1880년 10차 센서스를 주도한 워커(F. A. Walker), 캐나다의 1871년 센서스를 주도한 타셰(J. C. Taché) 등에 대한 일대기적 접근을 통해 개인의 도덕적 차원이 아닌 탐구방법에 근거한 속성으로서 공평무사(impartiality)라는 관념이 통계 관료의 중요한 요소로 출현하는 과정을 추적한다. 또한 "과학자-관료(scientist-official)" 유형이 새롭게 확립되는 역사적 과정에 대한 서술을 통해 전문적인 사회과학자의 등장이 통계의 발전을 통치 프로젝트와 연결시키는 통치적 사고의 출현과 결합한 궤적을 잘 보여준다(Hannah, 2000: 60~61; Curtis, 2001: 238~273).

비슷한 맥락에서 이 글이 한국의 통계(학) 발전 과정에서 중요한 인물로 주목하는 스튜어트 아서 라이스(Stuart Arthur Rice, 1889-1969)는 한국인이 아닌 미국인 학자이자 관료 출신이라는 점에서 특징적이다. 여기서 핵심은 라이스라는 한 인물에 대한 전기적 접근이 아니라 이 인물을 통해 드러나는 구조적 속성에 있다. 라이스는 신생 독립국인 한국은 물론 일본에서도 전후 공식통계 체계의 확립에 주도적인 영향을 미친 인물이었다. 앞서 미국 대외원조처(ICA)와 주한통계고문단 계약을 맺었던 미국의 서베이스앤드리서치사는 유엔 통계위원회 및 통계처(Statistical Commission and Statistical Office) 설립을 주도했던 라이스가 은퇴 후 설립한 회사로, 애초의 명칭이 그의 이름을 딴 스튜어트 A. 라이스 어소시에이츠(Stuart A. Rice Associates)였을 정도로 라이스의 지배적인 영향력하에 있었던 조직이다.

1889년에 미네소타에서 출생한 그는 1912년에 워싱턴 대학교를 졸업했다. 대학생 시절부터 각종 정치활동과 사회운동에 적극적으로 참여하면서 시애틀과 뉴욕 등지에서 여러 단체의 운동가로 일했고(Anderson, 2011: 386~388), 1920년에는 시애틀 지역에서 농민노동당(Farmer-Labor Party)[3]의 사무총장을 맡아 활동했다(Sibley, 1969: 47). 그러나 이 농민노동당 활동은 농민과 산업 노동자, 화이트칼라 노동자 간의 분열과 함께 실패하고 말았다. 농민노동당의

3 농민노동당에 대해서는 Valelly(1989) 참조.

실패 이후 라이스는 뉴욕으로 돌아가 컬럼비아 대학교 사회학과 대학원에 입학한다. 학부 시절 정치활동을 하면서 공학에서 정치학으로 전공을 바꿨던 그가 다시 사회학으로 전공을 바꿔 대학원에 진학한 것은 "실패에 대한 자백이자 환상(illusion)으로부터 벗어나기 위한 모색"이었다.

그는 사회학을 통해 "편견을 버리고 무엇이 이 세상을 '돌아가게(tick)' 만드는지 배우고 싶었다. 보여줄 수 있는 근거들과 객관적인 분석만을 추구하고 …… 진리를 찾고 그 결과를 취하고 싶었다"(강조는 인용자. Sibley, 1969: 47). 그가 박사 학위 논문을 쓰던 1920년대는 사회과학의 제도화가 마무리되던 시기로서(Wagner and Wittrock, 1991: 6), 지도교수였던 프랭클린 헨리 기딩스(Franklin Henry Giddings)[4]는 실증적 방법을 강조하면서 미국 사회학을 철학의 한 분과(a mere division)에서 조사과학(research science)으로 전환시키는 데 기여한 인물이었다.[5] 라이스는 기딩스의 지도하에 「미국 정치에서의 농민과 노동자(Farmers and Workers in American Politics)」라는 논문으로 1924년 사회학 박사 학위를 받는데, 이 논문은 정치 행위를 통계적으로 분석한 "역사적(landmark)" 연구로 평가받았다. 과거에 "젊은 선동가"였던 라이스는 이렇게 "실용적 이론가"로 변모하게 되었다(Sibley, 1969: 47).

라이스는 다트머스 대학교를 거쳐 펜실베이니아 대학교에서 1940년까지 사회학과 통계학 교수로 지냈다. 사회학자로서 그는 사회과학연구협의회(Social

4 미국 사회학의 역사에서 기딩스의 역할과 위상에 대해서는 Davids(1968); Hankins(1931) 등 참조. 기딩스는 특히 미국 사회학이 자연과학의 방법론을 채택함으로써 보다 '객관적인' 분과학문으로 그 위상을 정립해 나가는 데 있어 중요한 인물이었다. 기딩스의 작업을 미국 사회학에서의 '객관주의'의 출현과 연관시켜 다루는 논의로 Bannister(1991), 특히 4장과 5장 참조.

5 통계 방법이 미국 사회과학에 통합되어 가는 역사적 과정에 관한 흥미로운 연구로 Camic and Xie(1994) 참조. 이들은 통계 방법의 채택이 20세기 초 사회학과 심리학, 인류학, 경제학이 분과학문으로서의 위상을 확립해 가는 과정에서 핵심적인 실천이었음을 기딩스와 캐텔(J. Cattell, 심리학), 보애스(F. Boas, 인류학), 무어(H. L. Moore, 경제학)의 예를 통해 보여주고 있다. 특히 이들은 당시 통계학 분야에서 컬럼비아 대학교의 위상이 중요한 지역적·제도적 조건(local institutional conditions)으로 작용했음에 주목하고 있다.

Science Research Council)에서 여러 위원회와 이사회 구성원으로 활동했으며, 시카고 대학교 출판부에서 『사회과학방법론(Methods in the Social Sciences)』을 출판하는 등 활발한 저술활동을 했다. 특히 통계자료에 대한 요구가 급증하던 1930년대에 라이스는 미국통계협회(American Statistical Association) 회장, 정부통계 및 정보서비스위원회(COGSIS: Committee on Government Statistics and Information Services) 의장대행, 미국 통계국(U.S. Census Bureau) 부국장으로 동시에 재직했다. 1936년에 대통령 명령으로 중앙통계위원회(Central Statistical Board)가 만들어지면서 위원장을 맡았고, 4년 뒤에 위원회가 미연방 예산국(Bureau of the Budget)의 부처로 통합된 후 1955년 은퇴할 때까지 미연방 예산국의 통계 관련 부국장으로 재직했다.

한마디로 라이스는 "1920년대 이래 [미국의] 사회통계와 정부통계의 발전을 요약하는"(Sibley, 1969: 47~48) 인물이었다. 그는 "학생운동가이자 급진 정당의 젊은 활동가에서 사회활동가로, 사회학을 전공하는 학생이자 선생으로, 이어 통계학자이자 통계 정치가(statistical statesman)로의" "진화(evolution)"를 전형적으로 보여주는 인물로 평가된다(Sibley, 1969: 47). 사회 개혁(social reform)과 사회에 관한 지식은 19세기 중반까지 서구에서 분리되기 어려울 정도로 뒤섞여 있었고, 이후 연구와 교육이 대학을 통해 조직적으로 통합되고 대학이 정치기구와 지속적으로 연결되면서 과학적 진전에 대한 지향과 긴밀히 결합하게 되었다(Wagner and Wittrock, 1991: 4~5). 라이스는 20세기 전반기 미국에서 사회 개혁에 대한 열망이 과학적 진보에 대한 열정적 지향과 결합하는 것을 보여주는 동시에, 전문적인 사회과학자가 새로운 유형의 관료의 이상이 되는 역사적 과정을 보여주는 중요한 사례이다.

또한 사회과학의 제도화가 마무리되던 1920년대부터 근대 사회과학의 전성기를 이룩한 1960년대까지는 사회과학의 역사적인 전환기로서(Wagner and Wittrock, 1991: 6), 라이스는 바로 이 전환을 드러내는 인물이었다. 특히 이 전환기를 거치는 동안 미국 사회과학의 분과구조가 서구 세계에 성공적으로 확산되면서 하나의 모델로 간주되기에 이르렀다는 점이 중요하다(Manicas, 1991:

45~72; Wagner and Wittrock, 1991: 7). 미국 사회과학의 전문화된 지식, 제도 및 실천은 제2차 세계대전 종전 이후 세계 각 지역에 광범위하게 확산되는데, 라이스는 그 과정에서 중요한 역할을 담당했다. 제2차 세계대전 종전과 함께 전후 재건이나 발전을 위한 통계 수요가 급증하면서 1945년 이후 라이스의 시간과 에너지 대부분은 외국 정부의 통계 자문에 바쳐졌다. 유엔 설립 당시 라이스는 거의 단독으로 유엔 통계위원회 및 통계처(Statistical Commission and Statistical Office)를 만들었으며 초대 의장이 되었다. 1955년 은퇴 후 서베이스앤드리서치사를 설립한 라이스는 이 회사를 통해 전후 서유럽 여러 정부의 통계 자문을 맡았으며, 1958~1963년에 맥아더(D. MacArthur)의 요청으로 미군정하에서 일본의 통계를 재구성하는 활동을 주도했고,[6] 비슷한 시기인 1958~1963년에 주한통계고문단을 통해서 한국 정부의 통계 자문을 맡았다 (Sibley, 1969: 48; Dunn, 1969: 332~334).

한국의 사회과학에서 라이스의 영향은 주한통계고문단의 공식 활동에만 국한되지 않는다. 주한통계고문단 활동이 종료된 후에도 라이스는 한국과 지속적인 관계를 이어갔다. 1968년에는 약 2000여 권의 책을 서울대학교 인구발전연구소(현재 서울대학교 사회발전연구소)에 기증했으며, 다수의 한국인을 후원했다. 이 후원이 "입양"(Sibley, 1969: 48)으로 기록된 이유가 가늠될 정도로 라이스는 주한통계고문단 활동을 통해 인연을 맺은 젊은 관료들이나 젊은 학자들을 포함해 여러 한국인의 미국 유학을 지원하는 등 전폭적인 후원을 계속했다.[7] 1969년에 청와대는 "한국 통계 시스템 전반을 확립하고 근대화하는 데 뛰어난 공헌을 했으며, 대한민국의 근대 통계 시스템을 신뢰할 수 있도

6 관련 자료로 Hein(2003: 765~778); O'Bryan(2009) 참조.

7 라이스 부부는 미국으로의 여행 경비나 혼인예식 비용을 부담하는 등 자신들이 후원하는 한국인들을 "한국인 자녀들(our Korean sons and daughters)"로 여겼고, 후원받는 한국인들 역시 라이스 부부를 "미국인 부모(American parents)"로 여겼다고 기록되어 있다. "Oral History Interview with Mrs. Stuart A. Rice," http://www.trumanlibrary.org/oralhist/rices.htm(접속일: 2016. 3. 1).

록 정확하게 만들어 한국인들로부터 존경을 받게 되었다"는 점을 기념하여 라이스에게 대한민국 국민훈장 동백장을 수여했다.[8]

라이스가 이끄는 서베이스앤드리서치사는 주한통계고문단 활동을 통해 한국의 각종 통계기구 및 통계제도, 통계활동 전반에 걸친 실태조사를 진행했다. 통계 관련 각종 정부회의에 배석하고 연관 업무를 수행하는 관료들을 인터뷰했으며, 한국 통계의 현황을 광범위하게 검토했다. 그 결과는 서한의 형태로 총리나 장관을 비롯한 고위 관료들에게 전달되기도 했고, 평가와 개선안을 담은 각종 건의서로 출간되기도 했다. 1960년 11월에 제출된 『韓國 統計의 改善策: 大韓民國 政府에 對한 建議書』, 1961년 7월에 피츠제럴드(J. S. Fitzgerald)의 주도하에 작성된 『韓國 統計刊行物의 整備策: 大韓民國 政府에 對한 建議書』, 1962년에 통계 전문용어 1734개를 해설하여 출간한 『統計用語集』, 1962년 2월에 제출된 『韓國의 標本調査機關: 大韓民國 政府에 對한 建議書』 등은 당시 한국 통계의 실태와 문제점, 개선안을 광범위하게 다루고 있는 주요 자료들이다. 또한 주한통계고문단은 한국 통계기관들의 활동에 대한 개괄적인 평가와 한국 통계의 전망이 담긴 보고서를 미국에 제출하기도 했다(유홍림 · 김경태, 2008: 9).

3. 근대적 통치기구와 전문 관료

주한통계고문단의 활동은 지식과 제도, 실천 전반에 걸쳐 한국 통계(학)의 발전에 중요한 전기를 마련했다. 주한통계고문단의 활동이 본격적으로 이루어지기 시작할 당시 한국의 통계는 "통계조사의 객체도 정립되지 못했던 초

8 "Oral History Interview with Mrs. Stuart A. Rice," http://www.trumanlibrary.org/oralhist/rices.htm(접속일: 2016. 3. 1).

보적인 단계"(유홍림 · 김경태, 2008: 9)였으며 통계활동 자체가 "미미할 뿐 아니라 …… 여러 기관에서 산발적으로 수행되면서 체계적인 조정 없이 작성"(김경중, 1987: 2)되고 있는 상태였다고 평가된다. 한국 통계의 역사를 정리하여 발간한 통계청의 『한국통계발전사(I): 시대별 발전사』는 주한통계고문단의 활동이 센서스를 비롯한 조사 결과와 통계자료들을 "단순한 수적 사실을 결합"하는 것에서 "상호 간의 연관성을 구체적으로" 분석하는 차원으로 발전시킨 중요한 계기였으며, 이를 통해 비로소 "정부 수립 후 10개년간의 국가 발전의 구상을 파악할 수" 있게 되었다고 평가하고 있다(통계청, 1992a: 298~299).

앞서 언급한 것처럼 주한통계고문단은 일차적으로 1960년 센서스를 위해 설치된 기구였는데, 주한통계고문단의 자문에 따라 시행된 1960년 센서스는 "통계제도가 획기적인 변화를 거치면서 정착"(송문섭, 2001: 22)되고 "전문 통계인의 양성에도 힘을 기울이기 시작"한 계기이자 "진정한 근대적인 인구센서스를 시작하는 분수령"(김민경, 2008: 27)이었다고 평가된다(김민경, 2002: 21~48; 유홍림 · 김경태, 2008: 7~9). 1960년 센서스를 앞두고 제출된 주한통계고문단의 건의안에 따라 한국 정부는 1959년 2월 10일에 국세조사위원회의 설정에 관한 대통령령을 제정하여 국무회의에서 통과시켰고, 이 위원회를 중심으로 1960년 인구주택국세조사를 실시한 데 이어 1961년 2월 1일에는 농업국세조사를 실시했다(통계청, 1992a: 298~299). 1960년 인구주택국세조사는 전국적으로 약 10만 명의 조사원을 활용하여 최초로 조사원 면접을 통한 타계식 조사를 실시했으며(김태헌, 1997: 31), 집계 단계에서 20%의 표본집계방법을 도입하고, 총조사의 정확도를 평가하기 위한 사후조사(PES: Post Enumeration Survey)를 실시했다. 또한 주택조사를 처음으로 포함했고, 상주(de jure) 인구를 최초로 적용했으며, 미국 대외원조처(ICA) 후원으로 IBM 사의 펀치카드시스템(PCS: Punch Card System)을 도입해 최초로 전산 처리가 이루어진 센서스였다(조은주, 2014b: 144~149).

주한통계고문단은 1960년 센서스뿐 아니라 대한민국 정부 각 부처에서 담당하는 통계업무에 관한 광범위한 실사를 바탕으로 한국 통계의 개선안을 작성하여 한국 정부에 여러 차례 제출했다. 주한통계고문단이 한국 정부에 권고한 사항들은 한국 통계 전반의 종합적 개선책은 물론 통계간행물의 정비, 통계 용어의 통일안, 표본조사의 기술적 자문에 이르기까지 통계에 관한 제반 문제를 아우르고 있다. 주한통계고문단은 일반목적 통계를 통계국으로 집중하고, 농림부 소관 통계를 개선하며, 기타 통계기관 사무기능의 한계를 설정할 것, 중앙표본조사기관과 IBM 시설을 관리할 한국통계자료정리소를 창설하고 통계조정기관을 설치할 것, 국세조사위원회를 통계위원회로 개편하고 이상의 내용을 통계제도로 확립하기 위해 통계법을 제정할 것, 그리고 대학에 통계학과를 신설하고 통계전문가를 양성할 것 등을 권고했다(주한통계고문단 · 서-베이스리써-취회사, 1960). 이러한 내용은 **통계활동을 위한 근대적 행정기구의 확립**(통계국의 위상 정립과 통계법의 제정) 및 **전문 관료의 양성**에 대한 요구로 요약할 수 있다.

이와 같은 주한통계고문단의 권고는 실제 한국 통계제도에 직접적인 영향을 미쳤다. 해방 후 미군정을 거쳐 대한민국 정부가 수립된 후 통계업무는 공보처 산하의 통계국 소관이었으며, 1955년 내무부로 이전된 후 내무부 산하의 통계국이 담당하고 있었다. 주한통계고문단은 "통계국이 내무부에 예속됨으로써 그 **기술적인 독립성 및 효율성**에 있어서 저해를 받게" 되는 것을 심각하게 우려했다(강조는 인용자. 주한통계고문단 · 서-베이스리써-취회사, 1962: 35). 따라서 "통계국의 **독립**을 확보"하기 위해 "통계국을 내무부에서 분리시켜" "어느 중립적인 위치로 전치시키"거나, 통계 사무를 각 부처 내의 현재 위치에 잔존시키더라도 "통계의 기획과 조정 및 관리를 위한 기관"을 별도로 둠으로써 "경제계획기관과의 밀접한 관계를 맺을 수 있게" 할 것을 요구했다(강조는 인용자. 주한통계고문단 · 서-베이스리써-취회사, 1960: 21). 무엇보다도 통계국에 대한 "**정치적 및 비기술적 영향을 완전히 제거**"하고 통계국에 강력한 "통계조정의 권한을 부여"하는 것이 핵심적인 과제임을 강조했다(강조는 인용자. 주한통계고문단 · 서-베이스리써-취회사, 1961: 38).[9]

1961년 군부 쿠데타 직후 정부조직 재편과정에서 경제기획원이 설립되면

표 6-1 해방 후 통계 주무부서의 변천

시기	주무부서 및 소속기관
1945년 8월~1948년 8월	미군정
1948년 8월~1955년 2월	공보처 통계국
1955년 2월~1961년 7월	내무부 통계국
1961년 7월~1991년 1월	경제기획원 (조사)통계국
1991년 1월~	통계청

서, 주한통계고문단의 권고에 따라 통계국은 경제기획원으로 이관되었다. 통계국의 이전은 "통계조정 및 관리에 대한" "통계고문단의 건의안을 채택한 것"이었으며, 주한통계고문단이 요구한 통계의 "조정기능을 행사할 기관으로" 통계국이 결정된 것을 의미했다(주한통계고문단 · 서-베이스리써-취회사, 1962: 36). 한국에서 통계 생산은 이 경제기획원 조사통계국의 신설과 함께 본격적으로 시작되었다고 평가되고 있다(안정용 · 이은정, 2005: 98~118). 주한통계고문단은 "지도력은 위신의 문제에 밀접한 관계가 있"으며 "내무부에 예속하였던" 이전의 통계국은 "그 위신이 대단히 저하되"어 있어 문제가 심각했지만, "1961년도의 5.16 혁명 이후 혁명정부의 기구개편에 의하여 통계국이 경제기획원으로 이전됨으로써" "어느 정도 높은 지위를 — 적어도 잠재적이나마 — 획득함으로써 위신과 권한을 가지게" 되었다고 보았다(주한통계고문단 · 서-베이스리써-취회사, 1962: 36).

통계업무가 경제기획원으로 이관된 이듬해인 1962년 1월 15일에는 통계에 관한 기본법령인 통계법이 제정되었다. 통계법 제정은 주한통계고문단이 한국의 통계 개선을 위해 요구했던 핵심적인 사항이었다. 주한통계고문단은 자

9 본문에서 인용하고 있는 주한통계고문단의 간행물은 모두 영어로 먼저 작성된 후 경제기획원의 전신이라 할 수 있을 부흥부 공무원 출신 조이제의 번역으로 국역본과 함께 간행되었다. 인용문은 모두 국역본에 따른 것으로, 원문의 오기(誤記) 역시 수정하지 않고 그대로 실었다. 조이제는 ICA가 지원한 공무원 연수프로그램으로 조지워싱턴 대학교에서 행정학 석사학위를 받고, 이후 라이스의 추천으로 시카고 대학교에서 사회학 박사학위를 받았다.

신들의 모든 건의안의 목적이 "건전하고 효율적인 한국통계제도를 확립하는 데 있"으며, "이러한 통계제도의 확립에 요구되는 가장 중요한 절차는 …… 한국통계법의 제정으로 마련"된다고 보았다(주한통계고문단 · 서-베이스리써-취회사, 1960: 39). 통계의 수집이 만들어내는 막강한 관료적 기구(machinery)는 단지 정보를 제공하는 기능을 담당하는 것이 아니라 근대 국가 권력을 작동시키는 핵심적인 테크놀로지의 일부가 된다(Hacking, 1991: 184). 통계법은 여러 기관에서 분산적으로 수행하고 있는 통계업무를 조정하고 개선 및 발전시키기 위한 모든 권한을 경제기획원 장관에게 부여했다. 이것은 경제기획원 산하의 조사통계국을 통계의 생산뿐 아니라 국내 통계활동 전반의 조정 및 체계화를 담당하는 기구로 만드는 강력한 제도적 장치였다(조은주, 2014b: 152~153).

통계국의 경제기획원 이관이나 통계법 제정은 통계업무를 담당하는 근대적 관료기구의 확립을 의미하지만, 이와 같은 새로운 성격의 행정기구와 제도가 실질적으로 작동하기 위해서는 새로운 유형의 관료가 필요하다. 이런 점에서 주한통계고문단은 "불행히도 '오월 혁명' 이후 팔 개월이 지난 이때 통계국이 기술적 능력에 있어 고도로 급속히 발전할 것이라는 통계고문단의 희망은 실현되지 않았다"고 평가하면서, 국가재건최고회의에 의해 통계법이 제정되고 통계조정의 절대적인 권한을 경제기획원 원장에게 부여했음에도 불구하고 "통계법의 시행에 요구되는 인적 구성"의 개선이 이루어지지 않고 있으며 "통계법에 의하여 이루어질 업무의 개념을 통계국"이 "충분히 인식하지 못하였다"라고 심각하게 우려했다(주한통계고문단 · 서-베이스리써-취회사, 1962: 36). 주한통계고문단은 "통계 작성과 통계도표 작성의 습관은 한국 정부의 행정에 깊은 뿌리를 박고 있으나 이는 통계의 사용에 관한 분별이 없는, 대부분 이 방면에 훈련을 받지 못한 직원에 의하여" 이루어진 것으로, "방문객들에게 좋은 인상을 주기 위한" 용도에 불과하며 그것을 작성하는 직원들조차 "형식적이며 흥미 없는 일"로 여겨 "용이한 방법을 찾아" "떼워 버리는 일로 여기고 있다"라고 평가했다(주한통계고문단 · 서-베이스리써-취회사, 1961: 9).

주한통계고문단은 통계의 중요성 및 통계전문가에 대한 한국 국민과 정부의 인식이 모두 변화해야 함을 여러 차례 강조하면서, "통계전문가에 대한 봉급을 인상함으로써 기술적 전문분야를 추구하려는 사람들의 연구를 권장"해야 하며(주한통계고문단 · 서-베이스리써-취회사, 1962: 38), "일류의 실력을 가진 통계가가 정부 또는 민간기관을 위하여 봉사할 때 이들에 대한 급여와 사회적 품위는 학계 및 기타 공공기관의 저명한 인사들과 동등하게 취급되어야 한다"라고 역설했다(주한통계고문단 · 서-베이스리써-취회사, 1960: 6).

> 한국에서는 통계담당자에 일반 국민과 고위 관료들의 인식이 비교적 낮은 까닭에 발전성이 있는 사람들이 통계분야에 종사하는 것을 꺼려하는데 이러한 현상은 특히 정부기관에서 현저하다. 공무원이 통계기관으로 전임되는 것은 왕왕 좌천으로 간주되어 왔다. 통계업무가 주는 공무원으로서의 기회와 지적 매력은 도외시하고도, 현재의 유능한 공무원들에게 통계업무에 종사하도록 하는 아무런 자극도 주어지지 않았다. 이것은 한국 통계발전에 있어서의 가장 큰 장애가 되고 있다. 통계담당자에게는 높은 지위와 이 지위에 수반하는 봉급을 지급하여야 된다. (중략) 이러한 기관에 종사하는 유능한 직원에게는 이들의 가치 있는 전문적인 봉사를 위하여 승진의 기회를 주어야 하며 무기한 그 직위를 보장하여야 한다(주한통계고문단 · 서-베이스리써-취회사, 1962: 6).

통계담당자의 지위와 봉급, 사회적 위신에 대한 이 같은 특별한 강조는 수치 그 자체에 전념하는 정부 부처의 등장이 특별한 유형의 지식, 새로운 유형의 기술, 계량화된 정보를 수집하고 체계화하고 이해하는 능력을 전제로 하며, 동시에 이와 같이 새로운 종류의 업무를 수행할 새로운 유형의 관료, 새로운 종류의 권한, 새로운 유형의 권위의 탄생과 결합해야 한다는 점과 연관된다(Hacking, 1990: 29~33). "통계담당자가 하는 일이 사회적인 인식을 받지 못한다면 필요한 통계자료를 구득함에 있어 아무런 진척도 볼 수 없게 된다"라는 주한통계고문단의 우려는 이와 같은 인식을 드러낸다(주한통계고문단 · 서-베이스리써-취회사, 1960: 5).

해킹은 최초의 통계전담 국가 기구였던 프로이센의 통계국 국장 호프만이 베를린 대학교 교수로 동시에 재직했다는 사실에 주목하면서, 이를 통계국이 과거의 질서와는 전혀 다른 기구였음을 나타내는 중요한 근거로 해석한 바 있다(Hacking, 1990). 수치를 전담하는 새로운 유형의 관료는 전문적 지식과 과학적 실천을 통해 국가의 새로운 지식과 실천, 제도의 확립과 결합한다. "통계학은 수학과 밀접한 관계를 가지는 학문"이자 "경제학, 사회학 및 공공정책의 수립에 있어서뿐만 아니라 물리학, 천체물리학, 천문학, 기타 자연과학의 새로운 제 분야의 발달에 있어서 필수불가결한 과제"(주한통계고문단 · 서-베이스리써-취회사, 1960: 5~6)라는 주한통계고문단의 역설은 이 새로운 유형의 제도적 실천이 전문적인 과학적 지식과 불가결하게 결합해야 한다는 점을 강조하는 것이라고 하겠다. 이러한 맥락에서 주한통계고문단은 각 대학에 통계학과를 신설할 것을 권고했고, 통계를 담당하는 관료들의 해외 유학 및 연수를 지원하는 한편 보다 체계적인 훈련을 한국 정부에 요청했다(주한통계고문단 · 서-베이스리써-취회사, 1960: 39; 유홍림 · 김경태, 2008: 8~9). 이에 따라 1963년에 고려대학교에 한국 최초의 통계학과가 신설되는 것을 시작으로 각 대학에 통계학과들이 설립되기 시작했다.

한국에서 열린 최초의 통계학대회 역시 주한통계고문단의 철수에 즈음하여 5년간의 주한통계고문단 활동을 기념하기 위한 목적으로 개최되었다.[10] 1963년 5월 11~12일에 열린 이 최초의 통계학대회에서는 "황무지와 다름없는 우리나라 통계분야에 있어서 후진성을 탈피하려면 지금 무엇이 가장 필요한가에 관하여 사계(斯界) 전문가 사이에 진지한 토론이 전개"되었고, 통계 발

10 최초의 한국통계학대회는 이만갑을 운영위원장으로, 박한식, 변형윤, 이규화, 권이혁, 조완규, 정량은, 이지호, 김광식, 최지훈을 운영위원으로 하여 구성되었다. "학자 26명이 참가: 11일부터 통계학대회", ≪경향신문≫, 1963. 5. 9, 5면; "실무·학문적으로 연구: 통계학대회 스케줄 결정", ≪동아일보≫, 1963. 5. 10, 7면; "후진성 타개의 길 모색: 연 2일의 통계학대회 성료(盛了)", ≪동아일보≫, 1963. 5. 13, 5면.

전을 위한 구체적 방안으로 '한국통계학회(가칭)'를 구성하기로 결정하게 된다. 이렇게 하여 학회구성준비위원회를 구성한 후,[11] "통계학리 연구의 위탁과 장려, 여러 통계조사의 지원, 통계에 관한 국내외 자료의 수집 등을" 사업계획으로 하는 대한통계협회가 설립되었다.[12]

4. 누가 무엇을 보는가

앞에서 살펴본 주한통계고문단의 활동은 근대 국가의 특유한 "가독성(legibility)"(Scott, 1998)의 장치로서 통계가 읽는 주체와 읽히는 대상 사이의 관계를 어떻게 형성해 내는가의 문제를 잘 보여준다.[13] 주한통계고문단은 한국의 통계현황을 진단하면서 단지 통계에 국한되지 않는 한국 사회 전반의 문제를 지적하고 비판했다. 특히 한국 국가의 후진성, 즉 정부나 관료기구의 조직 및 운영방식의 후진성과 함께 한국 국민들의 낙후한 의식수준이 지적되었다. 주한통계고문단은 "한때 쇄국주의를 표방하던 나라"인 대한민국이 "지금은 현대국가로서 세계의 국가가족의 일원으로 참여하려고 애쓰고 있"으나 "이러한 전환은 점증하는 고통을 수반"하고 있다고 평가하면서, "한국이 열망하는 현대화와 경제 성장을 이룩하기 위하여는 보다 나은 통계가 필요하"며 "통계는 …… 한국의 장래를 기획하는 데 있어서 특히 중요"하다고 역설했다(주한통계

---

11 학회구성준비위원회는 서울대 의대 보건대학원 권이혁 교수가 간사장을 맡고 서울대 문리대 최지훈 교수가 주무간사를 맡았다.

12 통계청 자료에는 대한통계협회가 1963년 3월에 발족했다고 기재되어 있으나 오류인 것으로 보인다(통계청, 1992b: 51). 대한통계협회는 초대 회장 이은복, 부회장 홍성해, 그리고 이만갑, 양재모, 강오전, 오홍근을 이사로 하여 구성되었다. 이후 2008년에 한국통계진흥원으로 명칭을 변경하여 현재에 이르고 있다.

13 스콧(J. C. Scott)은 자신의 저서에서 사회의 가독성을 증진시키는 것이 근대 국가의 통치술의 핵심이었다고 지적하고 있지만, 읽는 주체로서의 국가와 읽히는 대상으로서의 사회가 읽는다는 실천 그 자체의 효과라는 점을 간과하고 있다(조은주, 2018: 129~130).

고문단 · 서-베이스리써-취회사, 1960: 머리말). 그럼에도 불구하고 한국에서는 "통계자료의 수집이라는 것이 세상 사물의 인과와 아무런 연관을 갖지 않는 어떤 마술적인 의식의 성질을 띤 것"으로 여겨지고 있는데, 이것은 "의심의 여지없이 일본의 통치에 의해서 얻어진 유산물임이 틀림이 없"으며, "왜정 당시의 엄폐된 목적에 필요한 정보의 수요에서부터 시작된 것"이라고 지적하고 있다(강조는 인용자. 주한통계고문단 · 서-베이스리써-취회사, 1960: 9).

앞서 언급한 바와 같이 라이스가 이끄는 서베이스앤드리서치사는 일본의 전후 통계체계 수립에 참여하면서 한국에서와 마찬가지로 일본 통계 개선을 위한 자문활동을 벌였다. 주한통계고문단은 일본에서 통계의 발전이 이루어지지 못한 핵심적인 이유가 통계자료의 생산에도 불구하고 "방대한 자료를 취급하는 데 있어서 수학과 기술을 적용하지 못하였다"는 점에 있음을 지적하면서, 서방 국가들에서는 수학과 기술의 적용이야말로 "통계학과 통계행정을 재편하고 있"으며 "정부와 산업계에 대한 이러한 영향은 거의 혁명적인 것"이라고 강조한다(강조는 인용자. 주한통계고문단 · 서-베이스리써-취회사, 1960: 8). 여기서 통계는 단지 근대 국가의 행정장치가 아니라 수학과 기술 등 과학의 발전과 결합한 전문적인 앎의 장치라는 점에서 이전 시대와도 다르고 동시대의 다른 국가 기구들과도 다른 특징을 갖는다.

이것은 국가의 새로운 역량과 역할을 의미하는 것인 동시에, 이러한 국가의 면모는 국민들의 의식과 습성을 변형시켜 내는 핵심적 요인이 된다. 주한통계고문단은 "수, 량, 용적의 개념, 환언하면 통계적 사고방식에 대한 국민적 특색"을 "통계에 대한 의식(statistical mindedness)"이라고 명명하면서, "통계에 대한 의식이 강한 국가에서는 개인이나 단체를 막론하고 여하한 문제의 해결에 있어" "추측사고"나 "습성"이 아니라 "사실에 의하여 인도되도록 하는 것"이 가능하며, 이 통계에 대한 의식이야말로 "통계 개선을 위한 묘판"이라고 역설한다. "통계에 대한 의식이 강한 사람"은 "어떤 일에 관한 중요한 결정을 내리기 전에 그 사태에 관한 진실을 찾으려고" 애쓰며, 특히 "국가가 정확한 자료를 필요로 하고 있는 것을 인식하고 있으므로 정부 통계조사의 설문에 진실히 응답한다"(강조는 인용자. 주한통계고문단 · 서-베이스리써-취회사, 1960: 4~5). 따라서 "통계에 대한 의식"의 발전 없이는 통계의 발전이 불가능하다는 것이다.

> 「통계에 대한 의식」은 가장 평범한 일에 있어서라도 과학적인 의미에 있어서의 사실에 입각하여 사고하는 습성이라고도 부를 수 있다. 통계에 대한 의식을 갖은 사람들은 수락할 수 없는 관념이나 신념에 도전하여 증거의 제시를 요구한다. 그들은 수나 분량, 계산방법이나 추산방법에 관하여 물을 것이다. 이런 사람들은 통계에 대한 의식이 없는 동료들에게는 귀찮게 생각될 것이나 사회적 생활에 있어서나 개인적 거래에 있어서 과오를 범하는 일은 적을 것이다(강조는 인용자. 주한통계고문단 · 서-베이스리써-취회사, 1960: 7).

위의 인용문에서 보듯이, 수락할 수 없는 관념이나 신념, 추측이 아닌 사실에 입각하여 사고하는 습성, 사태에 관한 진실을 토대로 해서만 중요한 결정을 내리는 성향, "수나 분량, 계산방법이나 추산방법"에 근거한 "과학적" 태도야말로 통계의 개선을 위한 조건이자 그 결과라고 주한통계고문단은 역설했다. 이것은 통계의 개선이 단지 행정기구의 재편과 유능한 관료의 양성에 머무는 것이 아니라, 평범한 사람들의 행위(conduct)를 어떻게 변화시키고 유도(conduct)해 낼 것인가의 문제, 이른바 "통치성(governmentality)"(Foucault, 2007)의 차원과 직결되어 있었음을 보여주는 것이다.

이를 위해 통계고문단은 "효율적인 사고방식의 변화가 전 국민에게 침투되지 않으면 안 된다. 이것은 지적 객관성의 탐구와 합리적 사고의 습성을 고등교육을 통하여뿐만 아니라 국민학교와 중학교에서도 배양시켜 주어야 한다는 것을 의미한다"라고 지적하면서, 통계의 개선을 위해 수학적 · 합리적 사고를 초중등교육과정을 통해 "배양"해야 한다고 권고했다. 구체적으로, "배열, 분포상태, 도수분포, 평균 및 상관관계와 같은 여러 가지 초보적 통계개념은 초등학교 학생들에게도 용이하게 이해될 수 있"으므로 "이런 개념은 산술의 초기적 수업과 더불어 교과과정에 유용하게 포함"되어야 한다고 지적했다(주한통계고문단 · 서-베이스리써-취회사, 1960: 7~8).

국가 차원의 통계적 실천의 후진성뿐 아니라 통계와의 관련을 통해 드러나는 국민적 습성의 후진성에 대한 이러한 진단 및 개선안은 미개와 문명, 비서구의 후진성과 서구의 발전 사이의 대비라는 전제 위에서 기술되는 것이었다. 한국 통계의 종합적인 개선안을 다루는 통계고문단 보고서의 상당 부분은 서방 국가들 — 주로 미국, 이따금 영국 — 의 예를 대비시킴으로써 한국 통계의 후진성과 낙후성을 지적하는 방식으로 전개되었다. 가령 "원시사회를 지배했던 비합리적 사고방식을 완전히 불식한 국민은 아직 없지만 고도로 경제가 발달된 선진국의 국민들은 결정을 합리적 판단을 기초로 하여 짓"고 있음을 언급하면서 "미국에서는 매일 작든 크든 결정을 내리는 데에 지침이 되는 통계자료에 의하여 다소라도 영향을 받지 않는 사람은 하나도 없을 것이다. 일간신문을 통하여 옳든 그르든 통계를 보지 않는 성인은 아마 없을 것이며 의식적이든 무의식적이든 이를 일상 회화에 인용하지 않는 성인은 거의 없을 것"이라고 서술한다(강조는 인용자. 주한통계고문단 · 서-베이스리써-취회사, 1960: 4). 다음의 두 인용문은 이와 같은 대비를 전형적으로 드러내주고 있다.

> 미국에서는 통계 사무를 사업운영상의 기본적 요소로서 인정하지 않는 정부의 기관이나 산업체나 상사는 거의 없다. 정부 각 성은 각기 해당 분야에 있어서 국민들의 필요로 하는 것을 측정하고 이런 필요를 충족하려는 노력의 결과를 측정함으로써 법적 의무를 수행한다. 산업별 조직체에서는 자기의 산업에 대한 전망을 경쟁상대의 그것과 비교하며 통계가 제시하여 준 새로운 기회에 대하여 회원의 주의를 환기시킨다. 개인기업체는 그들이 속한 산업의 생산량을 검토하고 또 '시장조사'를 통하여 새 지역에 대한 확장 또는 신제품 소개의 가능성을 시험해 본다. 미국인으로서 알든 모르든 간에 통계의 영향을 받지 않는 사람은 아마도 하나도 없을 것이다. 제2차 세계대전 말기에 런던의 ≪애코노미스트지≫가 "장래의 세계는 통계에 의하여 지배된다"고 예언한 것이 급속히 적용되어 가고

있다(강조는 인용자. 주한통계고문단 · 서-베이스리써-취회사, 1960: 2).

원시인은 현실과 비현실을 구별하는 데 곤란을 느꼈다. 예를 들면 꿈속에서 이웃 사람이 그를 살해하려고 하였다면 그 잠에서 깨어나자마자 그는 그 이웃 사람을 살해하려 하지 않으면 안 된다. 문명인들도 사실을 알려는 노력도 없이 풍문이나 억측 혹은 편견에 따라서 왕왕 이와 비슷한 행동을 한다. (중략) [한국 사람들은] 아직도 여러 가지 중요한 문제에 있어서 미신이나 마술에 대한 믿음이나 그 밖에 여러모로 불합리주의에 의하여 영향을 받고 있다(강조, 대괄호는 인용자. 주한통계고문단 · 서-베이스리써-취회사, 1960: 5~7).

위의 두 인용문에서 나타나는 "미국"과 "원시인", 문명과 문명 이전, 발전과 미발전 사이의 대비는 차크라바티(D. Chakrabarty)가 말하는 "역사주의(historicism)"(Chakrabarty, 2000; 조은주, 2013: 121~153)의 인식론을 드러낸다. 역사주의는 근대성과 자본주의가 서구에서 시작되어 세계로 확산해 간다는 사고의 구조에 근거해, 역사적 시간 그 자체를 서구와 비서구 사이에 존재하는 문화적 거리의 척도로 삼는다. 불균등 발전을 통해 타파되지 않고 남은 나머지(remnant)를 시대착오(anachronism)로 간주하며, 현재성을 결여하는 미신적인 동시대인들을 역사적 시간의 이전 단계로 간주하는 것이다.

여기서 문명 이전의 시대착오가 문제가 되는 것은, '사회'를 읽어내기 위한 자유주의적 실천으로서 근대 사회과학의 지적 실천이 통계적 가독성이 낮은 제3세계의 공간에서 작동하기 어렵기 때문이다. 이른바 "인구학적 타자(the demographic Other)"(Greenhalgh, 1996: 27)인 제3세계를 읽어내기 위한 시도는 세계를 인식 가능한 공간(knowable place)으로 바꿔내기 위한 실천으로서의 의미를 갖는다. 19세기 이후 전개된 "통계국제주의(statistical internationalism)"(Curtis, 2001: 17~19)는 이와 같은 맥락에서 전개된 것이라고 할 수 있다.

주한통계고문단의 활동은 제3세계의 인구학적 타자성이 야기하는 불가해의 상황을 완화하고 통계적 가독성을 증진시키기 위한 실천과 결부되었다.

표 6-2 한국 통계에서 기관별 지명 영문 음역의 예시

내무부 통계국 ≪통계월보≫	대한전업 ≪한국전력통계월보≫	상공부 ≪상공월보≫
Yeongweol	Yongwol	Yongwol
Danginri #1	Tanginri #1, 2	Tang In Ri No.1
Masan	Masan	Ma San
Samcheok	Samchok	Sam Ghok
Danginri #2	Tanginri #3	Tang In Ri No.2
Hwacheon	Hwachon	Hwa Chon
Cheongpyeong	Chongpyong	Chongpyong
Seomjingang	Chilbo	Chil Bo
Boseong-Gang	Posung Kang	Bo Sung Kang
Unam	Unam	Un Am
Goesan	Kwaesan	Koe San

자료: 주한통계고문단 · 서-베이스리써-취회사(1961: 31).

주한통계고문단은 "모든 통계표 및 도표의 표제, 열두(列頭), 단두(段頭), 눈금 등을 영문과 국문으로 나타내야" 하며 "가급적 통계간행물의 문장내용을 영역하고 현재 발간되고 있는 영문은 개량되어야 한다"라고 지적했다. "통계자료를 한국어로만 계속 발행한다는 것은 한때 이 나라가 표방한 쇄국주의적 상태로의 후퇴를 의미"하는 것이기 때문이다. 특히 "한국 통계는 한국이 열망하고 있는 것을 실현하는 데 원조할 수 있는 입장에 있는 사람들에게 전달될 수 있어야" 하므로, "엉터리 영어"를 허용해서는 안 된다(주한통계고문단 · 서-베이스리써-취회사, 1961: 20). 여기서 "한국이 열망하고 있는" 것을 "원조할 수 있는 입장"이란 물론 서구 — 보다 정확히 말해 미국 — 를 뜻하는 것이다.

주한통계고문단의 단장인 테핑(B. J. Tepping)은 1961년 1월 25일에 국무총리에게 서한을 보내 "대한민국 정부의 통계업무 개선에 있어서 하나의 근소하면서도 중요한 사항은 한국의 고유명사(예: 지명)를 로오마자로 음역하는 데 있어서의 표준이 있어야" 한다는 점이며, "엄격히 표준화한 음역법이 없는 한 (중략) 혼동을 초래하게 될 것"이라고 지적한다. 그는 한 예로 3개 정부기

관에서 사용하고 있는 발전소의 지명을 비교한 일람표를 덧붙이고 있다(표 6-2 참조. 주한통계고문단 · 서-베이스리써-취회사, 1961: 20).

각종 통계표와 도표의 표제, 열두, 단두, 눈금은 물론 모든 통계간행물을 영역하고 현재의 영문은 개량하며 고유명사의 영문 표기를 모두 통일시켜야 한다는 이 같은 주한통계고문단의 요구는 앞서 언급한 것처럼 일종의 타자적 공간으로서 제3세계의 인식 불가능한 대상을 인식 가능한 공간으로 전환시키기 위한 가독성의 요구라고 할 수 있다. 한국은 읽히는 대상으로서의 타자성을 적극적으로 받아들이고 서구 사회에 자신의 가독성을 높임으로써, 한국이 열망하는 것을 원조받을 수 있으며 읽는 주체인 서구와의 동시대성을 획득할 수 있게 된다. 다음 인용문에서 보듯이 한국이 "국제적 통계사회에 참가할 야망"을 실현시키고 "국제과학공동사회"의 "구성원 자격을 인정받기" 위해서는 "통계전문가와 통계기관 자체의 통계적 업적과 성숙" 외에 다른 지름길이나 간단한 방법이 존재하지 않는 것이다.

> 한국은 다른 방면에 있어서와 같이 통계에 있어서도 세계국가가족의 일구성원이 되어가고 있다. 한국은 국제적 통계사회에 참가할 야망을 갖고 있는 모든 사람들에게 솔직한 주의를 환기시켜야 할 일이 있다. 지름길은 존재하지 않는다. 한국이 국제과학공동사회에 있어서의 구성원 자격을 인정받기 위하여는 한국의 통계전문가와 통계기관 자체의 통계적 업적과 성숙에 의존할 길밖엔 없다. 이런 성숙을 달성하는 데에 간단한 방법은 존재하지 않는다. 발전은 순서를 따라 이루어져야 한다(주한통계고문단 · 서-베이스리써-취회사, 1960: 8).

통계(statistics)가 문자 그대로 국가에 관한 국가의 지식(the state's knowledge of the state)을 의미한다고 할 때, 그것은 자국만이 아니라 다른 국가들의 인구와 자원, 생산, 통상 등에 관한 지식을 뜻하는 것이기도 하다. 다시 말해 통계는 자국에 관한 지식인 동시에 다른 국가에 관한 지식의 성격을 가진다. 이런 점에서 통계는 서로 다른 나라들의 기술적 배치(technological assemblages) 사이의 접합점(hinge)이 된다(Foucault, 2007: 315; 조은주, 2014b: 165). 이렇게 볼 때, 대한민국이라는 신생국에 관한 지식이 타국, 즉 서방의 여러 나라들과 특히 미국에 가독성 있게 전달되는 문제는 통계라는 지식 및 제도, 실천의 성격과 연관되는 중요한 것이다. 냉전 질서와 국제원조 체제하에서 제3세계 신생 독립국인 대한민국의 통계에 있어 이는 핵심적인 문제였다.

5. 사회를 읽다

1950년대 말부터 1960년대 초까지 미국의 원조로 설치된 주한통계고문단의 활동은 식민지배와 내전을 거친 빈곤한 신흥독립국이었던 한국에서 사회의 실제(reality)를 과학적 · 객관적으로 파악하고자 하는 근대 국가의 실천 모델(조은주, 2014a: 196~201, 2014b: 138~140)이 확립되는 과정에 중요한 영향을 미쳤다. 이 장에서는 주한통계고문단의 활동을 통해 통계 관련 관료기구의 변화와 함께 새로운 법률이 만들어지고 새로운 유형의 관료가 양성되며 새로운 형태의 지식이 국가 통치의 핵심에 자리하게 되는 역사적 과정과 그 의미를 살펴보았다.

앞서 살펴본 것처럼 주한통계고문단을 구성하여 활동한 서베이스앤드리서치사의 라이스는 20세기 미국 통계의 발전을 요약하는 징후적 인물로, 사회개혁에 대한 열망이 사회에 대한 과학적 지식의 이상과 결합하는 양상을 전형적으로 드러내는 사례이다. 특히 라이스는 유엔 설립과 함께 유엔 통계위원회 초대 의장을 역임한 후 일본과 한국의 국가통계 수립 과정에 참여하면서 미국의 발전된 과학적 기술을 비서구 사회에 도입하는 일종의 문명화 임무(Adas, 2006)를 적극적으로 실천한 인물이었다. 그가 이끈 주한통계고문단은 한국에서 통계국의 위상을 정립하고 통계법을 제정하는 등 통계활동을 위한 근대적 국가 행정기구를 확립하는 한편, 이를 위한 전문적인 과학자-관료 집단을 양성하는 데 중요한 역할을 담당했다. 이러한 과정을 거치면서 사회과학의 전문적 지식은 새로운 유형의 관료의 이상, 새로운 유형의 공적 권위의 창출과 결합하게 되었다. 나아가 통계(학)의 발전이 읽는 주체와 읽히는 대상의 분리, '사회'를 읽어내는 자유주의적 실천으로서 근대 사회과학의 지적 실천, 그리고 읽히는 대상으로서 '사회'의 가독성의 증진을 의미한다는 점에서 1960년대 한국의 통계 발전은 제3세계의 통계적 가독성과 인구학적 타자성이라는 역사적 맥락과 분리되기 어렵다.

1960년대 한국의 통계 발전 및 사회에 대한 통계적 지식 형성의 과정을 살펴봄으로써 이 장에서 제기하는 주장은 다음의 세 가지로 요약하여 제시할 수 있다. 첫째, 1960년대 이래 한국 통계의 발전은 한국의 행정 체계와 관료 시스템, 통치를 위해 필요한 지식의 성격과 이를 둘러싼 실천 전반의 변화를 가져왔다. 이 변화는 "정부의 통계기관은 **기술적이며 비정치적인** 기구로 간주되어야 한다"(강조는 인용자. 주한통계고문단 · 서-베이스리써-취회사, 1960: 6)라는 주한통계고문단의 명료한 주장이 함축하듯 비정치적이고 기술적인 성격으로 인식되었고, 사회에 대한 보다 정확한 지식을 확보하기 위한 과학의 적용과 발전으로 받아들여졌다. 아프리카 남부 레소토의 발전 프로젝트에 관한 인류학 연구에서 퍼거슨(J. Ferguson)은 제3세계 발전 프로젝트를 "반정치기계(anti-politics machine)"로 명명한 바 있다(Ferguson, 1994). 레소토의 사례를 통해 퍼거슨은 제3세계 발전 프로젝트가 실패로 귀결될 수밖에 없었던 여러 과정들에 주목하고 있기는 하지만, 발전 프로젝트의 성공이나 실패 여부를 떠나 발전의 장치(development apparatus) 그 자체가 관료적인 국가 기구를 강화하고 확장하며 이 과정을 탈정치화하는 효과를 가져온다는 점에 주목할 필요가 있다. 1960년대 이후 한국에서 통계는 기술적(technological)이고 비정치적인 새로운 국가 역할과 전문적이고 객관적인 과학의 발전, 양자의 결합을 의미했다. 근대 국가와 지식의 관계를 동원이나 억압의 차원으로 완전히 환원시킬 경우 이 같은 탈정치의 정치, 반정치의 정치의 차원(Rose, 1991: 673~692; 조은주, 2018: 130~135)에 접근할 수 없다.

둘째, 사회과학의 역사에 대한 연구에서 기존의 투입-산출 모델은 지식 형성의 과정에서 나타나는 다층적인 실천의 차원들을 포착하기 어렵게 만든다. 사회과학의 역사는 엄격한 의미에서의 학문의 영역만이 아니라 경제 데이터나 보고서, 인구학적 정보, 범죄나 혼인, 고용, 주택, 생활만족도에 관한 통계, 여론조사나 유권자 분석, 심리 평가와 시험 결과에 이르기까지 사회과학자뿐 아니라 각종 전문가들이 여러 형태로 생산해 내는 사회적 지식과 연관된다. 이 과정에서 인식론적 원칙이나 인지적 도식, 이론적 모델, 개념적 가공물은 물론 기술적 도구, 방법론적 절차, 암묵적 이해와 물질적 장치를 비롯해 다양한 지식 형성의 기술 및 도구가 사용되며, 이와 같은 지식 형성의 다기한 실천들이 사회과학의 역사를 구성하게 된다고 할 수 있다(Camic, Gross and Lamont, 2011). 따라서 사회과학의 역사는 단일한(monolithic) 분과학문의 발전 궤적으로 서술될 수 없으며, 이와 같은 다장소적이고 다차원적인 지적 실천들이 결합하는 양상에 주목할 필요가 있다.

셋째, 1960년대 한국의 통계 발전은 미국이 주도한 발전 프로그램의 맥락과 분리되기 어렵지만, 이 과정은 단지 미국의 요구가 일방향적으로 수용되고 확산되는 과정이 아니었다. 20세기 미국에서 진행된 전문화와 함께 1960년대 거대 사회과학(big social science)이 출현하면서 지구화된 형태의 보편적 근대 사회과학이 전성기를 맞이함에 따라, 사회과학의 실천은 연구 및 교육활동, 조직적 형식, 역할의 구조와 양식적 행위(modal behaviors) 전반을 아우르는 일종의 사업(enterprise)의 형태를 띠게 되었다(Crawford, 1971: 5~39; Wagner and Wittrock, 1991: 3~22). 한국의 통계 발전은 바로 이 같은 사업적 형태의 지식이 사회 개혁에 대한 열망, 사회에 대한 과학적 지식을 확보하고자 하는 의지와 결합하며 확장되는 과정이었다. 특히 이 과정에서 이루어진 1960년대 한국의 공식통계의 발전은 사회에 대한 지식을 체계적으로 축적하고자 하는 강력한 국가의 의지의 산물이라기보다 오히려 한국에서 강력한 국가를 형성시킨 중요한 기제였다는 점에 주목해 볼 필요가 있다. 근대 국가의 행정 체계와 관료 시스템, 근대적 국가실천과 사회과학의 지식-제도-실천이 결합하면서 전개된 1960년대 초 국가의 통치화(governmentalization) 과정은 군부독재하에서 이루어진 통치체계의 합리화라는 일견 역설적인 문제를 드러내는 동시에, 국가에 의한 사회과학의 동원이나 활용, 과학적 지식의 왜곡이나 오용이라는 차원을 넘어서서 사회과학의 역사에서 지식과 권력의 문제를 어떻게 새롭게 문제화(problematization)할 것인가라는 과제를 제기해 주고 있다고 하겠다.

참고문헌

1차 자료

주한통계고문단 · 서-베이스리써-취회사. 1960. 『韓國 統計의 改善策: 大韓民國 政府에 對한 建議書』. 서-베이스리써-취회사.

_____. 1961. 『韓國 統計刊行物의 整備策: 大韓民國 政府에 對한 建議書』. 서-베이스리써-취회사.

_____. 1962. 『韓國의 標本調査機關: 大韓民國 政府에 對한 建議書』. 서-베이스리써-취회사.

통계청. 1992a. 『한국통계발전사(I): 시대별 발전사』.

_____. 1992b. 『한국통계발전사(II): 분야별 발전사』.

"Oral History Interview with Mrs. Stuart A. Rice," http://www.trumanlibrary.org/oralhist/rices.htm.

≪경향신문≫. 1963. 5. 9. "학자 26명이 참가: 11일부터 통계학대회", 5면.

≪동아일보≫. 1963. 5. 10. "실무 · 학문적으로 연구: 통계학대회 스케줄 결정", 7면.

≪동아일보≫. 1963. 5. 13. "후진성 타개의 길 모색: 연 2일의 통계학대회 성료(盛了)", 5면.

2차 자료

김경중. 1987. 「통계행정의 발전방향」. ≪응용통계연구≫, 1권 1호, 1001~1011쪽.

김민경. 2002. 「인구센서스의 발전과 특징」. 김두섭 · 박상태 · 은기수 엮음. 『한국의 인구 1』. 통계청.

_____. 2008. 「인구주택총조사의 발전과 향후과제」. 은기수 · 조순기 · 황명진 엮음. 『한국의 인구, 주택: 인구주택총조사 종합보고서』. 통계개발원.

김태헌. 1997. 「인구총조사의 방법과 평가」. ≪한국인구학≫, 20권 1호, 27~46쪽.

송문섭. 2001. 「공식통계의 과거 · 현재 · 미래」. ≪한국통계학회논문집≫, 8권, 21~26쪽.

안정용 · 이은정. 2005. 「우리나라 국가통계 및 인력에 관한 고찰」. ≪통계연구≫, 10권 1호, 98~118쪽.

유홍림 · 김경태. 2008. 「우리나라 통계행정 60년」. ≪한국조직학회보≫, 5권 2호, 1~29쪽.

조은주. 2013. 「비서구의 자기인식과 역사주의: 한국의 가족계획 사업을 중심으로」. ≪사회와 역사≫, 98호, 121~153쪽.

_____. 2014a. 「인구의 자연성과 통치의 테크놀로지: '가족계획어머니회'를 둘러싼 통치-과학의 관계를 중심으로」. ≪현상과 인식≫, 38권 4호, 181~207쪽.

_____. 2014b. 「인구통계와 국가형성: 1960년, 1966년 한국의 인구센서스를 중심으로」. ≪한국사회학≫, 48권 5호, 137~172쪽.

_____. 2018. 『가족과 통치: 인구는 어떻게 정치의 문제가 되었나』. 창비.

하홍규. 2014. 「실천적 전환에 대한 비판적 고찰」. ≪한국사회학≫, 48권 1호, 205~233쪽.

Adas, Michael. 2006. *Dominance by Design: Technological Imperatives and America's Civilizing Mission*. Cambridge: Belknap Press of Harvard University Press.

Alonso, William and Paul Starr. 1987. *The Politics of Numbers*. New York: Russell Sage

Foundation.
Anderson, Margo J. 2001. "Stuart Arthur Rice." in C. C. Heyde, E. Seneta, P. Crépel, S. E. Fienberg and J. Gani(eds.). *Statisticians of the Centuries*. New York: Springer.
Bannister, Robert C. 1991. *Sociology and Scientism: The American Quest for Objectivity, 1880~1940*. Chapel Hill: University of North Carolina Press.
Camic, C., N. Gross and M. Lamont. 2011. "Introduction: The Study of Social Knowledge Making." in C. Camic, N. Gross and M. Lamont(eds.). *Social Knowledge in the Making*. Chicago, IL: University of Chicago Press.
Camic, Charles and Yu Xie. 1994. "The Statistical Turn in American Social Science: Columbia University, 1890 to 1915." *American Sociological Review*, Vol. 59, No. 5, pp.773~805.
Chakrabarty, Dipesh. 2000. *Provincializing Europe: Postcolonial Thought and Historical Difference*. Princeton: Princeton University Press.
Cohen, Patricia Cline. 1999. *A Calculating People: the Spread of Numeracy in Early America*. New York: Routledge.
Crawford, E. T. 1971. "The Sociology of the Social Sciences." *Current Sociology*, Vol. 19, No. 2, pp.5~39.
Curtis, Bruce. 2001. *The Politics of Population: State Formation, Statistics, and the Census of Canada, 1840~1875*. Toronto: University of Toronto Press.
Davids, Leo. 1968. "Franklin Henry Giddings: Overview of a Forgotten Pioneer." *Journal of the History of the Behavioral Sciences*, Vol. 4, No. 1, pp.62~73.
Desrosières, Alain. 1991. "How to Make Things Which Hold Together: Social Science, Statistics and the State." in P. Wagner, B. Wittrock and R. P. Whitley(eds.). *Discourses on Society: The Shaping of the Social Science Disciplines*. Dordrecht, Boston, London: Kluwer Academic Publishers.
Dunn, H. L. 1969. "Stuart A. Rice, 1889~1969." *Review of the International Statistical Institute*, Vol. 37, No. 3, pp.332~334.
Ferguson, James. 1994. *The Anti-Politics Machine: 'Development', Depoliticization, and Bureaucratic Power in Lesotho*. Minneapolis: University of Minnesota Press.
Foucault, Michel. 2007. *Security, Territory, Population: Lectures at the Collège de France 1977~1978*. translated by Graham Burchell. New York: Picador.
Greenhalgh, Susan. 1996. "The Social Construction of Population Science: An Intellectual, Institutional and Political History of Twentieth-Century Demography." *Comparative Studies in Society and History*, Vol. 38, No. 1, pp.28~66.
Hacking, Ian. 1990. *The Taming of Chance*. Cambridge: Cambridge University Press.
_____. 1991. "How should we do the history of statistics?" in G. Burchell, C. Gordon and P. Miller(eds.). *The Foucault Effect: Studies in Governmentality: With Two Lectures by and an Interview With Michel Foucault*. Chicago: University of Chicago Press.
Hankins, F. H. 1931. "Franklin Henry Giddings, 1855~1931: Some Aspects of His Sociological

Theory." *American Journal of Sociology*, Vol. 37, No. 3, pp.349~366.

Hannah, Matthew G. 2000. *Governmentality and the Mastery of Territory in Nineteenth-Century America*. Cambridge: Cambridge University Press.

Hein, Laura. 2003. "Statistics for Democracy: Economics as Politics in Occupied Japan." *Positions*, Vol. 11, No. 3, pp.765~778.

Irvine, John, Ian Miles and Jeff Evans. 1979. *Demystifying Social Statistics*. London: Pluto Press.

Manicas, Peter T. 1991. "The Social Science Disciplines: The American Model." in P. Wagner, B. Wittrock and R. P. Whitley(eds.). *Discourses on Society: The Shaping of the Social Science Disciplines*. Dordrecht, Boston, London: Kluwer Academic Publishers.

O'Bryan, Scott. 2009. *The Growth Idea: Purpose and Prosperity in Postwar Japan*. Honolulu: University of Hawaii Press.

Porter, Theodore M. 1988. *The Rise of Statistical Thinking, 1820~1900*. New Jersey: Princeton University Press.

_____. 1996. *Trust in Numbers: The Pursuit of Objectivity in Science and Public Life*. New Jersey: Princeton University Press.

Rose, Nikolas. 1991. "Governing by Numbers: Figuring out Democracy." *Accounting, Organizations and Society*, Vol. 16, No. 7, pp.673~692.

Scott, James C. 1998. *Seeing Like a State: How Certain Schemes to Improve the Human Condition Have Failed*. New Haven and London: Yale University Press.

Sibley, Elbridge. 1969. "Stuart Arthur Rice, 1889-1969." *The American Statistician*, Vol. 23, No. 4, pp.47~48.

Valelly, Richard M. 1989. *Radicalism in the States: The Minnesota Farmer-Labor Party and the American Political Economy*. Chicago: University of Chicago Press.

Wagner, P. and B. Wittrock. 1991. "Analyzing Social Science: On the Possibility of a Sociology of the Social Sciences." in P. Wagner, B. Wittrock and R. P. Whitley(eds.). *Discourses on Society: The Shaping of the Social Science Disciplines*. Dordrecht, Boston, London: Kluwer Academic Publishers.

Wittrock, B., J. Heilbron and L. Magnusson. 1997. "The Rise of the Social Sciences and the Formation of Modernity." in J. Heilbron, L. Magnusson and B. Wittrock(eds.). *The Rise of the Social Sciences and the Formation of Modernity: Conceptual Change in Context, 1750~1850*. Dordrecht: Springer.

7 ‘과학적’ 투자 담론의 냉전적 기원

효율적 시장과 합리적 선택 이론, 현대 포트폴리오 이론

김승우

1. 과학적 투자 이론과 사회과학의 승리?

미국 주식시장을 대표하는 월가(Wall Street)에 관해서 수많은 기고문을 남겼던 굿맨(G. J. Goodman)은 1976년에 발표한 『머니 게임(Money Game)』에서 1970년대 전문투자업계에서 벌어지고 있는 패러다임의 변화를 관찰했다. 애덤 스미스(Adam Smith)라는 필명으로 활동한 그는 연기금과 뮤추얼 펀드와 같은 기관투자자들이 랜덤워크(Random Walk)라는 모델을 따르기 시작했다고 전했다(스미스, 2007: 191~218). 랜덤워크는 주식 가격의 움직임에는 어떠한 질서도 없다고 주장한 프린스턴 대학교 출신의 경제학자 말키엘(B. G. Malkiel)의 이론으로, 그 핵심 가정은 주식시장, “즉 뉴욕 증권거래소가 ‘효율적인’ 시장”이라는 것이었다(스미스, 2007: 193).[1] 말키엘의 이론은 당시 투자업계의 주

1 Malkiel(1973) 참조.

류였던 증권 분석(security analysis)의 접근 방식, '저평가된 주식을 발견하고 시장의 평균보다 높은 수익을 얻을 수 있다'는 가치투자(value investing)와는 상반된 입장을 취했다. 즉, "시장을 이길 수 없다(you can't beat the market)"는 것이 1960년대 "신나는 시기(Go-Go Years)" 이후 미국 주식시장의 새로운 접근법이 되었다.[2]

월가를 관찰한 미국의 스미스가 랜덤워크를 통해서 관찰한 투자업계 변화의 또 다른 특징은 새로운 금융 지식이 학문적 성과를 적극적으로 수용했다는 점이다. 그는 랜덤워크 이론을 이해하려면 ≪키클로스(Kyklos)≫라는 경제학 전문 학술지를 찾아보라고 권하고 있다. 또한 대학출판부에서 출판한 여러 논문집을 언급했다(스미스, 2007: 191~192). 1975년 프린스턴 대학교 출신의 자산 운용가인 보글(J. Bogle)이 인덱스 펀드(index fund)를 출범시켰다. 새로운 금융 상품은 시장을 이길 수 없다는 랜덤워크 혹은 효율적 시장 가설을 받아들여서 주식 시장 전체를 매도하여 포트폴리오를 유지하는 전략을 취했다. 보글은 시장의 흐름을 따라가는 것이 가장 효율적인 투자전략이라고 주장했다.[3]

랜덤워크 이론과 인덱스 펀드는 시장이 자산을 효율적으로 배치하고 있으며 포트폴리오 구성에 따르는 리스크만큼 수익이 따라온다고 가정한다. 즉, 이길 수 없는 시장을 따르면서 자신이 가지고 있는 자산을 효율적으로 배치하는 것만이 최선의 투자 방식이라고 전제한다. 이는 1952년 해리 마코위츠(Harry Markowitz)가 발표한 현대 포트폴리오 이론(modern portfolio theory)에서부터 그 학술적 기원을 찾을 수 있다.

1970년대 새로운 투자 패러다임의 등장에 관해서 경제학사를 비롯한 경영

---

2 1960년대 "신나는 시기"라는 호황장에 관해서는 Brooks(1999) 참조.

3 오늘날까지도 효율적인 시장 이론의 타당성에 대한 논쟁이 이어지고 있다. 특히 워런 버핏(Warren Buffet)을 따르는 투자자들은 효율적 시장 이론이 '게으른' 것이라고 비난한다. 반면, 효율적 시장을 따르는 전문 투자자들은 장기적으로는 시장을 이길 수 없으며, 버핏은 예외적인 경우라고 주장한다.

학사 연구들은 학계 금융경제학 이론의 현장 도입을 "현실에서 목격할 수 있는 사회과학의 승리"의 결과라고 본다(폭스, 2010: 157; Clowes, 1999; 번스타인, 2006; Jovanovic, 2008; MacKenzie, 2006). 즉, 각각의 자산 운용가마다 달랐던 기술과 경험 법칙의 단계에 머물렀던 주식 투자 산업이 잘못된 관행에서 깨어났고(disenchanted) 학계의 과학적인 이론을 수용한 것이라고 평가해 왔다. 그러나 2008년 금융위기를 계기로 금융경제학이 갖는 과학성에 대한 질문들이 쏟아지기 시작했다. 특히 금융의 정치문화적 성격에 주목하는 학제간적 연구라 할 수 있는 금융의 사회적 연구(social studies of finance)는 특정 이론이 학계와 투자 현장, 나아가 사회적으로도 올바른 투자에 관한 지식권력으로서 정당성을 획득하게 된 과정을 추적한다(de Goede, 2005a: 19~28).

이 장은 금융 지식의 정치적 그리고 사회적 성격을 살펴보는 금융의 사회적 연구의 성과를 수용하여 효율적 시장 이론과 포트폴리오 선택 이론의 계보학적 접근을 시도한다. 또한 두 이론이 오늘날 투자지식의 기준으로서 지적 권위를 행사한다는 점에 주목하여 이들의 정치적 배경 및 제도화 과정을 살펴보고자 한다(de Goede, 2005b: 24). 흥미롭게도 두 이론은 20세기 중반 냉전에 대한 지식인들과 기업, 그리고 국가의 서로 다른 대응의 결과였다. 그리고 이들의 이론은 금융경제학을 통해서 주식시장과 투자에 관해 일관된 지식을 구성하기에 이르렀다.

2. 효율적 시장 담론의 형성: 신자유주의와 시카고학파의 법경제학 운동

『거대한 변환(The Great Transformation)』에서 폴라니(K. Polanyi)는 19세기 자유주의의 핵심적 가정인 자기-조절적(self-regulating) 시장이 유토피아였다고 주장했다(폴라니, 2009; Polanyi, 2001). 자유시장의 논리는 1930년의 대공황으로 이어졌다. 전후 냉전 시기에는 이전 세기의 고전적 자유주의와는 전혀 다른 국가 주도의 정치 및 경제 체제가 등장했다. 이러한 흐름에 맞서 국가로의 권력 집중을 비판하고 거대한 국가로부터 개인의 자유 및 자유시장을 보호하려는 초국가적인 지식인 운동이 등장했다(Mirowski and Plehwe et al., 2009). 이들은 고전적 자유주의로 돌아가는 것이 불가능하다고 판단했고 시장의 독점 현상을 연구하면서 국가와 경제, 나아가 법률에 대한 논의를 발전시켰다.[4] 관념적이고 기회주의적이면서도 반복적인 재구성의 과정을 통해 집합적 사상운동으로 성장한 '신자유주의'는 교육기관과 다양한 매체를 통해 전파되면서 학계와 정계에 영향력을 행사할 수 있었다(Peck, 2008: 3~43).[5]

미국에서 새로운 자유주의자들은 시카고학파(Chicago School)를 형성했다.[6] 독특한 학풍과 독립적인 지위 때문에 시카고 대학교는 당시 소수파에 지나지 않았던 고전적 자유주의자들에게 연구공간을 마련해 줄 수 있었다(판 오페르트벨트, 2011: 47~50; Van Overtveldt, 2008). 법학대학원의 경제학 교수인 사이먼스(H. C. Simons)가 1934년 발표한 『자유방임주의를 위한 실증적 계획(A Positive Program for Laissez-Faire)』이 새로운 자유주의 운동의 출발점이었다(Simons, 1934). 독점이 시장의 비인격적인 효율적 가격 체제를 위협한다고 주장한 그는 대기업을 비난했고 국가가 이들의 독점을 파괴해야 한다고 주장했다.[7]

---

4 초기 신자유주의는 일관된 사상이 아니었을 뿐만 아니라 중앙정부와 더불어 좌파 학자들 또한 상대해야만 했다(Jackson, 2010: 129~151). 초국가적인 운동으로서 신자유주의의 역사에 관해서는 Burgin(2012) 참조.

5 신자유주의의 역사적 전개과정을 추적한 미로스키(P. Mirowski)는 신자유주의를 다음과 같이 설명한다. "신자유주의는 일정 수준의 일관성과 권력을 확보하기 위해서 상당한 시간과 노력이 필요했던 초국가적인 운동으로 보는 것이 바람직하다. 이것은 음모가 아니었다. 오히려 뒤얽혀서 구성된 장기적인 철학적·정치적 계획이었다"(Mirowski, 2009: 426).

6 시카고학파는 1930년대 형성된 시카고 대학교 경제학과의 기본적인 입장으로서 다음과 같은 입장을 공유한다. 자유 민주주의에서 경제적 행위자에게는 경제적 자기 이해관계를 합리적으로 추구할 권리가 주어져 있고, 경쟁은 경제적 삶에 내생적이자 본질적인 것이며, 시장을 통한 결과물은 일반적으로 정부가 시장 장치에 개입하는 것보다 우월하다(Mercuro and Medema, 2006: 99).

7 잭슨(B. Jackson)은 초기 신자유주의자들이 좌파의 강한 압박 때문에 반동적이거나 낡아빠진 생각으로 비쳐지기를 원치 않았다고 지적한다. 그는 신자유주의가 1930년대와 1940년대에 일관적인 사상으로서 국가의 모든 시장 개입을 반대한 총체적 비판으로 자리 잡았다는 푸코(M. Foucault)의 주장을 반박한다(Jackson, 2010: 150).

하지만 당시 소수에 지나지 않았던 신자유주의자들의 연구는 하이에크(F. A. Hayek)가 사이먼스와 접촉하면서 새로운 국면을 맞이한다(Van Horn and Mirowski, 2009: 157). 오스트리아 출신의 경제학자 하이에크는 1944년에 독일 나치정권을 비난하는 『노예의 길(Road to Serfdom)』을 발표한다(하이에크, 2006). 그가 속해 있던 신자유주의의 초국가적인 지식인 조직인 몽페를랭 협회(Mont Pelerin Society)의 회원들은 독일의 전체주의를 소련의 정치 체제와 동일시하는 데 주저하지 않았다(Burgin, 2012: 105). 하이에크 또한 제2차 세계대전 당시 나치와 공산주의 간의 충돌에도 불구하고 두 체제는 고전적 자유주의를 적으로 삼고 있다고 보았다(Hayek, 1999: 41). 미국과 소련의 이념 및 체제 경쟁이라는 냉전이 다가오는 시점에서 하이에크의 저술은 국내외의 공산주의 위협, 특히 거대한 국가의 폭정을 서구 사회가 처한 가장 시급한 문제로 보았다. 경제적으로도 개인의 자유를 지키기 위해서는 사회주의와 중앙집권적 계획경제는 지양해야만 했다. 그리고 그가 제시한 해결책은 모든 정보를 가장 효율적으로 처리할 수 있는 '시장'이었다. 이미 1920년대에 사회주의 시장경제의 운영 가능성을 놓고 벌어진 이른바 사회주의 계산 논쟁(socialist calculation debate)에서 하이에크는 시장이 경제의 모든 정보와 자원의 배치를 가장 효율적으로 처리한다고 주장해 왔다(Shapiro, 1989: 139~159).

하이에크의 저술은 미국에서도 큰 반향을 일으켰다. 특히 루스벨트(F. D. Roosevelt) 대통령의 뉴딜(New Deal) 정책에 반감을 갖고 있던 보수주의자들은 하이에크를 '계획'이라는 국가의 위협으로부터 자유주의적 정치를 보호하려는 사상가로 인식했다. 1945년 미국에서 『노예의 길』 출판 홍보활동을 진행하던 하이에크는 단호한 뉴딜 반대자인 해럴드 루노(Harold Luhnow)를 만나게 되었다. 루노는 미국에서 보수적 자유주의 정치를 장려하고자 볼커 기금(Volker Fund)을 설립했다. 민주주의는 자본주의라는 경제 체제에서만 실현될 수 있다는 믿음을 지녔던 그는 하이에크에게 미국판 노예의 길(American Road to Serfdom) 집필을 요청한다(Van Horn and Mirowski, 2009: 141). 그해 9월, 『노예의 길』은 미국 잡지인 ≪리더스 다이제스트(Reader's Digest)≫에 축약판으로 실렸고 하이에크는 큰 명성을 얻었다.

하이에크는 루노에게 시카고 대학교를 추천했고 평소 친분을 맺고 있던 사이먼스에게 이 사실을 알렸다(Van Horn and Mirowski, 2009: 145). 사이먼스는 새로운 연구소는 대중에게 직접적으로 자유주의의 정당성을 알리기보다는 학술적으로 전문가 집단을 설득해야 한다는 입장을 견지했다(Teles, 2009: 93). 이것은 지식인을 설득하는 것과 더불어 사상의 변화를 통해서만 사회의 발전 방향이 변할 수 있다는 하이에크의 생각과 일치했다.[8] 사이먼스는 애런 디렉터(Aaron Director)를 연구소장으로 추천했고, 볼커 기금의 재정적 지원을 확보했다. 루노는 재정적인 지원을 대가로 "효과적인 경쟁 체제에 적합한 법률과 제도적 틀"(Van Horn and Mirowski, 2009: 152)에 대한 연구를 요구했다. 이를 계기로 전후 자유주의자들의 연구는 기업에 우호적인 방향으로 돌아섰다(Van Horn and Mirowski, 2009: 157~158).

그러나 동유럽 출신 사회주의자들로 구성된 콜스위원회(Cowles Commission)와의 갈등 때문에 연구소는 시카고 대학교의 경제학과에 자리 잡을 수 없었다. 그 대신에 법학대학원에서 연구활동을 시작한 자유시장연구회(Free Market Study)가 본격적인 미국 신자유주의의 등장을 알렸다. 1946년부터 1949년까지 이 연구회는 권력 집중과 독점에 관한 다양한 문제들을 연구했고, 자유주의 원칙에 새로운 힘을 불어넣을 수 있는 방법들을 모색한다(Van Horn, 2011: 1527~1544). 루노에게 보낸 편지에서 하이에크는 연구회가 경제적 자유주의를 추구한다고 밝혔다.[9]

---

8 『노예의 길』에 공감한 미국인 피셔(A. Fisher)에게 하이에크는 우선 이념과 사상적 주도권을 잡아야 한다고 말했고, 피셔는 자유방임주의 싱크탱크인 경제문제연구소(The Institute of Economic Affairs)를 설립했다(Hayek, 1999: 20).

9 "자유시장은 경제활동을 가장 효율적으로 조직한다. 이 연구회는 자유시장이 체계적이고 합리적이지만, 혼란스럽거나 무질서하지 않음을 강조하고 설명할 것이며 자유시장이 최선의 사용이 가능한 자원 배치와 소비의 분배와 같은 어려운 기능들을 어떻게 수행하는지 보여줄 것이다"(Van Horn and Mirowski, 2009: 152).

자유시장연구회는 후반기(1950~1952)에 접어들면서 점차 구성원들이 친기업적인 태도를 드러냈고 이들은 스스로를 신자유주의자라고 부르기 시작했다(Friedman, 1951: 89~93; Van Horn, 2009: 216에서 재인용). 너터(W. Nutter), 디렉터, 그리고 밀턴 프리드먼(Milton Friedman)의 공동연구가 그 출발점이었다. 전후 경제에서 국가의 개입과 독점이 불가피하다고 주장한 좌파 경제학자들과는 달리 이들의 연구는 1900년 이후 미국 경제에서 독점적 기업 활동이 늘어나지 않았다고 주장했다. 이를 계기로 미국 경제학계에서는 독점과 규제를 둘러싼 새로운 연구들이 등장하기 시작했다(Van Horn, 2011: 1540; Friedman, 1952: 16; Van Horn, 2009: 220에서 재인용).[10]

디렉터는 이 시기 신자유주의자들의 입장을 다음과 같이 정리했다. "모든 독점을 파괴하는 시장의 효율적인 성향"이 존재하며, "지금까지 정부의 도움과 격려 없이도 경쟁적 성향은 배타적이나 제한적인 경향을 극복해 왔다. 시장 체제의 매력은 그것의 비인격적인 성격이다"(Director, 1950: 166). 이러한 입장에서 권력 또한 시장을 통해 해결할 수 있는 경제적 문제가 될 수 있었다. 5년에 걸친 자유시장연구회의 활동은 경쟁이 모든 형태의 독점을 파괴한다고 결론 내렸고 시카고학파는 이를 하나의 사실로 인정했다(Van Horn, 2011: 1541). 그리고 국가의 역할은 시장의 핵심인 가격 체제가 원활하게 작동할 수 있는 법률 제도와 규칙을 마련하는 것이었다. 경쟁적 시장의 유지라는 국가의 역할은 고전적 자유주의가 보여준 국가와 경제 사이의 이중성을 극복하려는 시도였다(Van Horn and Mirowski, 2009: 161). 즉, 자유시장을 유지하기 위해서는 국가의 역할이 필요했다.

자유시장연구회를 뒤이은 반(反)독점 프로젝트(The Antitrust Project, 1952~1957)는 미국의 대표적인 반독점법인 '셔먼법(The Sherman Act of 1890)'을 연

10 프리드먼은 다음과 같이 자신의 입장 변화를 설명한다. "그러나 미국 경제활동을 연구하면서, 나는 경제가 경쟁적이라고 가정한 상태에서 다양한 영역의 문제들과 산업들을 연구하는 것이 적합하다고 생각하게 되었다"(Friedman, 2002: 120).

구했다. 그 결과물인 1956년 디렉터와 레비(E. H. Levi)의 논문은 경제학의 입장에서 당시의 반독점법이 타당하지 않으며 그 결과 효율적이지 못한 생산 체제가 등장한다고 주장했다(Director and Levi, 1956~1957: 285). 반독점법 연구는 향후 경제학의 논리를 가지고 현실의 구체적인 법을 비판하고 시장의 효율성을 그 대안으로 제시한 신자유주의 법경제학 운동의 출발점이었다(Davies, 2010 참조). 10여 년간의 연구 성과를 종합한 1962년 프리드먼의 『자본주의와 자유(Capitalism and Freedom)』는 신자유주의의 이론적 선언문이자 '미국판 노예의 길'의 완성을 알렸다(Van Horn and Mirowski, 2009; Friedman, 2002). 또한 디렉터는 볼커 기금의 지원을 받아 1958년부터 경제와 법, 그리고 국가의 역할에 관한 학술지인 ≪법경제학론(Journal of Law and Economics)≫을 발간했다(Teles, 2009: 95~96).

1964년 디렉터를 뒤이어 영국 경제학자인 코스(R. H. Coase)가 학술지의 편집장에 올랐다. 그는 1960년 자신이 발표했던 「사회 비용의 문제(The Problem of Social Cost)」를 당시 유일한 법경제학 학술지에 게재한다. 원인 제공과 책임이라는 기존의 법률원칙에서 벗어나 전체 비용의 시각에서 법률문제를 논한 그는 거래비용이 없다면 세금이나 규제 없이도 효율적인 해결책을 찾을 수 있다고 주장했다(Mercuro and Medema, 2006: 106~108). 이후 코스 정리(Coase Theorem)로 발전한 그의 주장에서 법원의 역할은 모든 외부효과가 일으키는 비용을 최소화하는 방식을 제시하는 것이었다(Mercuro and Medema, 2006: 118). 또한 코스의 논문은 경제학의 입장에서 법을 분석할 수 있다는 이론적 기반을 제시했다. 코스는 규제, 지적 재산, 교육, 사유재산권의 영역에까지 경제학 이론을 적용한 논문들을 ≪법경제학≫에 수록하여 새로운 학문의 피난처를 마련해 주었다.[11]

11 '경제학' 이론, 이른바 경제적 인간(homo œconomicus)의 논리를 비경제적 영역까지 확장시키려는 법경제학은 기존의 학계 및 현장의 반대에 직면할 수밖에 없었다. 텔레스(S. M. Teles)는 새로운 법학 운동이 지적 권위를 획득하기 위해서는 지적 그리고 제도적 노력이 필요했음

미국의 신자유주의는 냉전 시기, 특히 소련의 공산주의 체제를 국가 중심의 정치 및 경제 체제의 등장으로 보았고 그 공포로부터 벗어나려는 지적 운동이었다. 시카고학파를 이룬 일련의 사상가들은 독점 연구에서 출발하여 법적 체계로까지 나아갔다. 그 핵심은 자유방임주의적 시장을 옹호하는 것이 아니라 효율적인 시장을 유지하는 데 필요한 국가의 역할을 제시하여 경제에 대한 국가의 역할을 다시 정의 내리는 것이었다. 하지만 초기 시카고학파의 연구에 있어서 시장의 효율성은 학문적 연구의 가정이자 출발점에 머물렀다. 금융경제학의 토대로 등장하기에는 그 이론 및 실증적 연구가 부족했다. 신자유주의의 '효율적 시장'이 주식시장에 대한 이론으로 등장하기 위해서는 냉전에 관한 미국의 또 다른 지적 흐름이었던 합리적 선택 이론과의 결합이 필요했다. 흥미롭게도 합리적 선택 이론은 시장의 '자율성'이 아닌 효율적인 '계획'을 연구한 냉전 시기 연구의 산물이었다.

3. 합리적 선택 이론의 응용: 포트폴리오 선택 이론과 합리적 투자

금융경제학의 역사에 관한 선행연구들은 포트폴리오 선택(Portfolio Selection)과 효율적 시장 가설(Efficient Market Hypothesis)을 그 출발점으로 삼는다. 전자를 처음 발표한 마코위츠가 시카고 대학교 경제학과 출신이라는 점을 들어 포트폴리오 이론의 기원을 시카고학파로 거슬러 올라가기도 한다(판 오페르트벨트, 2011 참조). 효율적 시장 가설의 대표적인 학자들은 시카고 대학교 경영대학원 출신이다.

하지만 1959년 연구서로 마무리된 마코위츠의 초기 학문여정은 포트폴리

을 보여준다(Teles, 2009). 법경제학의 제도화에 관해서는 Manne(2005: 309~327); Harnay and Marciano(2009: 215~232) 참조.

오 이론이 시카고학파의 산물이 아님을 시사한다(Markowitz, 1959). 그는 자신이 관심을 보였던 경제학 주제로 폰 노이만(J. von Neumann)과 모르겐슈테른(O. Morgenstern)의 게임이론(game theory)을 지목했다.[12] 또한 그는 시카고 대학교 경제학과보다는 콜스위원회와 랜드연구소(Rand Corporation)에서의 연구활동을 언급했다(Markowitz, 1991: 469~477; Markowitz, 2002: 154~160). 콜스위원회는 1955년까지 시카고 대학교 경제학과 소속이었지만 시카고학파와는 정치적으로 대립관계에 있었다.[13] 사실 제2차 세계대전까지 시카고 대학교에는 일관된 경제이론이 존재하지 않았다(Van Horn and Klaes, 2011: 303). 또한 랜드연구소는 응용과학과 운용연구(operations research)의 중심지였다.

1950년 마코위츠는 지도교수인 제이컵 마샥(Jacob Marschak)이 소장으로 있던 콜스위원회의 연구원이 되었다. 주가 변동을 연구한 콜스(A. Cowles III)가 설립한 이 연구기관은 1939년 시카고 대학교로 자리를 옮겼고 1930년대 이후 미국의 계량경제학과 사회주의 계산 논쟁의 중심지로 자리 잡았다(Van Horn and Klaes, 2011).

콜스위원회로 모인 시장 사회주의자들은 국가 개입과 경제정책 지도를 연구했다(Lange, 1936: 53~71). 이들은 대부분 유럽 출신으로 사회주의적 정치 성향을 공유했으며 현대 물리학에 익숙했다(Mirowski, 2002: 168). 1943년 소장직에 오른 마샥의 지도하에 위원회는 완전한 경쟁과 예측이 불가능한 상황에서 계획경제의 가능성을 연구했다(Mirowski, 2002: 166~167). 이듬해에는 찰링 쿠프먼스(Tjalling Koopmans)가 합류했다. 그는 제2차 세계대전 당시 연합군 군수물자의 효율적 공급 문제와 더불어 불확실한 상황에서 효율적인 투입-산출 모형을 연구했다. 1948년 마샥을 뒤이어 쿠프먼스가 소장직에 올랐다(Mirowski, 2002: 170). 양자 물리학을 연구한 그는 현대 수학 방법론과 경제학

---

12 Harry Markowitz, OH 333. Oral History Interview by Jeffrey R. Yost, 18 March 2002, San Diego, California. Charles Babbage Institute, University of Minnesota, Minneapolis.

13 1939년부터 1955년까지 콜스위원회의 연구활동에 관해서는 Hildreth(1986) 참조.

의 접목을 모색했다.[14] 그는 게임이론을 개발한 폰 노이만의 도움이 필요했고 상대방 또한 수학에 익숙한 경제학자를 찾고 있었다(Mirowski, 2002: 176). 그들은 활동 분석, 결정 이론 및 선형 프로그램을 함께 개발했다.

1949년 9월 소련의 핵폭탄 실험, 1950년 매카시(J. McCarthy)의 빨갱이 사냥 등과 같은 정치적 분위기 속에서 미국 중서부에 위치한 일리노이주는 사회주의 성향의 이민자 집단을 받아들일 수 없는 상황에 놓였다(Mirowski, 2002: 168~169).[15] 하지만 랜드연구소와의 협력관계 덕분에 콜스위원회는 위기를 극복할 수 있었다. 이를 두고 미로스키는 냉전의 이념적 마녀사냥이라는 시대적 상황 속에서 콜스위원회가 생존을 위해서 계획경제 연구에 대한 충성심을 포기했다고 평가한다(Mirowski, 2002).

한편, 제2차 세계대전 동안 수많은 과학자들은 미 정부의 요청에 따라 각종 연구에 참여했다. 불확실한 전장에서 최적(optimal) 전략 수립에 경제학자들이 동원되었다. 전쟁 직후 과학자들이 민간 분야와 대학으로 흩어질 것을 우려한 미 공군은 1948년 랜드연구소를 설립했다.[16] 1940년대 말과 1950년대 초 랜드연구소는 게임이론을 도입했다(Amadae, 2003: 76). 불확실한 상황에서 합리적 결정을 연구한 이 이론이 미군의 핵전략 수립에 적합했기 때문이다. 두 행위자의 제로섬 게임은 양극화된 냉전의 정치적 상황과 유사했다(Amadae, 2003: 76). 랜드연구소는 게임이론 연구의 중심지로 부상했고 콜스위원회는 연구소의 연구 과제를 수행했다.[17] 두 연구소는 학문적 · 인적 교류를 진행했고 이를 계기로 콜스위원회는 자연스럽게 군대와의 협력관계를 구

14 이는 1930년대 신고전파 경제학이 과학으로서 학문적 위기를 극복하려는 노력으로 볼 수 있다(Mirowski, 1989: 217~235).

15 '계획'에 대한 두려움에서 출발한 마녀사냥은 심지어 케인스주의자인 새뮤얼슨(P. Samuelson)을 공격하기도 했다. 그 결과 전후 미국의 경제학은 다양성을 상실했다(Goodwin, 1998: 57~58).

16 랜드란 연구 및 개발(Research ANd Development)의 약자이다.

17 댄치그(G. Dantzig)는 콜스위원회 출신 학자들과 함께 게임이론을 기반으로 계획 모형인 선형 프로그램을 개발했다. 그는 게임이론을 콜스위원회를 통해서 접했다(Mirowski, 2002: 178~179).

축할 수 있었다. 정치적으로도 계획경제 연구 또한 면죄부를 받을 수 있었다(Mirowski, 2002).

냉전 시기 랜드연구소의 연구활동은 정치적 의도가 있었다. 아마대(S. M. Amadae)는 이 연구소를 공산주의의 위협에 대항할 새로운 시장 및 민주주의 이론의 지식 생산 기관으로 본다(Amadae, 2003: 2). 게임이론을 바탕으로 한 연구소의 합리적 선택 이론은 집산주의와 공적 이해관계로부터 개인을 보호하려는 정치적 목적을 함축했다(Amadae, 2003: 3~4). 이 이론은 자기 이해관계에 집중하는 게임이론의 합리적인 전략적 행위자로부터 출발했고 자본주의적 민주주의의 모형을 제시했다.[18] 랜드연구소는 인간행동에 관한 새로운 공리 개발의 중심지로 부상했고 콜스연구소 또한 정치 이론 생산의 협력자가 되었다(Amadae, 2003: 11).

두 연구소에 몸담았던 마코위츠는 합리적 선택 문제를 다룬 선형 프로그램과 운용과학을 연구했다. 그의 포트폴리오 선택 이론은 불확실한 상황에서 최적의 증권 조합을 제시하는 것이었다. 즉, 합리적 선택 이론의 행위자를 투자자로 바꾼 이론의 직접적인 응용이라 할 수 있다.

> 내 학위 논문은 "포트폴리오 이론"이었다. 그러나 나는 스스로를 금융인이라고 보지 않았다. 그 단어가 있었는지는 모르지만, 그 대신에 나는 나 자신이 수학적 혹은 컴퓨터 기법을 실제 삶의 현실적 문제에 응용하는 데 큰 관심을 가진, 특히 무작위 혹은 불확실성을 다루는 운용과학인이라고 생각했다(Markowitz, OH 333, p.12).

---

18 합리적 행위자의 공리는 폰 노이만과 모르겐슈테른의 기대효용이론(expected utility theory)을 기반으로 삼는다(von Neumann and Morgenstern, 1944). 콜스위원회와 랜드연구소를 거친 애로(K. J. Arrow)가 1951년 출판한 『사회적 선택과 개인적 평가(Social Choice and Individual Value)』는 합리적 선택 이론의 대표작이다(Arrow, 1951).

마코위츠에게 주식시장은 이론의 적용 대상이었다.[19] 그는 쿠프먼스의 선형 프로그램을 사용하여 효율적 증권 배치 문제를 해결하기로 했다.[20] 그 결과물이 바로 현명한 투자자가 아닌 합리적 투자자의 선택을 보여주는 증권 구성의 '효율적 투자선(efficient frontier)'이었다.

마코위츠가 포트폴리오 선택 이론에서 제시한 운용과학과 선형 프로그램에 관심을 보인 랜드연구소는 1951년 그에게 일자리를 제안했다.[21] 마코위츠는 동료인 댄치그로부터 최대 기대수익 포트폴리오를 계산할 수 있는 선형함수의 해답을 얻었다(Markowitz, 2002 :155). 그리고 그는 1952년 ≪저널 오브 파이낸스(The Journal of Finance)≫에 「포트폴리오 선택(Portfolio Selection)」을 발표한다(Markowitz, 1952: 77~91). 하지만 마코위츠는 운용과학자로 남았다. 1959년 『포트폴리오 선택(Portfolio Selection)』을 출판한 이후 마코위츠는 희소 행렬(Sparse Matrix)과 컴퓨터 시뮬레이션 언어인 심스크립트(SIMSCRPIT) 연구로 돌아섰다. 1960년 랜드연구소로 그를 찾아온 샤프(W. F. Sharpe)의 박사논문을 지도한 것이 그의 마지막 투자 이론 연구활동이었다. 포트폴리오 선택 이론은 이후 모든 금융상품의 출발점이 되었다.

4. 새로운 투자 담론의 형성: 효율적 자본시장 이론

마코위츠의 포트폴리오 선택은 증권 선택이 아니라 합리적 투자자의 포트폴리오 보유 방식을 제시한다(Markowitz, 1959: 3). 물론 투자의 목적은 언제나 가장 큰 수익을 얻는 것이다. 하지만 미래 가격은 예측할 수 없으며 증권은

---

19 Harry Markowitz, OH 333, p.4. 마샤은 콜스위원회의 설립자인 콜스가 계량경제학 기법을 주식시장에 적용하는 데 관심을 갖고 있었다고 설명해 주었다.

20 Harry Markowitz, OH 333, pp 5~6.

21 Harry Markowitz, OH 333, p.8.

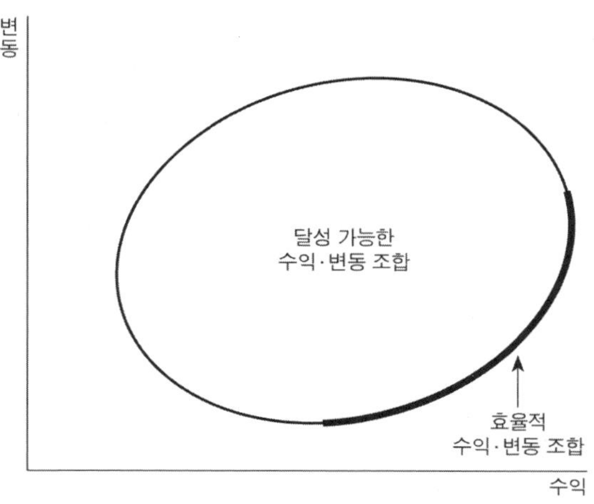

그림 7-1 증권을 조합한 투자 포트폴리오 구성으로 얻을 수 있는 기대수익과 수익변동의 조합
자료: Markowitz(1952: 82).

항상 가격변동에 노출되어 있다. 합리적 투자자는 피할 수 없는 환경에서 보유 증권의 기대수익(expected return)과 수익변동(variance of return)을 고려해야만 한다. 마코위츠는 일정한 자원을 투입해서 최대의 산출을 얻는다는 운용과학과 선형함수의 '효율성' 개념으로 이 문제에 접근했다(번스타인, 2006: 95). 선형함수를 사용하면 기대수익과 가격변동의 관계는 **그림 7-1**로 나타난다.

이 그래프의 우측 하단에 보이는 굵은 선은 주어진 기대수익에 대한 최소변동인 효율적 조합이다. 즉, 합리적 투자자는 수익과 변동의 교환(trade-off)이라는 긴장관계에서 '효율적 투자선'에 맞게 증권을 보유해야 한다.

포트폴리오 선택은 개별 증권과 전체 포트폴리오를 구분한다. 증권의 가격은 항상 변하기 마련이다. 하지만 마코위츠는 여러 증권들의 가격변동이 완벽하게 연결되어 있지 않음을 지적한다(Markowitz, 1959: 5). 결국 전체 포트폴리오의 수익과 변동은 개별 증권들 사이의 상관관계에 따라 결정된다. 서로 상관관계가 낮은 증권들을 보유한다면, 전체 수익의 변동성을 줄인 효율적인 포트폴리오를 구성하게 된다. '계란을 한 바구니에 담지 마라'는 현장의 격언을 마코위츠가 구체적 이론으로 제시한 것이다.

마코위츠는 포트폴리오와 개별 증권의 수익변동을 리스크(risk)라고 정의내린다.[22] 그리고 개별 증권 리스크의 평균, 개별 증권의 변동과 평균값의 차이인 분산 및 개별종목 수익 사이의 상관관계인 공분산을 계산한다. 낮은 공분산은 일정한 수익 수준에서 전체 포트폴리오의 낮은 리스크를 의미한다. 이들을 조합하는 것이 바로 최적의 분산을 의미한다. 물론 당대의 기술 수준에서 수많은 증권들의 공분산 계산은 거의 불가능했다.[23] 하지만 이론상으로 개별 증권과 포트폴리오의 리스크 및 기대수익의 계량화는 가능했다. 또한 그에 상응하는 리스크를 감수하고 효율적 투자선에 맞게 증권들을 보유한다면 최선의 수익 획득이 가능하다고 주장할 수 있었다.

포트폴리오 선택이라는 새로운 이론은 당시 주식시장에서 투자자들이 사용해 온 이른바 '증권 분석'과는 다른 새로운 것이었다. 특히 리스크를 적극적으로 투자 결정 이론에 반영하는 것은 당시의 규범과는 동떨어진 것이었다. 리스크와 수익의 관계가 그 핵심이었고 기업의 다양한 정보보다는 증권들의 상관관계가 중요했다. 나아가 새로운 이론은 투자와 투기를 '효율성'을 기준으로 구분했다.[24] 비효율적인 포트폴리오는 "더 높은 기대 (혹은 평균) 수익을 더 큰 변동성 없이 얻는 것이 불가능하거나 낮은 평균 혹은 기대수익 없이 더욱 높은 수준의 수익을 확신하는"(Markowitz, 1959: 129) 효율적 투자선을 벗어나는 것이다. 마코위츠에게 투기는 인간의 욕심이나 대중 심리에 영향을 받

22 나이트(F. H. Knight)는 리스크와 연결된 상황은 의사결정 과정을 통해서 그 결과를 파악할 수는 없지만 이미 알려진 사전적(事前的)인 확률분포를 고려하는 것이라고 정의했다. 또한 그는 기대 효용의 극대화와 같은 의사결정 규칙이 적용되는 상황에서 리스크와 관련된 상황은 무작위적인 결과가 알려지지 않은 확률 분포와는 다르다고 주장했다(Knight, 1933). 포트폴리오 이론에서 수익의 변동은 과거 증권가격의 변동 기록으로 측정이 가능하다.

23 1961년 샤프는 가장 비싼 IBM 컴퓨터가 100종목으로 구성된 포트폴리오의 공분산 등을 계산하는 데 무려 33분이 걸렸다고 말했다. 비용 또한 만만치 않았다(번스타인, 2006: 102).

24 "다양한 근거들은 제대로 수립된 투자 행동을 설명하는 가설이자 자신의 활동에 관한 근거로서 기대수익-수익변동 규칙을 추천한다. 우리는 이 규칙이 '투기적' 행위와 구분할 수 있는 '투자'에 관한 설명이자 지침으로서 더욱 적절하다는 것을 보게 될 것이다"(번스타인, 2006: 87).

는 것이 아니라, 증권의 비효율적인 배치일 뿐이었다.

새로운 투자 이론은 증권 분석의 창시자이자 워런 버핏의 스승으로 알려진 그레이엄(B. Graham)의 주식시장론을 압축적으로 설명하는, 변덕스러운 대중의 심리를 따르는 미스터 마켓(Mr. Market)과는 전혀 다른 접근법이었다(그레이엄, 2002 참조). 마코위츠는 주식시장의 변덕을 증권 수익의 변동으로 환원했고 인간의 현명한 판단을 합리적 인간의 냉철한 계산으로 대체했다. 합리적 인간의 행동은 다음과 같다.

> 합리적 행동 이론은 일반적으로 **합리적인** 인간이 행동하는 원칙을 연구한다. 합리적인 인간은 당신이나 나와는 달리 그가 명확하게 정의한 목적을 달성하는데 산술적이거나 논리적인 실수를 저지르지 않는다. 그는 한편 당신과 나와 마찬가지로 전지전능하거나 모든 것을 다 알지 못한다. 그는 불확실성 속에서 포트폴리오 선택과 같은 결정을 반드시 내려야 한다. 그에게 주어진 정보는 제한적이므로 그가 최상을 달성하지 못할 수도 있다. 그러나 모든 행동은 완벽하게 사고된 것이다. 모든 리스크는 완벽하게 계산되었다(강조는 원문. Markowitz, 1959: 206).

비록 합리적 투자자는 내일을 내다볼 수는 없지만 알려진 가격변동으로 최적의 증권 조합을 계산한다. 포트폴리오 선택 이론에서 바로 이 사람이 올바른 투자자의 모습을 제시한다(Markowitz, 1959: 206~207).

현실적으로 공분산 계산 문제는 여전히 풀리지 않았다. 그 대신에 마코위츠는 "어떤 지수로 기대할 수 있는 시장의 전반적인 번영이라는 하나의 기저요인(underlying factor)"(Markowitz, 1959: 100)을 언급했다. 어떤 지수와 개별 증권을 연결한다면 복잡한 계산의 부담을 줄일 수 있다는 가능성을 제시한 마코위츠는 더 이상 연구를 지속하지 않았다. 그 대신에 샤프가 이 과제에 도전했다.

로스앤젤레스 캘리포니아 주립대학교(UCLA)에서 경제학 박사과정을 밟고 있던 샤프는 웨스턴(J. F. Weston) 교수에게서 포트폴리오 선택 이론을 소개

받았다. 운용과학의 또 다른 중심지인 UCLA 출신인 그는 랜드연구소에 자리를 얻을 수 있었고 마코위츠와 조우한다. 샤프는 개별 증권에 가장 큰 영향을 끼치는 기저요인으로 공분산 계산을 단순화할 수 있는 시장모형을 제시했다(Sharpe, 1963: 277). 이 모형은 적은 비용으로도 마코위츠의 이론을 현장에서 응용할 수 있는 가능성을 보여주었다. 미시경제학의 균형상태를 가정한 이 모형에서 증권의 기대수익과 기저요인은 일직선적(straight-line) 관계를 갖는다. 개별 증권의 독특한 리스크는 분산으로 소멸되고, 제거할 수 없는 기저요인의 변동성만이 남는다. 이제 기저요인과 주식의 상관관계에서 도출되는 리스크를 계산한다면 투자자는 합리적인 포트폴리오를 구성할 수 있다.

샤프는 기저요인의 변화에 따른 주식이나 다른 증권 수익의 민감도를 베타(β)라고 불렀고, 이를 바탕으로 자산의 적절한 수익률을 계산할 수 있는 자본자산가격결정 모형을 개발했다(Sharpe, 1964: 425~442).[25] 그는 "주어진 상황에서 증권 리스크의 최적 조합이 시장에 존재한다. …… 그것은 바로 시장 포트폴리오다"(Sharpe, 1973: 82; Mackenzie, 2006: 56에서 재인용)라고 결론 내렸다. 시장 전체의 리스크는 궁극적으로 피할 수 없기 때문이다. 하지만 샤프의 연구는 여전히 운용과학에 속했고, ≪저널 오브 파이낸스≫는 가정의 비현실성을 이유로 자본자산가격결정 모형 논문의 게재를 거부했다. 샤프는 다음과 같이 반박했다.

> 말할 필요도 없이, 이는 매우 제한적이고 의심할 필요 없이 비현실적인 가설이다. 그러나 이론의 적절한 실험은 그 가설의 현실성이 아니라 그 영향의 적합성이며, 그리고 이 가설들이 고전적인 금융 원칙의 큰 부분인 균형 조건을 함축하기 때문에, 이 공식이 특히 비슷한 결과를 제시하는 대안적 모형들의 결핍의 입장에서 거부된다는 것은 매우 불명확하다(Shapre, 1964: 434).

---

25 비슷한 시기에 트레이너(J. Treynor), 린트너(J. Lintner) 또한 비슷한 자산가격결정 모형을 개발했다.

샤프의 반박문은 프리드먼이 1953년 『실증적 경제학 논집(Essays in Positive Economics)』[26]에서 제시한 경제학적 접근법과 유사하다. 그리고 이 인식론을 바탕으로 시카고학파의 경제학과 법경제학이 발전할 수 있었다. 샤프는 가설의 현실성보다는 그 현실 적합성이 더욱 중요하다는 인식론을 몽페를랭 협회 회원이자 자신의 스승인 알치안(A. Alchian)에게서 배웠다(Mackenzie, 2006: 55).

샤프의 이론은 경제학 가설의 타당성보다는 현실의 응용 가능성을 중시하는 프리드먼의 인식론적 접근법(MacKenzie, 2016: 12)을 가지고서 포트폴리오 선택 이론과 시카고학파가 결합할 수 있는 근거를 마련했다. 또한 시장 포트폴리오가 더 이상의 수익을 얻을 수 없는 증권의 최적 조합이라는 샤프의 주장은 시장의 효율성을 견지하는 시카고학파의 입장과 일치한다.

투자와 투자시장에 대한 시카고학파의 입장은 프리드먼으로부터 시작한다. 그는 당시의 고정환율제를 비판하고 변동환율제를 지지하기 위해서 합리적 투기자(rational speculator)를 제시했다(Friedman, 1953b: 157~203). 규제가 없는 외환시장에서 거래자들은 선물시장의 헤징(hedging)으로 자산을 보호한다. 헤징은 불확실성에 따르는 비용을 의미하고, 거래자들의 활동을 통해 시장 가격을 예측할 수 있다. 프리드먼은 "일반적으로 투기는 그 반대라기보다는 상황을 안정시킨다"(Friedman, 1953b: 175)라고 주장했는데 시장이 효율적일 때 투기자들은 "현재의 변동을 부드럽게 만드는 사회적으로 유용한 기능을 수행"하기 때문이다(Friedman, 1953b: 188). 결국 투기자의 시장 조작은 불가능하며 정부의 시장 개입 또한 불필요하다.

이러한 프리드먼의 입장은 1960년대 시카고 경영대학원의 학자들이 제시한 '효율적 시장 가설'에서도 찾아볼 수 있다.[27] 시카고학파는 랜덤워크 혹은

---

26 "이론의 '가정'에서 중요한 건 현실성이 아니라 적합성이다. 가정이 현실적인지 따지는 것보다 이론이 현실과 맞아떨어지는지, 즉 이론이 현실을 예측하는지를 따져보아야 한다"(Friedman, 1953a: 15).

27 이 가설의 뿌리는 19세기 프랑스의 경제학자 르노(J. Renault)로 거슬러 올라갈 수 있다(Jovanovic

'시장을 이길 수 없다'라는 통계학적 논의를 체계적인 주식시장 이론으로 발전시켰다. 시카고 대학교 경영대학원의 증권가격연구소(Center for Research in Security Prices)가 이 운동의 중심지였다. 메릴린치(Merill Lynch)를 비롯한 금융회사의 후원을 받아 설립된 이 연구소는 1926년부터 1960년까지 뉴욕증권거래소(New York Stock Exchange)에서 거래된 모든 주가변동 기록을 수집·정리했다.

당시 시카고 대학교 경영대학원의 부학장을 역임한 로리(J. H. Lorie)는 연구소의 전반적인 업무를 관장하고 필요한 자금을 조달했다. 연구 방향은 효율적 시장 가설의 검증이었다. 연구 결과는 시카고 대학교에서 발행하는 권위적인 경영학 학술지 ≪저널 오브 비즈니스(The Journal of Business)≫(번스타인, 2006: 203)에 발표되거나 교과서의 형태로 출판되었다(Lorie and Brealey, 1972; Lorie Hamilton, 1973). 연구소의 안정적인 재정 확보 및 연구 성과물의 홍보를 위해서 연구소는 은행과 보험사, 자산운용사들을 상대로 유료 세미나를 개최하기도 했다(폭스, 2010: 95).

파마(E. F. Fama)는 이론적으로 연구소를 이끌었다. 그는 이른바 강형 효율적 시장 가설(strong efficient market hypothesis)을 지지했다. 그의 논문은 투자전문지에 게재되었고 현장의 반향을 불러일으켰다(번스타인, 2006: 206). 경영대학원 교수의 주장은 투자 실적을 "상당한 기간 동안 지속적으로 평균적인 수익률 이상을 달성하는 것"(번스타인, 2006: 207)이라고 판단해 온 투자자들에게 큰 충격이었다. 파마를 비롯한 시카고 경영대학원 출신 학자들은 증권가격연구소의 자료를 바탕으로 한 실증적 연구를 제시했고(폭스, 2010: 124) 신자유주의자들의 독점 연구가 주장한 시장의 우월성을 다시 한 번 증명했다. 스스로가 완벽한 시장을 뛰어넘는 현명한 투자자는 존재할 수 없었다.

하지만 포트폴리오 선택 이론과 효율적 시장 가설은 '효율성'을 상이하게

---

and Le Gall, 2001: 332~362).

이해하고 있었다. 전자는 최대의 산출을 얻는 것이고, 후자는 모든 정보가 가격에 완벽하게 반영된다는 것이었다. 하지만 1970년 파마는 「효율적 자본시장: 이론 및 실증 연구 검토(Efficient Capital Markets: A Review of Theory and Empirical Work)」라는 논문에서 효율성의 두 가지 의미의 연결 가능성을 모색했다.

> 자본 시장의 주된 역할은 경제의 자본 스톡 소유권을 배치하는 것이다. 일반적으로 가격이 자원 배치의 정확한 신호를 제공하는 것이 이상적인 시장이다. 즉, 기업이 생산-투자 결정을 내릴 수 있고, 투자자가 언제나 증권 가격이 모든 정보를 "완벽하게 반영한다"는 가정하에서 기업 활동의 소유권을 드러내는 증권들을 선택할 수 있는 시장을 말한다. 가격이 항상 주어진 정보를 "완전하게 반영하는" 시장을 "효율적"이라고 부른다(Fama, 1970: 383).

파마는 시장에서 모든 정보가 가격에 반영된다면, 자원 또한 효율적으로 배치될 것이며, 따라서 포트폴리오 구성 또한 완벽한 시장에서는 최적의 상태에 도달할 수 있다고 주장했다. 파마와 그의 동료들은 증권가격연구소의 자료를 사용한 실증 연구로 이 주장을 뒷받침했다(폭스, 2010: 128). 효율적 자본시장 이론을 통해서 합리적 투자자의 포트폴리오 구성은 시장 자체를 따르는 것이 되었다. 시장이 완벽하게 효율적이라면 합리적 자산 구성 또한 시장을 이길 수는 없기 때문이다. 또한 두 이론의 결합은 새로운 투자시장과 투자자의 모습을 제시했다. 변덕스러운 대중의 심리가 움직이는 시장이 아니라 결코 이길 수 없는 투자시장이 주어졌고, 그 속에서 현명한 판단을 내리는 것이 아니라 합리적으로 계산하는 투자자가 등장했다. 비슷한 시기에 서로 다른 목적에서 배양된 두 이론은 다른 경제적 문제에 있어서는 그 해결책을 놓고 서로 충돌했다(Van Horn and Klaes, 2011). 하지만 금융이론에서 두 이론은 효율성을 매개로 결합할 수 있었다.

5. 나가며

오늘날 투자 현장에서는 포트폴리오 선택 이론에서 파생된 용어인 알파(α)와 베타(β) 등이 규범적으로 사용되고 있다. 막대한 자산을 보유하고 있는 연기금을 비롯한 기관투자자들이 학계의 이론을 선도적으로 수용한다. 자본의 배치와 이동에서 학계의 '과학적' 투자 논의가 핵심적인 기능을 맡고 있을 뿐만 아니라 그 결과에 따라 주식시장과 더불어 국가 경제에도 커다란 영향을 끼칠 수 있다. 특히 가입자의 미래 소득을 결정하는 연기금 운용을 고려한다면 특정 금융경제학이 일반 경제에서도 중요한 위치를 차지한다고 볼 수 있다.

이 장은 금융의 사회적 연구 및 계보학적 접근을 수용하여 금융경제학의 두 축인 효율적 시장 가설과 포트폴리오 이론의 정치적 배경을 제시하고자 했다. 흥미롭게도 자원의 배치를 논했던 두 이론은 냉전 시기 시장과 국가의 역할에 대한 상반된 입장을 취했던 학파들의 이론이 결합된 것이었다. 전쟁과 냉전을 거치면서 늘어난 국가의 역할을 폭압이라 인식하고 자유시장을 옹호했던 미국 시카고 대학교의 신자유주의자들은 효율적 시장 이론을 통해서 금융시장에 대한 입장을 내놓았다. 반면, 전시 계획과 냉전 시기 핵전쟁의 공포 속에서 자원의 효율적인 배치 방식을 논의했던 일련의 경제학자들과 운용과학자들의 연구는 마코위츠를 통해서 리스크와 수익의 상관관계를 중심으로 한 효율적인 포트폴리오 구성 방식으로 응용되었다. 흥미롭게도 냉전에 관한 상반된 대응과 입장에도 불구하고 금융 지식에 있어서 두 이론은 효율적 자본시장 이론을 통해서 그 차이를 극복하게 되었고, 금융경제학의 핵심 이론으로 등장하게 되었다. 2008년 금융위기를 통해서 그 타당성이 의심받게 될 때까지 냉전에 대한 대응으로 제시된 금융경제학의 투자 담론은 주식시장과 자본의 움직임에 중추적인 역할을 담당했다.

참고문헌

그레이엄, 벤저민(Benmjamin Graham). 2002. 『현명한 투자자』. 강남규 옮김. 국일증권경제연구소.

번스타인, 피터(Peter L. Bernstein). 2006. 『세계 금융시장을 뒤흔든 투자 아이디어』. 강남규 옮김. 이손.

스미스, 애덤(Adam Smith). 2007. 『머니 게임』. 노승영 옮김. W미디어.

판 오페르트벨트, 요한(Johan Van Overtveldt). 2011. 『시카고학파: 현대 경제경영학의 혁명을 이끈 사상가들의 요람』. 박수철 옮김. 에버리치홀딩스.

폭스, 저스틴(Justin Fox). 2010. 『죽은 경제학자들의 만찬: 시장만능주의는 어떻게 신화가 되었나』. 윤태경 옮김. 랜덤하우스.

폴라니, 칼(Karl Polanyi). 2009. 『거대한 변환』. 홍기빈 옮김. 길.

하이에크, 프리드리히 A.(Friedrich A. Hayek). 2006. 『노예의 길』. 김이석 옮김. 나남.

Amadae, S. M. 2003. *Rationalizing Capitalist Democracy: The Cold War Origins of Rational Choice Liberalism*. University of Chicago Press.

Arrow, Kenneth J. 1951. *Social Choice and Individual Value*. Wiley.

Brooks, John. 1999. *The Go-Go Years: The Drama and Crashing Finale of Wall Street's Bullish 60s*. John Wiley.

Burgin, Angus. 2012. *The Great Persuasion: Reinventing Free Markets since the Depression*. Cambridge, MA: Harvard University Press.

Clowes, Michael J. 1999. *The Money Flood: How Pension Funds Revolutionized Investing*. Wiley & Sons.

Davies, William. 2010. "Economics and the 'Nonsense' of Law: The Case of the Chicago Antitrust Revolution." *Economy and Society*, Vol. 39, No. 1, pp.64~83.

de Goede, Marieke. 2005a. "Resocialising and Repoliticising Financial Markets: Contours of Social Studies of Finance." *Economic Sociology Newsletter*(May), pp.19~28.

______. 2005b. *Virtue, Fortune, and Faith: A Genealogy of Finance*. University of Minnesota Press.

Director, Aaron and Edward H. Levi. 1956~1957. "Law and the Future: Trade Regulation." *Northwestern University Law Review*, Vol. 51, pp.281~296.

Director, Aaron. 1950. "Review: Unions and Capitalism by Charles Lindblom." *The University of Chicago Law Review*, Vol. 18, No. 1, pp.164~167.

Fama, Eugene F. 1970. "Efficient Capital Markets: A Review of Theory and Empirical Work." *The Journal of Finance*, Vol. 25, No. 2, pp.383~417.

Friedman, Milton. 1951. "Neoliberalism and Its Prospects." *Farmand*(Feb.), pp.89~93.

______. 1952. "Free Enterprise." University of Chicago Roundtable.

______. 1953a. "The Methodology of Positive Economics." *Essays in Positive Economics*. University of Chicago Press.

_____. 1953b. "The Case for Flexible Exchange Rates." *Essays in Positive Economics*. University of Chicago Press.

_____. 2002. *Capitalism and Freedom: The 40th Anniversary Edition*. Chicago: University of Chicago Press.

Goodwin, Craufurd D. 1998. "The Patrons of Economics in a Time of Transformation." *History of Political Economy*, Vol. 30, Issue 4, pp.53~81.

Harnay, Sophie and Alain Marciano. 2009. "Posner, Economics and the Law: From Law and Economics to An Economic Analysis of Law." *Journal of History of Economic Thought*, Vol. 31, No. 2, pp.215~232.

Hayek, Friedrich A. 1999. *The Road to Serfdom: The Condensed Version of The Road to Serfdom by F. A. Hayek as It Appeared in the April 1945 Edition of Reader's Digest*. The Institute of Economic Affairs.

Hildreth, Clifford. 1986. *The Cowles Commission in Chicago, 1939~1955*. Springer-Verlag.

Jackson, Ben. 2010. "At the Origins of Neo-Liberalism: The Free Economy and the Strong State, 1930~1947." *The Historical Journal*, Vol. 53, No. 1, pp.129~151.

Jovanovic, Franck. 2008. "The Construction of the Canonical History of Financial Economics." *The History of Financial Economics*, Vol. 40, No. 2, pp.213~242.

Jovanovic, Franck and Philippe Le Gall. 2001. "Does God Practice a Random Walk? The 'Financial Physics' of a nineteenth-Century Forerunner, Jules Regnault." *European Journal History of Economic Thought*, Vol. 8, No. 3, pp.332~362.

Knight, Frank H. 1933. *Risk, Uncertainty and Profit*. Houghton Mifflin Co.

Lange, Oskar. 1936. "On the Economic Theory of Socialism: Part One." *The Review of Economic Studies*, Vol. 4, No. 1, pp.53~71.

Lorie, James H. and Mary T. Hamilton. 1973. *The Stock Market: Theories and Evidence*. R. D. Irwin.

Lorie, James H. and Richard Brealey(eds.). 1972. *Modern Developments in Investment Management: A Book of Reading*. Praeger Publishers.

MacKenzie, Donald. 2006. *An Engine, Not a Camera: How Financial Models Shape Markets*. MIT Press.

Malkiel, Burton Gordon. 1973. *A Random Walk Down Wall Street*. W. W. Norton & Company.

Manne, Henry G. 2005. "How Law and Economics was Marketed in a Hostile World: A Very Personal History." in Francesco Parisi and Charles K. Rowley(eds.). *The Origins of Law and Economics*. Edward Elgar.

Markowitz, Harry. 1952. "Portfolio Selection." *Journal of Finance*, Vol. 7, Issue 1, pp.77~91.

_____. 1959. *Portfolio Selection: Efficient Diversification of Investments*. John Wiley.

_____. 1991. "Foundations of Portfolio Theory." *The Journal of Finance*, Vol. 46, No. 2, pp.469~477.

_____. 2002. "Efficient Portfolios, Sparse Matrices, and Entities: A Retrospective." *Operations*

Research, Vol. 50, No. 1, 50th Anniversary Issue, pp.154~160.

Mercuro, Nicholas and Steven G. Medema. 2006. *Economic and the Law, 2nd Edition: From Posner to Postmodernism and Beyond*. Princeton University Press.

Mirowski, Philip. 1989. "The Probabilistic Counter-Revolution, or How Stochastic Concepts Came to Neoclassical Economic Theory." *Oxford Economic Papers*, Vol. 41, No. 1, pp.217~235.

_____. 2002. "Cowles Changes Allegiance: From Empiricism to Cognition as Intuitive Statistics." *Journal of the History of Economic Thought*, Vol. 24, No. 2, pp.165~193.

_____. 2009. "Postface: Defining Neoliberalism." in Philip Mirowski and Dieter Plehwe(eds.). *The Road from Mont Pelerin: The Making of the Neoliberal Thought Collective*. Harvard University Press.

Peck, Jamie. 2008. "Remaking Laissez-Faire." *The Progress in Human Geography*, Vol. 32, No. 1, pp.3~43.

Shapiro, Daniel. 1989. "Reviving the Socialist Calculation Debate: A Defense of Hayek against Lange." *Social Philosophy and Policy*, Vol. 6, Issue 2, pp.139~159.

Sharpe, William F. 1963. "A Simplified Model for Portfolio Analysis." *Management Science*, Vol. 9, No. 2, pp.277~293.

_____. 1964. "Capital Asset Prices: A Theory of Market Equilibrium under Conditions of Risk." *The Journal of Finance*, Vol. 19, No. 3, pp.425~442.

_____. 1973. *Portfolio Theory and Capital Markets*. McGraw-Hill.

Simons, Henry. 1934. *A Positive Program for Laissez-Faire: Some Proposals for a Liberal Economic Policy*. Public Policy Pamphlet No. 15. Chicago University Press.

Teles, Steven M. 2009. *The Rise of the Conservative Legal Movement: The Battle for Control of the Law*. Princeton University Press.

Van Horn, Rob. 2009 "Reinventing Monopoly and the Role of Corporations: The Roots of Chicago Law and Economics." in Philip Mirowski and Dieter Plehwe(eds.). *The Road from Mont Pèlerin: The Making of the Neoliberal Thought Collective*. Harvard University Press.

Van Horn, Rob and Philip Mirowski. 2009. "The Rise of the Chicago School of Economics and the Birth of Neoliberalism." in Philip Mirowski and Dieter Plehwe(eds.). *The Road from Mont Pelerin*. Harvard University Press.

Van Horn, Robert. 2011. "Chicago's Shifting Attitude toward Concentrations of Business Power(1934~1962)." *Seattle University Law Review*, Vol. 34, No. 4, pp.1527~1544.

Van Horn, Robert and Matthias Klaesk. 2011. "Chicago Neoliberalism versus Cowles Planning: Perspectives on Patents and Public Goods in Cold War Economic Thought." *Journal of the History of the Behavioral Science*, Vol. 47, No. 3, pp.302~321.

Van Overtveldt, Johan. 2008. *The Chicago School: How the University of Chicago Assembled the Thinkers who Revolutionized Economics and Business*. Agate Publishing.

von Neumann, John and Oskar Morgenstern. 1944. *Theory of Games and Economic Behavior*. Princeton University Press.

찾아보기

아

자

차

카

타

지은이 소개(가나다순)

김동혁

광주과학기술원 기초교육학부 조교수로 재직 중이다. 소비에트 사회주의 체제의 경제와 사회 관리 기술에 대한 문제를 연구하고 있다. 주요 논문으로 「수리경제학파의 성장과 소련 경제학계의 변화(1957~1965)」(2015)와 「1955~1965년 소련 경제관리체계의 고도화와 중앙경제연구소」(2017) 등이 있다.

김민수

성신여자대학교 사학과 강사이다. 근현대 서양 정치사상사를 전공했으며, 최근에는 현대 정치 지형의 형성에 영향을 미친 지적 전통에 대한 역사적 접근을 이어나가고 있다. 주요 논문으로 「한나 아렌트의 '전체주의의 기원'에 나타나는 근대 민족국가와 인간의 권리 문제」(2018), 「감정과 정동 사이: 감정의 역사화를 위한 방법론적 시론」(2019) 등이 있다.

김상현

서강대학교를 졸업하고 영국 옥스퍼드 대학교(화학)와 에든버러 대학교(과학사 · 과학사회학)에서 각각 박사학위를 취득했다. 현재 한양대학교 비교역사문화연구소 부교수로 재직 중이다. '발전'과 '발전주의'에 관한 지성사 연구, 사회과학 지식의 역사사회학적 분석과 과학사 · 과학사회학 연구의 접점에 관심을 두고 있다. 주요 저서로 *Dreamscapes of Modernity: Sociotechnical Imaginaries and the Fabrication of Power*(공편저, 2015), 논문으로는 "Science, Technology, and the Imaginaries of Development in South Korea"(2017), 「1960~1970년대 초 한국 에큐메니칼 운동과 '근대화'와 '발전'의 정치」(2019) 등이 있다.

김승우

제네바 국제연구대학원 국제역사학과 연구원이다. 국제금융사를 전공했으며, 스위스 국립과학재단의 지원을 받아 20세기 후반 전 지구적 금융의 등장과 금융화의 정치문화를 연구하고 있다. 주요 논문으로 「국가의 양면성: 영국 노동당 정부의 유로달러시장 조세정책 연구, 1964~1970」(2018)과 "'Has the Euro-Dollar a Future': The Production of Knowledge, Contestation and Authority in the Eurodollar Market"(2019) 등이 있다.

김인수

건국대학교 아시아콘텐츠연구소 연구교수이다. 1930년대 식민지 조선의 농정을 지식국가(Knowledge State) 개념을 통해 분석한 글로 박사학위를 받았다. 최근에는 사회조사를 매개로 한국 및 동아시아의 사회과학의 역사를 서술하는 작업을 진행해 오고 있다. 주요 저서로 『서울대학교 사회발전연구소 50년사, 1965~2015』(2015), 논문으로는 「한국의 초기 사회학과 '아연회의'(1965)」(2017), 「출산력조사를 통해 본 일본의 인구정치, 1940~1950년대」(2018), 「냉전과 지식정치: 박진환의 Farm Management Analysis(1966)의 성립사정」(2018) 등이 있다.

오경환

성신여자대학교 사학과 교수이다. 근대 유럽 사상사 전공자이며 냉전의 장기지속성과 지식생산 구조 사이의 관계에 천착하여 연구를 진행하고 있다. 주요 저서로 『가난의 과학: 19세기 프랑스 정치경제학의 풍경』(2014), 논문으로는 "The State, Science and Planification: The Co-production of the French State and Science"(2018), 「냉전사 연구의 궤적: 정통주의에서 담론적 전회에 이르기까지」(2018) 등이 있다.

조은주

명지대학교 방목기초교육대학 교수이다. 생산과 재생산의 정치에 주목하면서 통치성의 맥락에서 가족 및 인구에 관해 연구하고 있으며, 통치-과학의 결합과 지식의 사회적 형성에 관심을 기울이고 있다. 주요 저서로 『가족과 통치: 인구는 어떻게 정치의 문제가 되었나』(2018), 논문으로는 「인구의 자연성과 통치 테크놀로지」(2014), 「인구의 출현과 사회적인 것의 구성」(2015), "Making the 'Modern' Family: The Discourse of Sexuality in the Family Planning Program in South Korea"(2016) 등이 있다.

채준형

고려대학교를 졸업하고 시카고 대학교 역사학과에서 박사학위를 받았다. 현재 인천대학교 역사교육과 조교수이다. 종교와 과학이라는 렌즈를 통해 근대 중국의 역사를 연구하고 있다. 종교적 믿음과 과학적 합리성에 대한 믿음은 본질적으로 동일하다는 문제의식하에 20세기 초 중국의 민간 신앙과 국가권력에 대한 연구와 냉전 초기 중국 과학의 제도화에 대한 연구를 진행하고 있다. 주요 논문으로 「종교, 국가 그리고 지역 주민: 도원과 세계홍만자회를 중심으로, 1932~1949」(2016), 「중국과 소련의 핵 기술 개발 협력 재고, 1945~1960」(공저, 2017), 「근대 중국 신종교의 종교성과 세속성에 대한 재고」(2019) 등이 있다.

한울아카데미 2110
RICH 트랜스내셔널 인문학총서 20

사회과학 지식의 담론사

발전과 냉전의 얽힘

기획 | 한양대학교 비교역사문화연구소
엮은이 | 오경환
지은이 | 김동혁 · 김민수 · 김상현 · 김승우 · 김인수 · 오경환 · 조은주 · 채준형
펴낸이 | 김종수
펴낸곳 | 한울엠플러스(주)
편집책임 | 이진경

초판 1쇄 인쇄 | 2019년 9월 25일
초판 1쇄 발행 | 2019년 10월 7일

주소 | 10881 경기도 파주시 광인사길 153 한울시소빌딩 3층
전화 | 031-955-0655
팩스 | 031-955-0656
홈페이지 | www.hanulmplus.kr
등록번호 | 제406-2015-000143호

Printed in Korea.
ISBN 978-89-460-7110-0 93300

* 책값은 겉표지에 표시되어 있습니다.

이 저서는 2008년 정부(교육과학기술부)의 재원으로 한국연구재단의 지원을 받아 수행된 연구임(NRF-2008-361-A00005)

This work was supported by National Research Foundation of Korea Grant funded by the Korean Government(NRF-2008-361-A00005)